我国花卉产业出口竞争力分析及提升路径研究

邹　静　著

中国财经出版传媒集团

经济科学出版社
Economic Science Press

图书在版编目（CIP）数据

我国花卉产业出口竞争力分析及提升路径研究/邹
静著．－－北京：经济科学出版社，2022.9
ISBN 978 - 7 - 5218 - 4086 - 5

Ⅰ.①我…　Ⅱ.①邹…　Ⅲ.①花卉－出口贸易－国际
竞争力－研究－中国　Ⅳ.①F752.652.3

中国版本图书馆 CIP 数据核字（2022）第 184460 号

责任编辑：李　雪　袁　澉
责任校对：杨　海
责任印制：邱　天

我国花卉产业出口竞争力分析及提升路径研究

邹　静　著

经济科学出版社出版、发行　新华书店经销

社址：北京市海淀区阜成路甲 28 号　邮编：100142

总编部电话：010 - 88191217　发行部电话：010 - 88191522

网址：www.esp.com.cn

电子邮箱：esp@ esp.com.cn

天猫网店：经济科学出版社旗舰店

网址：http://jjkxcbs.tmall.com

固安华明印业有限公司印装

710×1000　16 开　18 印张　290000 字

2022 年 10 月第 1 版　2022 年 10 月第 1 次印刷

ISBN 978 - 7 - 5218 - 4086 - 5　定价：82.00 元

（图书出现印装问题，本社负责调换。电话：010 - 88191510）

（版权所有　侵权必究　打击盗版　举报热线：010 - 88191661

QQ：2242791300　营销中心电话：010 - 88191537

电子邮箱：dbts@ esp.com.cn）

本书受

东华理工大学学术专著出版基金

国家社会科学基金项目"新时代我国农业高质量发展的测度与实现路径研究"（19CJY040）

教育部人文社科项目"乡村振兴战略下新生代农民工返乡创业行为驱动、测度与绩效评价研究——以江西为例"（21YJAZH029）

联合资助

前 言

PREFACE

　　2013 年 2 月，国家林业局印发《全国花卉产业发展规划（2011—2020 年）》的文件指出，2011—2020 年是我国全面建成小康社会的关键时期，也是推动现代花卉产业科学发展的重要战略机遇期。2017 年 12 月，农业部发布的《特色农产品区域布局规划（2013—2020 年）》将花卉产业列为特色农产品，重点支持花卉育种研发、繁殖栽培、采后处理、温室设备的技术研发，建立花卉供销网络，制定鲜切花行业标准。2021 年 5 月，《国务院办公厅关于科学绿化的指导意见》指出要科学发展特色经济林果、花卉苗木、林下经济等绿色富民产业。2021 年 9 月，农业农村部乡村产业发展司印发的《全国乡村重点产业指导目录（2021 年版）》将花卉种植产业列入优势特色种养业。党的十八大报告提出要把生态文明建设放在突出地位。习近平总书记在党的十九大报告中明确提出要始终把解决好"三农"问题作为全党工作的重中之重，全面实施乡村振兴战略。2021 年 2 月，《中共中央国务院关于全面推进乡村振兴加快农业农村现代化的意见》发布，这是 21 世纪以来第 18 个指导"三农"工作的中央"一号文件"。一系列政策的出台为花卉产业发展指明了方向，拓展了空间，赋予了新的使命。在此背景下，全国各花卉主产区高度重视，充分认识花卉产业在"生态文明建设"、"美丽中国"和"乡村振兴"中的重要性，把发展花卉产业作为"生态林业"和"民生林业"工作的重要任务，加强对花卉产业发展的引导，因地制宜制定产业发展规划，优化产业布局和建设重点，着力完善产业发展关键生产要素，建立健全行业组织，为花卉产业发展创造良好的环境。

随着人民生活水平的提升和对美好生活的向往，花卉消费广度和深度日益加强，我国花卉产业规模也不断壮大。目前我国花卉种植面积稳居世界首位，不仅是世界最大的花卉生产中心，也是重要的花卉消费国和花卉进出口贸易国。但根据联合国商品贸易统计数据库数据整理结果，多年来我国花卉国际市场份额占比不足2%，出口竞争力表现与产业规模严重不对等。花卉业是世界各国农业中唯一不受农产品配额限制的产业，且增长速度远超世界经济发展水平，是名副其实的"朝阳产业"和"黄金产业"，能有效联动农业、工业和服务业三大产业，具有良好的经济效益，是我国实现生态文明建设、解决三农问题和助力乡村振兴的重要抓手。我国花卉产业发展起步晚，发展态势相对落后，花卉出口竞争力的提升既需要以国内花卉产业的高质量发展为依托，也需要国际化发展经验和标准引领花卉产业的持续健康发展。本书旨在科学发展观指导下，贯彻落实党的十八大、十九大、中央"一号文件"有关生态文明建设、促进农业农村现代化、实施乡村振兴战略的决策精神，结合"我国社会主要矛盾已经转化为人民日益增长的美好生活需要和不平衡不充分的发展之间的矛盾"的基本现实，立足于我国花卉产业发展的历史进程、现实基础和国内外花卉产业发展的实践探索，分析我国花卉产业发展面临的国际环境和出口竞争力要素，在此基础上探索提升我国花卉产业出口竞争力的实现路径，具有重大的理论价值和现实意义。

本书主要研究了六个方面的内容：一是梳理我国花卉产业发展的历程和基本情况；二是介绍我国花卉产业出口的现状、特征和面临的国际环境；三是具体分析影响我国花卉产业出口竞争力的四大要素和两大变量；四是对我国花卉产业出口的规模竞争力进行测度，并利用"钻石模型"分析各要素之间相互促进与制约的关系；五是归纳和总结国内外花卉产业出口的实践探索与启示；六是从生产要素、需求条件、相关支持性产业和企业战略、结构与同业竞争等四个角度提出我国花卉产业出口竞争力高质量提升的路径。

本书的主要观点及对策建议如下：

本书认为，有效提升我国花卉产业出口竞争力需要总体把握我国花卉产业发展的历史沿革和现状特征。通过对花卉产业发展历程和基本情况进行梳理，研究发现：我国拥有深厚的花卉文化底蕴，花卉产业发展在悠久的历史长河中几经波折，花卉产业在 20 世纪 80 年代恢复发展，90 年代获得稳步提升，21 世纪初进入调整转型期，花卉生产规模跃居全球首位，建立了相对完整的花卉产业链，逐步进入规范发展轨道，产业区域布局持续优化，产业规模快速增长，产业结构日益多元化，生产集约化和设施化程度稳步提升，新型流通渠道得以构建，花卉文化实现了有力传播，但区域发展不平稳，生产专业化、规模化和集约化程度不高，高端产业链受制于人等问题凸显，严重阻碍了花卉产业出口竞争力的提升。

本书认为，有效提升我国花卉产业出口竞争力需要全面了解我国花卉出口的现状、特征和出口面临的国际环境。我国花卉出口整体波动幅度大但趋势向好，花卉出口产地高度集中在云南、福建、广东、浙江、广西和上海等省区市，出口市场以东南亚市场为主，花卉出口主要品类为盆花（景）和庭院植物、鲜切花、鲜切枝叶和种苗，花卉出口在产业链低端徘徊，仍未建立出口优势，自主创新能力有限严重制约花卉出口能力，生产规模化标准化程度低限制了出口品质，花卉供应链体系多环节短板明显，且面临花卉进口国品类繁多的隐性贸易壁垒。世界主要花卉出口国主要包括荷兰、以色列、比利时等发达国家以及哥伦比亚、厄瓜多尔、肯尼亚等发展中国家，主要花卉进口国是德国、美国、日本等发达国家，花卉消费与经济发展水平高度相关。从世界花卉产业发展趋势来看，全球花卉消费新趋势促使花卉生产强国地位愈加稳固，荷兰、以色列等发达国家充分利用发展中国家的区位优势在全球范围内布局生产，花卉生产专业化和特色化生产格局基本形成，花卉生产强国通过合作经营、联合经营、授权生产等方式进一步巩固花卉产业链优势，并且建立了完善的花卉销售流通体系和网络化的社会服务体系。随着发展中国家经济的快速发展，花卉消费能力和需求不断提升，成为花卉行业出口新兴市场。新冠肺炎疫情让全球花卉产业遭受重创，各主要花卉出口国正在加大产业数字化变革的力度，为后行情蓄力。

本书认为，有效提升我国花卉产业出口竞争力必须把握影响我国花卉产业出口竞争力形成的主要因素。从生产要素来看，我国花卉产业拥有丰富的自然资源禀赋，高素质人才培养和高质量基础设施建设取得了长足进步，但服务于花卉产业的要素资源仍相对有限，我们拥有的花卉国际登录权种类也较少；需求条件方面，我国鲜花消费日趋成熟，"互联网＋"改变了花卉零售业态，"她经济"和"悦己经济"崛起逐渐改变了花卉消费模式，让花卉消费趋于大众化和日常化，但人均花卉消费水平仍低于世界平均水平，花卉消费层次较低，覆盖面较窄，高品质花卉消费习惯仍需培育，不利于刺激供给端创新发展；在相关支持性产业方面，国内在花卉育种技术、生产技术和标准、设施农业利用、冷链物流能力、花卉销售专业化能力等方面虽然取得了长足进步，但仍难以对花卉国际竞争力的形成提供足够的支撑力；从企业战略、结构和同业竞争的角度看，大量花卉外资名企角逐国内市场，带来了先进的技术、管理经验，为花卉市场带来"鲶鱼效应"，但产业发展的滞后性使得我国仍然缺乏极具国际竞争力的花卉龙头企业。与此同时，花卉产业具有独特的生态效益、社会效益和经济效益，得到了国家和各地政府的高度重视，获取了大量政策红利，但是在耕地"非农化、非粮化"决策和消费升级的背景下，花卉产业发展必须要在政策框架内革新现有发展模式，才能实现产业发展目标，成为生态文明建设、农业农村现代化建设和乡村振兴战略名副其实的重要抓手。

本书认为，有效提升我国花卉产业出口竞争力必须厘清我国花卉产业出口竞争力的现状。根据中国海关、中国花卉协会和联合国商品贸易统计数据库发布的数据对我国花卉出口竞争力进行测度，并利用"钻石模型"分析生产要素，需求条件，相关支持性产业，企业战略、结构和同业竞争，政府政策和机会各要素之间相互影响、相互增强的关系。研究发现，我国花卉国际市场份额、显性比较优势指数、贸易竞争力指数、显示性竞争比较优势指数和净出口显示性比较优势指数均处于较低水平，花卉出口国际影响力较弱。高级生产要素规模和质量的稳步提升能有效提升花卉行业出口竞争力，花卉供应链、产品和服务的不断升级也将进一步引领花卉消费文化向广度和深度发展，关联行业和辅助行业在高级生产要素方面投资加码会形成"知识外溢"效应，进而促进极具优势的关联行业集群的形成。但是单纯依靠内部发展难以获得花卉产业高质量发展所需的关键技术和先进的理念，跨国公司的经济活动有利于改变现有生产要素，需求条件，相关支持性产业以及企业战略、结构和同业竞争四大要素发展态势，进而影响产业的国家竞争优势，因此我国花卉产业国际化"钻石模型"需要引入跨国公司这第三大变数，为四大要素更好地增强"花卉钻石"效应提供外力，要进一步加大国际合作帮助国内花卉企业实现经营战略的转变，提供更为充分的行业竞争环境，在政府的高位规划和行业引导下有效增强"钻石"各要素的支撑力。

本书认为，有效提升我国花卉产业出口竞争力需要学习国内外花卉出口的先进经验。通过对国内外花卉出口实践进行探索总结，得出以下结论：科学的花卉生产布局和产业定位是花卉出口的基石，有力的产业政策扶持和服务体系是花卉出口的保障，强大的科技研发和自主创新能力为花卉产业发展提供动力，市场化、规模化和专业化的生产模式是花卉出口竞争力的源泉，积极开放的国际合作是花卉出口的桥梁。

本书认为，有效提升我国花卉产业出口竞争力必须以国际花卉产业发展高标准倒逼我国花卉产业走向标准化、规模化和高质化，从培育高级生产要素、提高国内需求层次、提高相关支持性产业的支撑力和提供充分竞争的国内市场环境并鼓励企业转变经营战略等四个角度综合施策，整体推进。培育高级生产要素包括健全花卉科技创新体系、构建多层次花卉人才培训与教育体系、完善国际物流供应链体系、推动花卉产业数字化改革和打造现代花卉产业园和示范性国际花卉创新中心等，也就是重点提高花卉产业科技创新、转化和应用能力。提高国内需求层次应该进一步拓展花卉大众消费市场，积极培育花卉消费文化，以及加大花卉品牌培育力度。提高相关支持性产业的支撑力需要在现代花卉育种创新能力、自育花卉品种市场转化能力、设施花卉应用和推广、构建冷链物流高质量发展体系、引导花卉产业链向深加工方向开拓延伸、拓展"花卉+"经济发展模式、完善花卉产业服务体系等七个方面持续发力，共同塑造相关产业的支持力度。提供充分竞争的国内市场环境和鼓励企业转变经营战略，要积极培育新型农业经营主体，充分发挥外资企业的"鲶鱼效应"，同时鼓励企业转变经营思路，错位发展特色花卉等。

　　迈克尔·波特的"钻石模型"是学术界分析产业国际竞争力的重要模型，使用较广，但针对我国花卉产业国际竞争力的系统分析不多，尤其在近几年花卉消费模式和市场竞争态势发生极大变化背景下的研究更少。本书系统梳理了花卉产业发展的历程、特征、出口现状和面临的国际环境，总结了国内外花卉产业出口的先进经验，首次尝试对花卉"钻石模型"四大要素和两大变数之间相互影响、相互增强关系的分析和探讨，提出花卉出口竞争力的提升路径，对现有花卉产业国际竞争力研究进行了补充，对花卉产业的国际化发展具有一定的理论和应用价值。由于本人学术水平有限，本书可能存在一些缺陷和不足，敬请读者批评指正。

邹　静

2022 年 6 月 15 日

目 录
CONTENTS

第一章

绪　　论

第一节　研究的背景、意义和目标

一、研究的背景

（一）新发展理念引领新阶段我国花卉产业转入高质量发展阶段

2017 年党的第十九次全国代表大会首次提出"高质量发展"表述，指出新时代下中国经济发展体系必须以高质量发展为方向，成为当下政府和社会面对的最为重要的时代课题。据央视网消息，党的十九届五中全会精神专题研讨班开班式上，习近平总书记要求"全党必须完整、准确、全面贯彻新发展理念。"指出，"十四五"时期我国经济社会发展的首要目标是"经济发展取得新成效"。党的十八大以来，我国经济发展取得的举世瞩目的成就也是在新发展理念的引导下实现的，必须要把新发展理念贯彻到现代化建设的实践中。

农业部发布统计数据显示，早在 2002 年，我国花卉种植规模已居世界第一位，种植面积 14.75 万公顷，是我国前景广阔的新兴产业之一。《中国花卉园艺》数据显示，到2020年，我国花卉种植面积已达174.29万公顷，20年间增长近12倍。花卉市场、花卉企业、花卉从业人员、花卉市场规模呈快速增长态势，伴随着我国城镇化水平的快速提升和居民消费水平的升级，在物流行业和"互联网＋"行业的快速发展和技术加持下，我国花卉消费实现了跨越式发展。花卉消费不再仅仅停留在节庆和祝福层面，而是逐步向日常化、高频化、个性化发展。与国内花卉生产和销售规模快速增长不同，作为世界最大的花卉生产中心、花卉消费国和花卉进出口贸易国，在世界市场上，我国花卉产业国际竞争力不强，仍未受到主流花卉消费市场的认可，世界市场占有率低位徘徊，大而不强是我国花卉产业参与国际竞争的主要特点。作为具备连接第一、第二、第三产业联动发展的特色农产品，花卉产业在推动农业发展、农村建设、农民增收和乡村振兴等方面可以发挥重要作用，帮助实现经济效益、社会效益和生态效益的有机统一。面对新时代发展要求，花卉行业必须认真贯彻"创新、协调、绿色、开放、共享"新发展理念，引领花卉行业实现高质量发展，提升我国花卉产业在国际市场的竞争力。

（二）世界经济新格局推动我国花卉产业提升国际竞争力

2008年金融危机以来，世界经济复苏路上阴霾重重：英国脱欧、民粹主义崛起、中美贸易摩擦等逆经济全球化事件不断上演，全球贸易保护主义氛围愈来愈浓。在需求端，中国花卉主要出口市场日本和韩国的经济持续低迷，对花卉的需求量有所下降，同时由于缺乏拥有自主知识产权的花卉育种能力，保鲜技术相对落后，我国花卉难以进入欧美等主流花卉消费市场，全球市场对中国花卉的需求预期有所下降；另一方面，花卉产业经济价值高，也引起了东南亚与南亚国家相关部门的高度重视。如越南工贸部不断提高对花卉产业的重视度，将花卉产业作为推动越南出口经济发展和提高居民生活水平的强劲动能之一，并致力于在种植技术、生物技术和花卉品质上不断提升花卉产品国际竞争力；印度将花卉产业发展的重点聚焦在外销，通过外交方式消除欧洲高税率等主要外销障碍，对内通过政府奖励和政策优惠引导新兴的花卉公司积极拓展外销，并组建了由花卉公司和个体生产者组成的强有力的贸易共同体，积极开拓欧美和海湾市场；马来西亚植物资源丰富，花卉品种极为多样，每年举办的国际花卉节成为吸引全球花卉需求的重要窗口；泰国商业部一直高度重视花卉出口，积极通过自由贸易协定提高花卉对东盟地区的出口，是世界上第十一大花卉出口国，在亚洲排名第三。印度、越南、马来西亚、泰国等国花卉出口目标市场和我国趋同，在花卉品位和品种培育等问题上和我国有着相似的困境，已经发展成为国际市场上低端花卉产品有力的竞争者，对我国花卉产业抢占国际市场形成压力。我国花卉产品出口面临供应端不断涌入新的竞争者、需求端难以实现有力增长的困境。

与此同时，2020 年新冠肺炎疫情爆发，给全球花卉产业带来重大冲击，荷兰、哥伦比亚等传统花卉生产强国损失惨重，全球供应链的巨大瓶颈阻碍了花卉的国际贸易，而疫情导致的失业、物价高涨、生活水平下降等问题进一步拉低了人们对花卉这一非生活必需品的需求，传统花卉生产强国和花卉生产新兴国家均遭受重击。作为世界上最早控制新冠肺炎疫情传播的国家，我国经济展现出强大的韧性和生命力，也为花卉产业的高质量发展提供了契机：第一，我国国内市场规模巨大，为花卉产业的快速发展提供了良好的成长空间；第二，国内经济的稳步发展、人民生活水平的稳步提升和对更加美好生活的向往，使得人们不断提高对生活品质的追求，花卉作为生活中美的点缀越来越多从祝福品属性变身为必需品属性，花卉需求得到极大的释放；第三，网络经济和物流行业的快速发展为花卉行业触达更多消费者插上了腾飞的翅膀，为花卉行业实现高质量发展提供了助力。可以说，当前我国花卉产业发展正处于消费品质提升的红利期，而国外花卉产业因为新冠肺炎疫情影响导致的供应链瓶颈短期内难以缓解，花卉交易严重受阻，给我国花卉产业发展腾挪了一定的时间窗口。当前，我国花卉产业发展仍处于高速低效、数量扩张阶段，单位面积产值和效益都有较大的提升空间，花卉产业的资源优势还未转化为产业优势，必须紧紧抓住世界新经济格局下的时间窗口，以新发展理念引领花卉产业的高质量发展，为提升国际市场竞争力积蓄力量。

（三）生态文明建设和乡村振兴战略的实施给花卉产业发展带来了政策红利

党的十八大报告指出"建设生态文明，是关系人民福祉、关乎民族未来的长远大计"，要"树立尊重自然、顺应自然、保护自然的生态文明理念"，要将生态文明建设融入经济建设、政治建设、文化建设、社会建设的各方面和全过程。要坚持绿水青山就是金山银山的理念，坚定不移走生态优先、绿色发展之路。习近平总书记在党的十九大报告中明确提出要始终把解决好"三农"问题作为全党工作的重中之重，实施乡村振兴战略。当前，中国已经进入特色社会主义新时代，我国社会主要矛盾已经转化为人民日益增长的美好生活需要和不平衡不充分的发展之间的矛盾，这种不平衡不充分的矛盾在乡村尤为突出。一方面，飞速发展的经济、不断创新的技术、完善的民生设施、健全的社会福利、充足的工作机会、快速提升的城镇生活水平使得大城市对人口的吸引力不断提升，住建部发布统计数据显示2021年中国常住人口的城镇化率已经达到64.72%，大城市膨胀速度不断刷新发达国家的历史最高水平。另一方面，农村空心化现象日益严重，农村土地资源闲置造成极大的资源浪费，农村劳动力的逐渐外流使得农村产业发展得不到生产力保障。2011年到2020年十年期间，随着国家脱贫攻坚战和农业农村改革发展的深入推进，农村居民人均可支配收入年均名义增长率高于城镇居民1.8个百分点，城乡居民人均可支配收入差距逐年下降，但是城乡收入总体差距仍然比较明显。从现代化经济体系建设，到美丽中国美好画卷的描绘，从伟大复兴中国梦美好愿景的达成，到全体人民共同富裕宏伟目标的实现，全面推进乡村振兴战略是解决新时代我国社会主要矛盾的必然需求，也是巩固脱贫攻坚成果的必然选择。而无论是生态文明建设还是乡村振兴战略推进，都是一项全方位的系统性工程，牵涉到农业、农村、农民的方方面面。

我国东部沿海省份和中西部地区经济发展水平差异大，农村发展水平和现实条件千差万别，全面推进生态文明建设和乡村振兴战略需要合适的切入点和抓手，既要具有广泛的适用性和可操作性，又要具备短期效益好、长期发展潜力大的特质。花卉产业具备普遍适应性高，可操作性强，经济附加值高的特点，随着中国城镇化率的快速提升和居民消费结构的不断升级，花卉行业发展前景广阔，是典型的朝阳型产业。同时，花卉产业连接种植业、农产品加工业、休闲旅游业以及文化产业，容易形成农产品生产、农产品加工到生态旅游的一、二、三产业联动发展，符合生态文明和乡村振兴在特色产业培育、农村环境美化、生态环境改良、特色农产品创新、农居环境改善以及提升农民文化素养的建设目标，具备先行者优势。乡村振兴的主体是农民，构建现代乡村产业体系需要依托乡村特色优势资源，花卉业可以在乡村的生产、生活、生态全方位发挥作用，不仅可以对农民赋能，培养农民的乡村振兴能力，也是基于乡村资源禀赋打造特色农业的绝佳选择。

二、研究的意义和价值

（一）理论意义和价值

1990 年，哈佛商学院的迈克尔·波特（Michael Porter）在《国家竞争优势》一书中重点分析了一个国家如何形成整体优势，因而在国际上具有较强竞争力，钻石模型对分析一个国家某个产业为什么在世界范围内强势崛起具有重大指导意义。本研究结合我国新时代经济发展新要求下，新理念引导下，基于高质量发展的内涵，利用产业竞争理论对中国花卉产业出口竞争力进行研究，选择竞争结果评价法中的五个竞争力指标为研究重点进行计算，并利用钻石模型重点分析中国花卉产业出口竞争力的影响因素，提出我国花卉产业如何从生产要素，需求条件，相关支持性产业，企业战略、结构和同业竞争以及政府政策引导等角度出发提升国际竞争力的路径，对于丰富和完善产业出口竞争力理论具有一定的学术价值。

（二）现实意义和价值

当前，我国经济社会发展已经进入新时代，乡村振兴是党的十九大报告中提出的重大战略，是解决新时代我国社会主要矛盾、实现"两个一百年"

奋斗目标和中华民族伟大复兴中国梦的必然要求。乡村振兴作为一个系统性工程，需要重要的工作抓手，花卉产业经济价值潜力高，能够形成生产、加工到服务三大产业的有效联动，集经济性、功能性、生态性为一体，同时对农民进行乡村振兴赋能的可操作性强，在国际贸易中还不受农产品配额限制，高质量发展花卉产业，提升花卉产业的国际竞争力是助力乡村振兴的重要抓手。在新形势下，对我国花卉出口竞争力进行研究，对于破解我国花卉出口的严峻形势，实现我国花卉出口的高质量发展有着重要的意义。同时，本研究针对提升花卉产业国际竞争力所提出的政策建议，对于推动其他行业的高质量发展和提升行业的国际竞争力具有一定的借鉴作用。

三、研究的目标

本书旨在梳理国内外相关研究进展基础上，立足于国际贸易和高质量发展的基本理论，分析国内外花卉产业实践探索以及我国花卉产业发展的总体情况，通过归纳和总结我国花卉产业出口的现状和存在的主要问题，利用产业国际竞争力评价体系中的竞争结果评价法分析中国花卉产业的出口竞争力，通过分析花卉产业在生产要素，需求条件，相关支持性产业，企业战略、结构和同业竞争以及政府政策和机会四大影响因素和两大变数，探索提高我国花卉产业国际竞争力的整体实现路径。

第二节　国内外研究现状

本部分的文献梳理主要包含以下几个方面：第一是针对某一具体行业的出口竞争力影响因素分析和相关研究；第二是行业出口竞争力的测度方法和提升路径研究，第三是中国花卉产业发展现状、问题及高质量发展路径研究。

一、出口竞争力的影响因素研究

学术界对于出口竞争力的影响因素分析和实证研究较多，既有聚焦制造业和服务行业的，也有不少专注于农产品的。根据本书的研究内容，本书将从出口竞争力直接影响因素、间接影响因素和农业出口竞争力影响因素几个方面进行梳理。

（一）直接影响因素

1. 技术创新

学者普遍认为技术进步有利于提升出口竞争力（莫里诺（Moreno），1997；比斯托（Bustos），2011；魏守华、周斌，2015；孙婷等，2017）。从理论上讲，早期技术进步的外生性理论认为，技术进步通过提高生产效率、节约成本、提升质量，提高产品出口竞争力（波斯纳（Posner），1961；维农（Vernon），1966）。而将技术进步内生化的新贸易理论认为，技术进步是一国获得动态比较优势的重要因素（杨（Young），1991；雷丁（Redding），1999），并结合"干中学"效应构建动态比较优势理论模型。技术创新对高技术产业出口竞争力有重要影响，是衡量高技术产品国际竞争力的重要因素。研发投入和研发强度、教育水平、知识产权保护强度和对外直接投资均与高技术产业出口竞争力提升有正相关关系，其中科研投入强度具有更高的显著性，因此加大科研投入，拥有自主技术创新能力才能持续提高出口竞争力（黄莉，2011；郭梦迪，2017；贺童彤，2018；赵月瑶，2018）；不同的技术创新成果对不同产业的出口竞争力影响各有不同，实用新型和外观专利设计能显著提升劳动密集型行业的出口竞争力，发明专利、实用新型和外观专利设计均能有效提高资本密集型产业的出口竞争力，异质性创新成果明显、技术含量较高的发明专利能显著提升技术密集型产业的出口竞争力（保永文，2018），在考虑地区异质性前提下，技术创新和技术市场的活跃度对出口竞争力的提升更为显著（褚婷婷，2019）。

2. 劳动力成本和劳动生产率

学界对于劳动力成本和出口竞争力的理论和实证研究较多,但观点各有不同。劳动力成本的上升使得传统产业和劳动密集型行业面临较大的成本压力,但能倒逼传统产业技术升级向高新技术创新方向发展,最终提高行业的出口竞争力(李荣植,2013);另一些学者即持相反观念(余翔,2015),他通过实证研究分阶段比较了 2004 年以来劳动力成本上升对我国出口竞争力的影响,认为劳动力成本的上升会对出口竞争力产生显著的负面影响,对出口竞争力的削弱效应大于倒逼提升效应。林晓玲(2016)基于 15 个制造业细分行业 2007~2012 年出口贸易利润增长率、实际人均工资增长率、利息支出、人民币实际有效汇率指数、工业原材料购进价格指数以及中美人均国内生产总值增长率等指标,通过面板模型分析得出各个因素对出口竞争力的影响,发现劳动工资增长率与出口贸易利润增长率之间存在负相关关系,当劳动工资增长速度快于出口贸易利润增长速度时,贸易利润增加值无法覆盖新增的生产成本,出口竞争力下降;杨慧琳(2018)分析了劳动力成本及劳动生产率对制造业出口竞争力的影响机制,实证检验了我国劳动力成本及劳动生产率对制造业出口竞争力的影响,发现劳动力成本及劳动生产率对劳动密集型行业显示性比较优势指数有负向影响,对资本密集型行业显示性比较优势指数具有正向效应,对技术密集型行业显示性比较优势指数可以产生负向影响和正向影响,但均有利于提升出口技术复杂度;孙蕙心(2021)认为人口老龄化加剧会抑制劳动力增加数量供给和提升素质质量,但会促进劳动力增加成本;劳动力的供给增多、质量提升、成本上涨和制造业提高出口竞争力水平之间均存在显著的正相关关系,因此人口老龄化有利于加强我国制造业的出口竞争水平。

3. 外商直接投资

大多数学者认为外商直接投资可以通过提高东道国资本积累与产业集聚、产生技术溢出效应、优化行业结构等增强一国贸易竞争力水平(奥克尔姆和高乌里(Oxelheim and Ghauri),2008;张慧,2014;周材荣,2016)。FDI 对于不同行业国际竞争力的影响具有差异性,张丽芳(2007)

认为具有较高技术含量的 FDI 有利于改善出口商品结构，FDI 集中在技术密集型工业有利于多数民族工业提高技术水平和经营效率，增强行业国际竞争力，在"干中学"实现出口竞争力的跨越式提升；宋红军（2012）利用中国 2001 ~ 2010 年 33 个工业行业的面板数据实证分析了外商直接投资对中国内资企业出口竞争力的影响，发现外商直接投资的流入能显著提升劳动密集型行业内资企业的出口竞争力，但却不利于资本密集型行业内资企业出口竞争力的提高；常博凯（2018）对 2000 ~ 2014 年的制造业出口竞争力与 FDI 的关系进行实证研究，选用劳动力成本、企业规模和投入研发作为控制变量，通过建立面板固定效应模型进行分析，研究发现，FDI、行业规模、研发投入对于出口竞争力产生正向影响，劳动力成本上升不利于出口竞争力的发展，FDI 比制造业的行业规模、研发投入和劳动力成本具有更为显著的提升效果。周伟等（2016）从 FDI 的类型来研究其和出口竞争力的关系问题，认为内向型 FDI 把中国作为最终消费市场，跨国公司经营过程会增加对相关零部件和原材料的进口，导致对进口增长的影响高于出口增长，中国产品出口竞争力增长缓慢。

4. 货币汇率

货币汇率体现了国内产品和国外产品的交换比率，汇率的波动能在一定程度上改变产品面向国际市场的价格竞争优势。通常情况下，一国汇率的升高会提升该国产品的出口价格，对基于价格优势的劳动密集型产品的出口竞争力形成负面效应。国内外学者对于汇率变动影响其国际竞争力的研究有着不一致的结论。洛克比（Rockerbie，2000）结合美国 1978 ~ 1997 年的制造业出口数据，通过引力模型研究美国制造业出口竞争力变动的内在趋势，发现双边实际汇率、政府补贴、自由贸易协定等能显著影响制造业出口竞争力；汤姆林（Tomlin，2014）认为汇率上升将淘汰低生产率企业，吸引高生产率企业，因而有助于提升制造业整体竞争力；董劲（2013）以 2000 ~ 2010 年月度人民币实际有效汇率为解释变量，通过建立误差修正模型，分析了人民币升值对农产品出口竞争力的影响，发现人民币实际有效汇率的变动与农产品出口竞争力是呈显著负相关关系；周瑞娟（2013）分析了 2005

年汇改以来人民币汇率对我国出口商品竞争力的影响，发现人民币升值会对出口产品的竞争力带来负面的影响，但不同出口商品影响不一，人民币汇率变动对农产品出口竞争力没有影响，对工业制品和加工贸易品存在负面影响，对高新技术产品存在前负后正的影响；林伟明、刘燕娜和戴永务（2014）结合11种林产品行业的实际汇率研究汇率波动对中国林产品出口竞争力的影响，发现行业实际汇率升值（或贬值）对林产品的出口竞争力有显著负向效应（正向效应）；王琳（2017）认为从长期来看，人民币汇率变动与我国制造业出口竞争力具有同向的协整关系，但由于我国各类出口产品的竞争力、技术含量、替代程度不同，人民币汇率波动对不同细分行业的出口竞争力影响存在差异，应当优化和调整制造业贸易结构，加强高技术产品的出口竞争；李奕宁（2019）研究了人民币升值、技术创新与企业出口竞争力的关系，认为人民币升值所带来的贸易竞争压力能够诱发企业的技术创新能力，进而提升中国企业的出口竞争力。

（二）间接影响因素

1. 经济复杂度

豪斯曼（Hausmann，2006）等人基于内生增长理论提出了产品空间和比较优势演化理论，该理论强调基于知识和能力的经济复杂度是导致各国经济发展绩效不同的主要原因。一国产品空间的整体技术含量即其经济复杂度与其积累的知识和运用知识的能力成正比。经济复杂度较高的国家，生产的产品种类较多，通过一国的技术进步、人力资本质量和政府政策支持等角度体现的生产新产品的能力也较强，产品的出口竞争力也较强。因此经济复杂度与出口竞争力之间有着密切的联系。李颖和佘群芝（2017）从产业和区域两个层面展开了对中国出口竞争力与经济复杂度之间关系的实证分析，发现中国出口竞争力和经济复杂度呈正相关关系，但对不同的行业和不同的地区影响力度有差异，地区的经济复杂度越高，其人才质量和技术创新能力水平都更高，更有利于出口竞争力的提升。

2. 经济政策和政府支持

经济政策对一国产业出口竞争力具有较大影响，从对外经济政策来看，一国经济的开放程度、贸易壁垒、贸易便利化程度、出口退税等都会对产品出口带来重大影响（刘建丽，2009）；王伟（2017）以完成跨境交易所需的进出口时间作为贸易单一窗口的衡量指标，以市场渗透率衡量出口竞争力，采用混合 OLS 模型、随机效应模型实证检验贸易单一窗口对出口竞争力的影响，发现贸易单一窗口对中国出口产品竞争力的提升具有明显促进作用；薛方冉（2020）认为贸易摩擦和反贸易救济调查会对一国产品出口带来较强的负面影响，但技术贸易壁垒会对高技术产品出口竞争力有一定的积极影响；谢璇（2021）考察了碳关税对我国纺织业出口竞争力产生巨大冲击，认为碳关税与出口竞争力之间存在明显的负相关关系，碳关税的实施会直接降低我国纺织业出口竞争力。

从对内经济政策的角度，高宁广（2018）认为"工匠精神"及其中精益求精精神、职业能力水平的提升对制造业出口竞争力有显著的正面影响，产业集聚程度、信息产业发展水平和 FDI 因素也能不同程度地影响制造业竞争力的提升；钱学锋和王备（2020）认为产业扶持与保护、开放型经济平台的设立、优惠财政政策的施行和行政效率的优化、产业布局和规划等政策手段能成为中国企业国际竞争优势培育和塑造的重要推动力；姚战琪（2022）利用 2013～2020 年我国各地区微观数据，分析了数字经济与我国制造业出口竞争力之间的关系，发现数字经济能够显著提升所在地区制造业出口竞争力，创新效率、人力资本积累和协同集聚作为数字经济的三个变量，能有效影响国内该产业的发展速度与质量，从而影响其国际竞争力水平。

3. 国内与国际需求状况

根据迈克尔·波特的钻石模型，国内需求是影响一个国家产业国际竞争力的重要因素。国内需求的规模、潜力和前卫程度能够帮助一国激发创新潜能，通过满足国内消费者的需求积累竞争优势，进而在全球拥有竞争力。注重国内市场的经典贸易理论和竞争优势理论都认为国内市场规模能够影响本土企业出口竞争力。国内市场的前卫需求是本土企业发展并提升竞争优势的基本依托，当一个国家的国内市场需求走在世界前沿，通过满足国内挑剔的消费者，必然可以使企业具备出口竞争优势。因此，当国内市场需求与国际市场需求一致，国内市场需求会成为本土企业出口竞争力的根本来源。中国不断扩张的国内市场规模和不断升级的需求结构为培育新型出口优势提供了一条重要的特色路径。易先忠、晏维龙和李陈华（2016）基于全球电子消费品行业 1252 家品牌企业的数据，研究中国电子消费品行业国内大市场对本土企业出口竞争力的影响，发现由于国内市场规范性较差，缺乏创新能力，消费者和生产商的有效互动不足，国内需求前沿化程度不高，中国国内市场规模和国内市场扩张不能显著提升本土企业的出口竞争力，要实现国内大市场对出口竞争力的有效提升，必须注重国内大市场发挥作用的前提条件。

二、出口竞争力的测度方式及相关应用研究

在出口竞争力的相关研究中，竞争力测度一直是国内外学者研究的重点。关于出口竞争力的测度研究，主要集中在出口规模和出口质量两个维度。

（一）出口规模竞争力

一国出口规模竞争力测度指标可分为绝对指标和相对指标，绝对指标包括国际市场份额（IMS），相对指标包括显性比较优势（RCA）指数、贸易竞争力（TC）指数等。国际市场份额（international market share）最初由拉尔（Lall，1998）提出，一个产业国际竞争力的大小最终由该国某产业出口在国际市场上的占有率决定的。一种产品在国际市场份额越大，该产品所处产业的国际竞争力越强。国际市场份额指标是一个绝对指标，概念清晰易懂，数据统计资料易得，能够直观地反映一国某部门或产品出口竞争力整体情况，在出口竞争力的比较研究中被广泛采用（杨贵中、罗剑，2014；康丽娇，2016；龚雄军、崔琴、邱毅，2021）；显性比较优势指数（revealed comparative advantage，RCA）通过比较一国某产业出口占该国总出口的比率与世界贸易中该产业占总出口的份额，衡量该国某产业出口与世界平均出口水平间的比较优势，从而体现该国某产业的国际竞争力水平。该指数由美国经济学家巴拉萨（Balassa，1979）构建，被学界广泛应用于测度某一产品

国际竞争力的研究（黄智，2016；陈太盛，2018；刘宇昂，2019）；贸易竞争力指数（trade competitiveness index，TC）最初由格鲁贝尔和劳埃德（Grubel and Lloyd，1975）提出，是指一国某产品的进出口差额占进出口总额的比重。由于 TC 同时考虑了进口和出口两个因素，更能够反映一国某一产业部门在国际市场竞争中是否具有竞争优势。当 TC > 0，说明该国是某产品的净出口国，在国际市场上具有一定的比较优势，TC 值越大，竞争优势越强。如果 TC < 0，那么该国的进口量大于出口量，该种产品的生产效率在国际市场上相对低下，处于竞争劣势（杨钰钊，2019；齐玮、何爱娟，2020）。

（二）出口质量竞争力

质量竞争力测度指标可分为水平质量测度指标和垂直质量测度指标，水平质量测度指标主要指出口技术复杂度，垂直质量测度指标包括垂直专业化指数、贸易增加值、出口产品结构和出口产品质量等。

1. 水平质量测度指标

豪斯曼和罗德里克（Hausmann and Rodrik，2003）最早提出出口技术复杂度，认为出口技术复杂度体现了出口产品技术含量与生产效率。之后学界基于此对其测算方法对产业出口竞争力进行了较为广泛的应用研究。尹宗成和田甜（2013）对 2000 ~ 2010 年中国农产品的国际竞争力变化情况进行了分析，发现中国农产品出口技术复杂度指数与其国际竞争力和国际地位呈正相关关系；许强、丁帅和安景文（2017）认为提升产业出口竞争力的有力途径是加大企业对出口技术复杂度的投入；杨文俊（2020）从技术复杂度的视角展开对中部六省高技术产品出口竞争力的研究；杨逢珉和田洋洋（2022）结合 2006 ~ 2018 年中日韩农产品出口数据，采用技术复杂度对出口竞争力进行分析，发现中国在水产品、园艺产品等农产品上具有明显的出口竞争力。

2. 垂直质量测度指标

（1）垂直专业化分工指数。

垂直专业化分工是指随着国际分工和国际贸易的逐渐深化，参与国际贸易的各国中间品贸易不断增加，商品生产的过程被分成多个环节放在多个不同的国家，跨越多个国家的垂直贸易链不断延长。胡梅尔斯（Hummels，2001）等学者最早提出垂直专业化指数（share of vertical specialization，VSS），用来衡量一国某部门或产业每单位出口额中垂直专业化贸易所占的比重，认为垂直专业化分工使全球中间品贸易在国际贸易中的比重大大上升，对各国的生产效率以及出口绩效产生了重大影响。VSS 指数被学界普遍采用，对于垂直专业化程度对出口竞争力的影响相关研究意见并不统一：王聪（2016）从垂直专业化的视角对我国产品出口竞争力进行分析发现我国参与垂直专业化分工对我国出口竞争力的提升效益并不明显，更多地依靠技术研发和市场竞争力的提升；黄智和陆善勇（2021）采用显示性比较优势指数（RCA）和出口技术复杂度（PRODY）作为出口规模竞争力和出口质量竞争力的代理变量对 2003～2017 年中国 13 个制造业行业数据分析发现，垂直专业化对出口竞争力具有提升作用。

（2）出口增加值。

随着国际垂直专业化程度的加深，中间品贸易频繁，贸易进出口总值无法准确反映一国参与全球价值链竞争力真实情况。国际贸易领域学术界和国际组织将贸易增加值作为研究热点，通过研究全球价值链上各环节的增加值情况来判断参与国的出口竞争力。陈美炎（2019）认为从贸易增加值视角对一国的国际竞争力进行评价，可以避免传统贸易统计重复计算带来的"比较优势陷阱"；柯淑贞（2018）通过测算一定时期内我国制造业出口增加值计算行业净出口显性比较优势指数，进而判断行业在国际市场上的出口竞争力；孙艳艳（2019）认为贸易增加值视角下核算一国某产业出口的实际利得，可以真实反映一国的出口竞争力水平；袁辰、张晓嘉、姜丙利等（2021）通过贸易增加值前向分解法来度量中国制造业的国际竞争力，进而剖析人口老龄化对中国制造业国际竞争力的影响。

（3）出口贸易结构和贸易质量。

自"里昂惕夫悖论"提出以来，贸易结构受到学界广泛关注，实证研究表明，贸易结构的优化能够提升国际竞争力水平。王江和陶磊（2018）

认为中国生产性服务贸易结构的比较劣势严重影响了国际竞争力；李丽（2018）通过比对我国进口和出口的主要商品结构发现商品结构的优化和调整能够提升国际竞争力。出口产品质量是出口产品竞争力的核心因素之一，提升出口产品质量既是外贸高质量发展的必然需求，也是推动产业可持续发展的动力。菲利普克劳比（Philip Crosby）把质量概括为"产品符合规定要求的程度"；德鲁克（Peter F. Drucker）把质量看作满足需要；费根堡姆（Arnold V. Feigenbaum，1983）认为产品或服务质量是指营销、设计、制造、维修中各种特性的综合体，是全面质量管理的概念；刘晓宁和刘磊（2015）等用产品单位价格衡量出口产品质量；陈和尤文纳尔（Chen and Juvenal，2016）采用特征指标衡量法对产品质量进行度量；施炳展（2013）等诸多学者借用 Logit 嵌套模型测算中国出口产品质量；王树柏（2015）运用供给需求信息直接估计法对中国出口 SITC 分类产品质量进行测算；刘晓宁（2021）运用需求信息反推法全面测算中国出口产品质量。

三、中国花卉产业发展相关研究

花卉产业出口竞争力的研究要以中国花卉产业发展状况为基础，因此有必要对中国花卉产业的发展和出口状况进行分析。近年来，生态文明建设和乡村振兴战略的相继提出以及人们对高质量生活的美好追求为花卉产业发展提供了有利契机，学界对花卉产业发展的相关研究也有所增加，有必要从中国花卉产业发展现状、发展环境及发展路径等方面对现有研究成果进行梳理。

（一）中国花卉产业发展现状的研究

目前，国内学者对我国花卉产业发展现状的研究，主要集中在中国花卉产业多年发展取得的成就与存在的问题两个方面。第一，关于中国花卉产业取得的成就，连青龙（2018）认为近十年来，中国花卉产业成就突出，已经形成了完整的现代化花卉产业格局，建立了完整的产业链，花卉市场空间充裕，行业生产布局稳定，花卉产业专业化程度不断提升。但花卉品质和品位有待提升，花卉种业创新不足，对外依存度较高，设施花卉硬件基础薄弱；李国雅（2019）专注于花卉产业的消费市场和生产状况，认为我国花卉消费类别集中在新优特品种，花卉消费群体中公共消费萎缩，家庭以及个体消费呈增加趋势，互联网销售作为新兴消费渠道发展势头强劲，逐步挤压传统渠道以及中间销售市场。从生产方面看，我国花卉生产总体呈现集约化生产不足和区域发展不平衡的问题；杨园（2019）认为花卉产业是现代社会发展过程中最具发展潜力、最具发展活力的产业，随着社会的发展，食用花卉、香料花卉和药用花卉是现代花卉产业的发展方向；王珏（2020）发现我国花卉消费需求和我国经济发展趋势比较一致，经济发展的不平衡对花卉产业的布局产生影响，技术型花卉产业发展有所起步，加工类花卉产业发展势头强劲。第二，关于中国花卉产业发展存在的问题，高峰（2017）将目光聚焦在花卉产业环保隐患上，认为土壤功能严重衰退、大量农药使用造成面源污染、花卉行业劳工环境缺乏防护，而国际市场高度关注花卉业的环境污染问题，国际可持续发展农业组织（SAN）也在敦促花卉生产企业加入认证和贴标计划，中国花卉行业发展必须高度重视生态种植；杨桥夫（2018）认为我国花卉产业的发展已经较为成熟，但产业管理、产业政策、市场监管和检测体制缺失，研发投入少，缺少自主研发能力；路覃坦（2021）认为我国花卉产业发展相对滞后，与以色列、荷兰等花卉生产强国有一定差距。受地域性差异限制和地域文化差异影响，我国花卉产业跨区域发展受限，同时面临优质种质资源外流严重与每年支付大量的专利费并存、花卉新品种创新力度和品牌知名度欠缺、花卉产业良性发展所需要的人力、资金和技术支持不足，花卉消费理念落后等问题，制约了花卉业的发展；王燕培和刘彩霞（2021）认为花卉产业发展创新性不足、自主知识产权保护意识薄弱削弱了中国花卉的国际竞争力，并指出了花卉从业人员素质专业化程度不高，花卉产业产学研未形成良性循环，制约了花卉行业改良和优化，花卉种植集约化和专业化程度低，贮运设备与技术的落后严重影响花卉品质，花卉消费需求区域发展极不平衡，花卉消费品位仍然较低，以及花卉销售渠道单一等问题。

（二）花卉产业发展对策

针对中国花卉产业发展过程中存在的各种问题，国内学者从不同的角度对花卉行业的发展提出了建议。曾梅娇和林新莲（2018）针对花卉市场同质化现象严重、花卉产业结构需要调整升级的现实，提出将文化创意思想应用到花卉生产、销售及物流等环节，从而为花卉产业变革和拓展发展空间提供新机遇；周锦业、卜朝阳、崔学强、张自斌和孙明艳（2019）针对广西花卉产业发展存在的问题，从健全花卉产业监管机构、完善花卉产业发展法规和制定花卉产业发展规划、加大科研投入力度提升花卉产业创新能力、利用资源和环境优势发展特色花卉产业、加强国际合作拓展国际市场等方面提出了发展对策；张璇和陆文明（2020）认为完善花卉认证体系对我国花卉产业发展具有重大意义，可以帮助我国花卉生产者引进先进的花卉管理技术和成果，促进生产方式优化转变，提升我国花卉品质，提高国际竞争力；张晓丽（2021）选取上海瀛庙果蔬专业合作社花卉经营的主要做法，对上海崇明区花卉产业发展提出对策建议，包括因地制宜选对项目、科技赋能提升种植能力、聚集专业人才保障发展动力供给、标准化生产助推质量提升、打造品牌推动高质量发展、产业集聚优化产业发展环境、强化政府服务提高产业发展保障等措施；赵良平（2021）认为建设现代花卉产业需要实施花卉产业链供应链创新战略，建立完善的全国现代花卉流通体系，需要促进国内统一花卉大市场的建立，形成供需互促、产销并进的良性循环，同时为花卉产业塑造市场化、法治化、国际化营商环境。

（三）花卉产业出口竞争力研究

田园和杜珣（2014）通过分析活苗木、鲜切花和干花的出口数量、价格、产品结构以及出口市场情况分析了我国花卉出口的状况，对三类花卉产品进行了贸易竞争指数测算，得出了我国花卉产品出口存在出口价值低、出口市场高度集中和国际市场影响力小等结论，并从政府、行业协会和花卉企业三个方面提出对策建议，内容包括优先发展具有比较优势的花卉产品、积极推进行业国际认证、发挥行业协会纽带作用促进产品研发和建立国际交易系统、发展产业集团开拓国际市场等；齐博（2015）认为我国花卉产业资源禀赋良好，内需市场规模和潜力巨大，花卉文化源远流长，通过运用贸易竞争指数、显示性比较优势指数和国际市场占有率等指标构建了花卉产业国际竞争力指标体系，研究发现我国花卉市场国际竞争力较弱，技术进步对于提升我国花卉的出口竞争力有显著提升作用，促进花卉相关科技成果转化，重视花卉种业资源创新能力，注重产业政策引导有利于提升国际竞争力。周英豪和周洁（2016）借助"钻石模型"从生产资源和技术条件、国内外需求、产业组织和产业链状况四个方面对影响我国花卉产业国际竞争力的四个要素进行分析，提出提高花卉苗木企业生产技术水平、政策扶持引导花卉苗木企业集约化生产、市场引导花卉行业上下游产业链发展、创新产品积极开拓市场等对策；项晓娟（2016）认为我国花卉出口存在产业组织程度低、研发技术落后，遭受欧美等花卉主要消费市场绿色壁垒和技术壁垒，花卉产品运输效率低下，花卉保鲜技术不过关、出口通关手续繁杂等问题，提出通过科技手段提高花卉品质、健全花卉流通体系提升供应链能力、简化出口手续打通绿色通道、发挥行业协会功能推进产业化进程等对策；李琴和陈德富（2019）分析了我国鲜切花出口贸易存在的主要问题，提出出口目的国高度集中、鲜切花品种不完备、出口流通体系不健全、国内空间布局不合理等问题，并从开拓新兴出口市场、促进出口品种创新、健全出口流通体系、完善国内空间布局等角度提出促进鲜切花出口的对策建议。

综合以上研究，我们认为国内针对某个产业国际竞争力分析和测算的研究已经比较充分，已经形成的指标体系、模型构建、研究方法的应用都可以为本研究提供较为充分的借鉴。从已有的研究看，对于中国农产品国际竞争力的研究都从该产品的贸易现状出发，采用国际市场份额、显性比较优势指数、贸易竞争力指数等指标，构建模型分析产品国际竞争力的大小，并在阐述影响国际竞争力大小的主要因素基础上，提出对策建议。但是针对花卉产业国际竞争力的研究有待进一步完善，尤其是构建钻石模型，从生产要素、需求条件、相关支持性产业、企业战略、结构和同业竞争、政府政策和机会分析我国花卉国际竞争力的基本状况，厘清四大要素和两大机会间的作用机理，这类的研究还不够全面深入。当前，生态文明建设稳步推进，乡村振兴战略规划清晰明确, 我国花卉产业作为种植面积世界第一且仍快速增长的朝阳产业, 能有效联动第一、第二、第三产业协调发展, 对于促进农业结构调整, 提质增效, 促进农民收入增长, 改善农村生态环境都具有积极意义。研究乡村振兴重大发展战略背景下我国花卉产业的出口竞争力及高质量提升路径, 是新时期我国经济由高速增长阶段转向高质量发展阶段的必然要求, 也是实现乡村振兴发展战略目标的重要抓手。本研究立足于研究我国花卉产业出口竞争力现状, 运用迈克尔・波特的钻石模型对我国花卉产业出口贸易竞争力高质量提升路径进行研究, 从而为促进出口导向型花卉产业发展提供政策建议和参考。

第三节　研究的主要内容、 技术路线与研究方法

一、研究的主要内容

本研究的主要内容如下:

第一章绪论。主要对研究背景、研究目的和意义进行介绍, 围绕花卉产业出口竞争力国内外研究动态的相关文献进行了梳理, 并对出口竞争力的直接和间接影响因素、出口竞争力测度以及我国花卉产业发展现状、发展问题、出口竞争力提升路径的研究成果进行了归纳总结, 为后续研究提供方向指引, 系统阐述研究的主要内容、研究方法和技术路线图, 并分析了研究的重点、难点、创新性。

第二章相关概念及理论基础。本部分阐述了与研究主题相关的专业概念, 并系统梳理基础理论, 包含古典贸易理论、新古典理论、新贸易理论、竞争优势理论等国际分工理论, 以及产业发展理论和产业竞争力测度相关理论, 为本研究提供清晰的理论脉络。

第三章我国花卉产业发展概况。首先对中国花卉产业发展的历程进行介绍, 把握我国花卉产业化发展从起步、稳步发展、调整转型到规范化发展的几个阶段, 并从产业布局、产业结构、产业规模、生产模式、流通网络、文

化建设等各环节对我国花卉产业发展态势进行考察,分析了我国花卉产业发展前景。

第四章我国花卉产业出口概况。本部分对中国花卉产业出口状况进行分析,包括出口量、主要出口地区、出口目的国、出口主要品类和国际市场表现等,并从出口规模、自主创新能力、产业链分布、供应链瓶颈、贸易壁垒、综合服务能力等方面分析中国花卉产业出口的基本特点。同时介绍全球范围内主要花卉出口国和消费国的基本情况,阐述当前全球宏观经济环境给花卉产业发展带来的机遇和挑战,判断中国花卉行业面临的国际市场环境。通过归纳和总结花卉产业已经取得的成果和面临的发展环境,为后续内容的研究提供事实根据。

第五章影响我国花卉产业出口竞争力的要素分析。本部分将运用迈克尔·波特的钻石模型对影响我国花卉产业的四大因素和两大变数进行分析,具体包括国内初高级生产要素发展情况、国内市场需求规模和发展趋势、花卉产业上下游产业链发展状况、花卉企业发展战略和国内市场竞争情况四大要素,以及经济社会发展及政府政策措施所带来的机会,为设计花卉产业出口竞争力高质量提升的路径奠定基础。

第六章基于钻石模型的我国花卉产业出口竞争力分析。本章将主要从出口规模维度来测度中国花卉行业出口竞争力,包括国际市场份额、显示性比较优势指数、贸易竞争力指数、显示性竞争比较优势指数和净出口显示性比较优势指数等。并在第五章的基础上,阐述各大要素之间相互影响、相互制约的情况及对花卉产业发展的影响,分析我国花卉产业出口竞争力情况。

第七章花卉出口的国内外实践与启示。从国际市场上,总结荷兰、以色列、哥伦比亚等世界花卉贸易强国的做法;在国内市场,对多年来中国花卉出口排名靠前的云南省、福建省的花卉出口经验进行总结归纳,并提炼有利于花卉出口的经验启示。据此,为后续我国花卉产业出口竞争力高质量提升路径的研究提供经验借鉴。

第八章我国花卉产业出口竞争力高质量提升路径。本部分从发展高级生产要素、提高国民花卉消费品位、健全花卉产业上下游产业链、优化产业布局和行业内市场竞争环境、抓住市场机会、完善产业发展政策等方面全面提出高质量提升我国花卉产业出口竞争力的具体实施路径。

二、技术路线

本研究从国内新发展理念引领经济发展方向、国际经济格局变化、生态文明建设和乡村振兴战略提出的背景出发，系统梳理国际分工理论和国家竞争力理论演进轨迹，分析国际竞争力的影响因素和出口竞争力测度方法，描绘中国花卉产业发展和出口竞争力现状，总结国际上花卉产业发展先进国家和国内花卉出口先进地区相关经验教训；通过对我国花卉产业出口规模和出口质量两个角度对我国花卉出口竞争力进行测度，采用迈克尔·波特的钻石模型，从生产要素、需求条件、相关支持性产业、企业战略、结构和同业竞争状况四个影响要素以及政府政策和机会两个变数共六个方面对我国花卉产业国际竞争力进行论证，研究提升我国花卉产业出口竞争力的可行路径，为我国花卉产业出口竞争力高质量提升提供理论支持、实践参考和政策建议，为我国乡村振兴战略的实施提供重要抓手（见图1.1）。

三、主要研究方法

根据本书的研究内容和研究思路，拟以产业经济学、区域经济学和统计学为基础，归纳与演绎相统一的定性分析、案例分析、统计分析相结合的分析方法为主导研究方法。

（1）定性研究结合定量研究的方法：根据花卉产业可以获得的数据情况，通过建立国际竞争力指标体系，对我国花卉产业国际竞争力的现状进行定量研究。

（2）归纳和演绎：在研究花卉产业国际竞争力时，系统梳理花卉产业国际竞争力较强的国家如荷兰、哥伦比亚、以色列花卉产业发展的特色、优势和经验做法，同时对我国花卉出口靠前的省份花卉产业发展的经验进行归纳和演绎，为提升我国花卉产业国际竞争力寻找方法和经验，为后续路径研究提供借鉴。

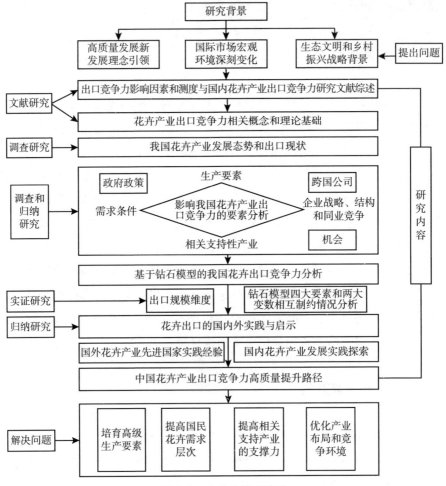

图 1.1　本书的技术路线

（3）实地调研方法：通过对花卉生产企业、花农、消费者、花卉行业协会相关人员进行实地访谈，了解花卉产业发展特点、花卉行业发展趋势、消费者偏好等，掌握我国花卉产业基本情况，通过调研获取的资料为理论研究打好基础。

（4）文献查阅方法：通过大量查阅花卉行业协会、花卉报及相关国内外期刊刊登的有关花卉产业发展的国内外研究资料，对中国花卉产业国家竞争力模型的四要素进行分析，并在此基础上提出对策建议。

第四节 研究的重点与难点

一、研究重点

本书拟突破的重点有三个方面：

（1）厘清我国花卉产业国际竞争力的主要影响因素。根据既往国内外研究成果，影响一国某个产业国际竞争力的因素众多，本书将根据迈克尔·波特的钻石模型从四大基本要素和两大变数的角度分析影响我国花卉产业出口竞争力的主要方面。

（2）我国花卉产业国际竞争力分析。本研究将构建出口规模指数来测度中国花卉行业出口竞争力，根据中国花卉产业发展状况和出口相关数据计算国际市场份额、显示性比较优势指数、贸易竞争力指数、显示性竞争比较优势指数和净出口显示性比较优势指数等指标，分析中国花卉出口竞争力的实际状况。同时阐述花卉产业钻石模型中四大要素和两大变数之间相互影响相互制约的情况及对花卉产业发展的影响。

（3）我国花卉产业国际竞争力高质量提升路径。根据国内外花卉产业发展相关经验总结、中国花卉产业发展和出口状况、影响花卉产业国际竞争力的主要因素，提炼出高质量提升我国花卉产业出口竞争力的可行路径。

二、研究难点

本书的研究难点主要在两个方面：

（1）我国花卉产业国际竞争力测度。结合国内外产业、产品出口竞争力相关研究成果，选取绝对指标和相对指标对中国花卉出口竞争力进行测度，并通过对我国花卉产业钻石模型四因素和两变数之间的相互关联、相互制约、相互发展关系进行分析，全面分析我国花卉产业国际竞争力情况。

（2）花卉产业出口竞争力高质量提升路径设计。经过几十年的高速发展，支持我国经济发展的要素条件和市场环境已经发生了巨大变化，继续保持高速增长既不符合现实条件基础，也不符合经济发展的利益，必须转变理念，对花卉产业发展提出新的方向。随着人民生活水平的提升，花卉产业已经实现在数量上的膨胀性增长，但质的提升却不尽如人意，在国际市场上面临种植面积第一、国际市场份额低的尴尬境地。本书拟结合影响花卉产业国际竞争力的主要因素，从要素、市场、产业链、企业战略、政府政策、经济发展机会等方面综合分析，提出促进我国花卉产业发展进而提升国际市场竞争力的路径。

第五节　研究的创新与局限

本书可能的创新和特色主要体现在以下两个方面：

（1）随着我国社会的主要矛盾转变为人民日益增长的美好生活需要和不平衡不充分的发展之间的矛盾，高质量发展理念的提出和乡村振兴战略的实施，花卉产业发展迎来重要机遇期。本研究结合新发展形势和新发展理念提出的新要求，对花卉产业发展状况和出口竞争力进行分析，并提出可行性路径。

（2）在研究方法上，本书利用迈克尔·波特的钻石模型对影响花卉国际竞争力的四大要素和两个变数进行分析，并对各要素之间相互关联、相互制约、相互发展关系进行分析，在之前的研究中仍缺少相关的尝试，这种分析为厘清各要素之间的关系，提出基于现有要素的发展路径具有积极的意义。

第二章

相关概念及理论基础

党的十八大报告提出："把生态文明建设放在突出地位，融入经济建设、政治建设、文化建设、社会建设各方面和全过程，努力建设美丽中国，实现中华民族永续发展。"花卉业既是全面提升美丽中国建设的公益事业，又是能够有效联动第一、二、三产业共振发展的绿色朝阳产业，在国际贸易中不受农产品配额限制，花卉产业高质量发展对于建设美丽中国、推进生态文明、调整产业结构、实现乡村振兴等都具有重大意义，能够有效提升花卉产业的国际竞争力，改变花卉行业在国际市场上大而不强的尴尬局面。要准确分析我国花卉产业出口竞争力情况，首先要准确界定花卉产业出口竞争力及高质量提升路径相关概念，其次要对国际分工理论和竞争力理论进行归纳和总结，为本研究花卉产业出口竞争力分析提供理论基础。

第一节 相关概念界定

一、花卉产业与出口

花卉，指具有观赏价值的草本植物，是用来描绘欣赏的植物的统称。狭义上看，花卉指的是具有观赏效果的各色各异的花。广义上看，花卉还包括草本、木本的地被植物、花灌木、开花乔木、盆景以及温室观赏植物等。产业从经济学范畴来看，是社会分工和生产力不断发展的产物，指由利益相互联系的、具有不同分工的、由各个相关行业所组成的业态总称，尽管在经营方式、经营形态和企业管理模式上有所不同，但经营范围和经营对象都是围绕共同的产品而展开。把花卉当成一个商品，花卉产业包含花卉研发育种、花卉栽培、花卉加工、花卉销售、花卉物流到花卉消费等价值创造环节，最后进入消费市场，各环节之间相互联系、相互协调。花卉产业在经济不同发展阶段的国家有着不同的消费属性，在低收入和发展中国家，花卉是非生活必需品，花卉消费并不普遍，但在高收入和发达国家，花卉消费频率和人均消费量比较可观，是生活必需品，花卉消费品位也较高。对于国内市场，花卉在育种研发、保鲜流通等环节要求相对较低，但若将花卉外销到国际市场时，花卉产品要面临繁杂的进口国动植物检验检疫和品质标准，同时需要经历长途运输，面临进口国知识产权保护等制约。因此开拓国际市场的花卉产业需要大量的技术和资本投入，创新研发、花卉保鲜和冷链物流压力大。

花卉产品兼具生态性与经济性，同时具备观赏价值、药用价值、食用价值、香料价值等功能，花卉作为商品具有极大的经济价值。随着社会分工的不断深化，花卉产业形成了研发育种、种植、加工、运输、销售等环节，其产业链条还不断向第三产业延伸。当前，花卉产业全球化布局趋势明显，发达国家掌握着种苗、种球、高端设施农业、花卉深加工等产业链高端，凭借技术攫取了高额的利润，发展中国家凭借相对低廉的土地资源、人力资源成为主要产地。随着经济的快速发展，新兴市场对花卉的消费需求也在快速提升，但主流消费市场仍然集中在发达国家，且消费品位较高。

二、竞争力

竞争力，是参与者双方或多方的一种角逐或比较而体现出来的综合能力，是对象在竞争中显示的能力。它是一种相对指标，是一种随着竞争发生变化并通过竞争而体现的能力，必须通过竞争才能表现出来。笼统地说竞争力有大有小或强或弱，但真正要准确测度出来比较困难，通常需要确定一个测定目标时间。常见类型有区域竞争力、企业竞争力、品牌竞争力、财务竞争力、质量竞争力、管理竞争力、服务竞争力、动态竞争力、核心竞争力和产业竞争力等。

三、产业竞争力

产业竞争力又叫产业国际竞争力，是指某国或某一地区的某个特定产业相对于他国或地区同一产业在生产效率、满足市场需求、持续获利等方面所体现的竞争能力。竞争力实质上是一个比较的概念，因此，产业竞争力内涵涉及两个基本方面的问题：一个是比较的内容，一个是比较的范围。具体来说：产业竞争力比较的内容就是产业竞争优势，而产业竞争优势最终体现于产品、企业及产业的市场实现能力。因此，产业竞争力的实质是产业的比较生产力。所谓比较生产力，是指企业或产业能够以比其他竞争对手更有效的方式持续生产出消费者愿意接受的产品，并由此获得满意的经济收益的综合能力。产业竞争力比较的范围是国家或地区，产业竞争力是一个区域的概念。因此，产业竞争力分析应突出影响区域经济发展的各种因素，包括产业集聚、产业转移、区位优势等。

四、出口竞争力

当前，国际上对出口竞争力并未形成统一的定义。从产业国际竞争力来看，出口竞争力可以定义为在现有的宏观环境和产业发展水平上，在国外市场上以较低的产业（服务）成本和与众不同的产品（服务）特性来取得最佳市场份额和利润的能力，因此出口竞争力的获得主要基于成本和差异化，是一个国家技术水平和综合国力的体现。当前，出口竞争力研究的主要问题就是一个国家如何发挥自身的资源优势抢占国际市场。出口竞争力是基于国际分工而产生，国际分工理论的发展过程不断阐述了出口竞争力的来源：古典贸易理论将出口竞争力看做比较优势所带来的生产率差异，新古典理论认为贸易竞争力来源于各国要素禀赋的不同，新贸易理论将获得规模经济看做出口竞争力的原因之一，国家竞争优势则认为一国基于四要素和两变数的相互作用，能够比世界上其他国家更有效地满足全球消费者需求，则该国具备竞争优势。

五、高质量发展

2017 年 10 月，党的第十九次全国代表大会首次提出"高质量发展"表述，为新时代中国经济发展指明了方向。高质量发展，是适应我国社会主要矛盾深刻变化，引领我国经济发展新时代、新变化、新要求的战略选择。高质量发展不是简单的提高产品质量，其根本在于经济的活力、创新力和竞争力，是创新、协调、绿色、开放、共享新发展理念的高度聚合和集中体现。高质量发展不是 GDP 英雄论，也并非简单的淡化 GDP，而是注重 GDP 的内涵和质量，在追求 GDP 的基础上降低单位 GDP 的资源消耗和环境代价，提高供给结构与需求结构的匹配度，提高 GDP 的产品层次、技术层次和经济竞争力，丰富 GDP 的内容，增大 GDP 的福利效应，是追求规模速度和质量效益的有机统一。

高质量发展是我国经济发展进入新常态的主动选择，也是贯彻创新、协调、绿色、开放、共享新发展理念的根本体现，是适应我国社会主要矛盾已经转化为人民日益增长的美好生活需要和不平衡不充分的发展之间的矛盾的必然要求，是建设现代化经济体系的必由之路。要实现建设现代化经济体系的战略目标，必须坚持质量第一、效益优先，推动经济发展质量变革、效率变革、动力变革，提高全要素生产率，不断增强经济创新力和竞争力，把推动高质量发展作为当前和今后一段时间确定发展思路、制定经济政策、实施宏观调控的根本要求。

高质量发展为发展经济学研究开辟了新视域，为发展中国家面对新形势、新问题、新要求下如何实现发展的全面性、协调性和可持续性提供了理论创新，这也为本书针对我国花卉产业出口竞争力的提升路径提供了解决方案。

第二节　国际分工和出口竞争力相关理论基础

国际分工的形成，最早始于因各国气候环境、土壤特征、资源禀赋、国土面积和地理位置不同所引起的自然条件的差异性和自然产品的多样性。随着科技水平和社会生产力水平的提升，各国自然条件差异对国际分工的作用越来越弱，生产力水平成为影响国际分工的决定性因素，而生产力水平的高低决定着各国出口竞争力的差异，并决定了世界上不同国家和地区间参与国际分工的广度和深度，也影响着不同国家在全球价值链上所处的不同位置。国际分工理论在长期的演化过程中，发展出多种成熟的理论体系，本节在对国际分工理论进行回顾的基础上，重点对出口竞争力形成的相关内容进行阐述和总结。

一、古典贸易理论

（一）绝对优势理论

英国经济学家亚当·斯密（Adam Smith，1776）在其代表著作《国民财富的性质与原因的研究》中提出绝对优势理论。他认为分工可以提高劳动生产率，增加国民财富，分工的基本原则是成本的绝对优势或绝对利益，所以每个人都应该专门从事他最有优势的产品的生产，适用在一国内部不同职业和不同工种之间的分工原则也同样适用于各国之间。国际分工的基础是有利的自然禀赋或后天的有利条件，可以使一个国家生产某种产品的成本绝对低于别国，从而使该国在该产品的生产和交换上处于绝对有利地位。参与贸易的各国都可以在有效利用资源、劳动和资本的基础上大大提高劳动生产率和增加物质财富，并使各国从贸易中获益。尽管绝对优势理论无法解释为什么一个国家在各方面都处于劣势的情况下依然可以参与国际分工，但它首次论证了贸易互利性原理，驳斥了重商主义关于贸易零和博弈的片面看法。

参与国际贸易的双赢理念成为当代各国积极参与国际分工和国际贸易的理论基石。

（二）比较优势理论

英国古典经济学家大卫·李嘉图（David Ricardo，1817）在其代表作《政治经济学及赋税原理》中提出了比较成本理论。他认为国际贸易的基础不能仅限于生产技术上的绝对差异，只要各国存在着生产技术上的相对差异，就会出现生产成本的相对差别，进而形成价格上的相对差别，从而造成各国在不同的产品上具有"比较优势"，如果每个国家都根据"两利相权取其重，两弊相权取其轻"的原则，集中生产并出口其具有"比较优势"的产品，进口其具有"比较劣势"的产品，就可以从国际贸易中获益。比较优势理论的提出更普遍地解释了国际贸易产生的基础和贸易利得，因此，即使一个国家或地区在所有产业都不具备绝对优势，依然可以从国际分工和国际贸易中获得比较利益。但比较优势理论的贸易模型假设条件比较苛刻，劳动力是各国投入的单一生产要素，这与实际国际分工中，一国的对外贸易受劳动、资本、土地、技术等多种生产要素共同影响的现实有一定差距。

二、新古典理论

（一）要素禀赋理论

瑞典经济学家伊莱·赫克歇尔（Eli Heckscher，1919）在发展和批判李嘉图比较优势理论的基础上，首次于《对外贸易对收入分配的影响》一文中提出了要素禀赋论的基本论点。瑞典另一位经济学家伯蒂尔·俄林（Bertil Ohlin，1933）出版了《区际贸易和国际贸易》一书，深入探讨了国际贸易产生的深层原因，创立了要素禀赋论，又称"赫克歇尔－俄林理论""H－O理论"。该理论认为国际贸易产生的主要原因是不同国家间的同一种商品价格存在相对的价格差异，强调生产商品不仅需要投入劳动力，还有资本、土地、技术等等。不同的商品生产需要不同的生产要素配置，各国要素禀赋的相对差异以及生产各种商品时利用这些要素的强度的差异决定了这种价格相对差异。因此，在各国要素需求一定的情况下，各国不同的要素禀赋决定了生产要素的不同价格：相对供给较充裕的要素的相对价格较低，而相对供给较稀缺的要素的相对价格较高。对劳动力丰富而资本缺少的发展中国家或地区而言，生产劳动密集型产品将拥有成本和价格的相对优势，反之，发达国家则应该集中生产资本密集型产品，各国都生产并出口丰裕要素密集的产品，进口稀缺要素密集的产品，参与国际贸易的各方均将获利。该理论将国际分工不仅归于各国生产效率的差异性，讨论了各国要素禀赋丰裕程度不同而形成的国际分工模式，丰富了一个国家贸易竞争力来源的相关理论，更加符合经济现实。

（二）要素价格均等化理论

美国经济学家保罗·萨缪尔森（Paul A. Samuelson，1948）提出素价格均等化理论，他认为按照赫克歇尔 - 俄林模型，国际贸易必然导致各国生产要素的相对价格和绝对价格趋于均等化，这是对 H - O 模型的重大发展，故被称为 H - O - S 定理。由于参与国际贸易的各国均进口稀缺要素的产品、出口丰裕要素的产品，各国生产要素禀赋丰裕程度会有所改变，基于要素禀赋而形成的价格差异在长期的国际贸易活动中会不断缩小，并最终达到均等。在该理论模型下，生产要素价格、要素价格、生产的要素密集度都将趋于均等。

从整体来看，要素禀赋理论进一步丰富和拓展了绝对优势理论和比较优势理论对国际贸易竞争力的理论分析，为解释现实贸易提供了重要的理论框架。但是，美国经济学家华西里·里昂惕夫（Wassily Leontief，1953，1956）两次使用创造投入产出分析法对美国 1947 年 200 个行业的国际贸易商品结构进行实际计算发现拥有最昂贵劳动力和最密集资本的美国大量出口农产品等劳动密集型产品，进口资本密集型产品，得出了与赫克歇尔 - 俄林模型截然相反的结论，这被称为"里昂惕夫之谜"。"里昂惕夫悖论"是原有国际分工和国际贸易理论所无法解释的，为了研究这一现象，学者们掀起了新一轮的研究浪潮，提出了质疑与挑战，引发了学术界的反思，美国学者迈克尔·V. 波斯纳（Michael V. Posner，1961）在《国际贸易与技术变化》一文中提出了技术差距理论，他认为技术是一种重要的生产要素，工业化国家的工业品贸易是以技术差距的存在为基础进行的，在技术上拥有比较优势的国家随着产品出口，技术被转让或者模仿，最终因比较优势而引起的国际贸易走向结束；瑞典经济学家斯戴芬·伯伦斯坦·林德（Staffan B. Linder，1961）在其论文《论贸易和转变》提出需求相似理论（Theory of Preference Similarity），他认为各国消费者的相似需求是产生国际贸易的一个独立条件。当两国的人均收入水平越接近，相似需求范围越广，两国间的贸易基础越牢固，国家间国内需求的构成和层次上的差异对国际贸易格局有着重要影响；人力资本理论、人力技能理论和技术进展理论（即技术差距理论）等新要素贸易理论也从不同角度做出了解释，国际分工理论进一步发展，推动了二战后国际贸易新理论的诞生。

三、新贸易理论

（一）产品生命周期理论

美国哈佛大学教授雷蒙德·弗农（Raymond Vernon，1966）在其发表的《产品周期中的国际投资与国际贸易》一文中首次提出了产品生命周期理论，他将产品生命周期分为进入期、成长期、饱和期和衰退期四个阶段，不同的产品生命阶段决定了公司不同的生产成本和生产区位的选择，从而决定国际贸易和国际投资的变化。该理论侧重从技术创新、技术进步和技术传播的角度来分析国际贸易产生的基础，将国际贸易中的比较利益动态化，研究产品出口优势在不同国家间的传导。

（二）新贸易理论

经济学家迪克希特和斯蒂格利茨（1977）建立了 D－S 模型，阐述了在不完全竞争市场结构下消费者需求多样化和企业生产规模经济的两难冲突问题。生产者趋向于减少产品差别，从而扩大生产规模并获取规模经济，而消费者希望产品具有差异性，国际贸易可以解决这一矛盾，即各国专业化大规模生产具有某一方面差异的同种产品并进行贸易，既能满足企业获取规模经济，又很好地满足消费者的差异化需求。1981年，美国经济学家保罗·克鲁格曼（Paul Krugman）在《产业内专业化分工与得自贸易的利益》一文中提到贸易的竞争力不仅来自外生优势，还受内生规模经济和不完全竞争的影响。此后，克鲁格曼和赫尔普曼进一步对新贸易理论进行了系统的概括研究，在D–S模型的基础上构建了规模经济理论，他认为国际贸易的开展并非一定要基于各国间技术或者要素禀赋差异，扩大市场和获取规模经济也能引发贸易行为。国际贸易可以帮助企业打破国内单一狭小市场的规模限制，在世界范围内扩大产品销售市场，并从别国进口其他差异性产品，以此获得产品多样化和产品价格下降的贸易所得。

第三节　产业国际竞争力相关理论基础

一、竞争优势理论

为了克服古典贸易理论和新古典理论在解释现实贸易行为时的缺陷，一些经济学家开始在H–O理论的框架之外寻求新的贸易理论和贸易政策选择。美国经济学家迈克尔·波特（Michael Porter，1990）在《国家竞争优势》一书中提出"国家竞争优势"理论，也被称为"菱形理论""钻石模型"（见图2.1）。

该理论在20世纪90年代提出后，被广泛应用于分析一个国家某个产业为什么在国际上具有较强的竞争力。该理论认为一个国家的某个产业之所以能够在全球贸易中获得强大的竞争优势，仅仅依靠自然资源、劳动力、地理位置、利率、汇率等初级生产要素所建立起来的竞争优势是不持久的。技术创新、高素质人才、先进的社会体制等高级生产要素更能带来竞争优势，同时前卫的国内需求、强大的上下游产业，具有活力的国内竞争环境和企业竞争战略也对一个国家产业的强势崛起具有重要意义，此外政府政策和经济两个辅助因素也会对行业国际竞争力产生影响，甚至会有决定性作用。"钻石模型"揭示了一个国家在某个特定行业能够具备国际竞争力的主要原因，也给发展中国家参与国际贸易提供了新的思路：如果发展中国家一味依靠资源禀赋，专注于具备比较优势的产业参与国际贸易，不利于产业结构的升级、技术创新进步，而在此基础上所取得的国际竞争优势也必然不持久。因此，必须采取竞争优势增长模式，通过在生产要素、需求条件、相关支持性产业和企业战略、结构和同业竞争上做出正确选择，培育具有竞争优势的产品，全面提高本国产业的国际竞争力，只有建立在四要素基础上的竞争优势才能够持续，从而更多地分享国际贸易利益。

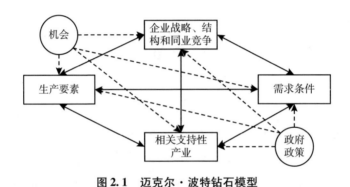

图 2.1　迈克尔·波特钻石模型

（一）生产要素——资源禀赋的"源发"和"继发"

延续了赫克歇尔—俄林的资源禀赋论，迈克尔·波特认为生产要素是一个国家能够重点发展某个产业进而形成国际竞争优势的重要条件，但不同的生产要素对一国国际竞争力的形成影响不同，他将生产要素分为初级生产要素和高级生产要素。初级生产要素是一国先天拥有的资源禀赋，如自然资源、地理位置、气候条件、劳动力和土地供给等。初级生产要素是一国发展某个产业的基本条件，也能够帮助一国产业建立起初始程度上的国际竞争优势，但这种基础并不牢固，容易受到其他具备同样资源禀赋国家的赶超。高级生产要素包括现代通信、信息技术、交通设施、复杂和熟练劳动力、受过高等教育的人力和研究机构等，并不能自然赋予，需要政府、企业和个人在人力和资本上大量而持续地投入，如政府在基础教育和高等教育的投资能极大地提高国家的高级生产要素质量，建立在高级生产要素上的竞争优势更为牢固而持久。因此他认为贫瘠的资源禀赋反而更能激发一个国家不断创造高级生产要素，为本国某个产业带来难以复制的国际竞争优势，因此要重点发展高级生产要素。如以色列发展花卉产业的自然资源条件极为不利，却凭借全方位的技术研发解决了花卉生产的核心问题，打造了世界先进的花卉产业。

（二）需求条件——支持产业发展的不竭动力

需求条件指对某个行业产品或服务的国内需求性质。迈克尔·波特认为国内需求能够很好地刺激和提高国家竞争优势。如果一国的消费者对某个行业产品或服务有着挑剔而内行的需求，企业为了满足顾客需求会不断从质量、外形、性能等多方面进行产品革新，打造客户消费新体验，并渐渐形成本国产品的特色和优势。一个企业满足了国内成熟复杂和苛刻的消费需求，那么拥有高质量标准和创新性能的本国产品也能够满足世界上其他国家消费者的需求，有助于该国企业赢得国际竞争优势，尤其是当一个国家的内需市场和国际市场的主要需求相同时，竞争优势建立会更为容易。另外，如果一国消费者拥有预期性需求，即本土客户的需求领先于其他国家，那么要满足这种预期性需求，本国企业必须要不断改进和升级产品，从而赢得消费者的青睐并站稳市场，也就意味着服务于本国预期需求的厂商自然走在世界其他厂商的前面，容易建立竞争优势。如日本国内拥有成熟和高知识水平的照相机购买者，为满足国内消费者的预期性需求，日本照相机工业不断改进照相机质量和提高照相机性能，积极推出革新型号，建立了畅销全球市场的照相机工业。

（三）相关支持性产业——相互成就的产业集群

相关支持性产业主要从关联行业集群的角度来分析，如果一国某个产业拥有具备国际竞争力的供应商和关联辅助行业，该产业更能形成竞争优势。

相关性产业之间形成的产业集群有利于获得外部规模经济和外部范围经济，实现资源共享，降低交易成本，促进知识、制度和技术的创新和扩散，相互关联的产业间通过相互提携形成协同发展效应，带动相关产业取得国际竞争的有利地位。荷兰花卉产业享誉全球不仅是因为花卉种植品质好，其育种能力、温室设施和农业机器人产业、冷链物流运输和花卉保鲜技术、花卉流通渠道、花卉文化传播能力等相关产业领域均拥有领先全球的竞争优势，相关产业集群共同成就了荷兰花卉产业的绝对霸主地位。

（四） 企业战略、结构和同业竞争——适宜的产业发展竞争环境

企业战略和结构主要指一国内部支配企业创建、组织和管理的条件，即不同的管理意识形态会对国内某产业国际竞争优势的形成产生极大影响。如日本和德国的企业高层管理人员往往从具有工程师背景的人才中提拔，在企业发展中更注重产品的工艺设计和加工制造；而美国企业倾向于提拔具有财务管理背景的人才作为最高管理层，更注重企业短期的财务利益，对加工制造过程缺乏了解和关心。存在于德日和美国的不同企业管理意识形态反映在经济中，就使美国在机械制造等高度重视技术和工程的产业竞争中逐渐丧失优势。因此企业必须善用本身的条件、管理模式和组织形态才能获得产业成功。同时，一个行业在国内如果面临激烈的市场竞争，企业会更具忧患意识，积极创新，改进产品质量，降低生产成本，提升企业竞争力。在国内激烈的市场竞争中脱颖而出的企业往往会具备较强的竞争实力，反过来促使它们成为更好的国际竞争企业。因此在国际竞争中，成功的产业必然先经过国内市场的角逐，迫使其进行改进和创新，海外市场则是竞争力的延伸。而在政府的保护和补贴下，放眼国内没有竞争对手的"超级明星企业"通常并不具有国际竞争能力。

（五） 机会和政府政策

波特认为，当某个行业在上述四要素方面的特质形成一个最佳的菱形状态并相互促进增强时，该国某产业取得国际市场竞争优势的可能性最大。在四大要素之外还存在两大变数：机会和政府政策，是能够对国家菱形条件产

生重要影响的变量。

机会是无法控制的，可遇而不可求，能够影响四大要素发生变化。如基础科技的发明创造，外因导致生产成本的突然提高、金融市场或汇率的重大变化、市场需求变化、政府的重大决策、突发的地缘政治冲突等，机会的出现可能改变现有的市场竞争格局，使得新的竞争者获得竞争优势，而原有的竞争者市场优势逐渐缩小，只有能满足新需求的厂商才能有发展"机会"。

政府政策的影响是不可漠视的。在市场经济环境下，市场是调节资源配置的主要手段，企业会根据资本回报率决定产业发展的重点，但也会存在市场失灵，政府可以进行引导，创造有利于产业发展的环境，并适当提供企业所需资源。政府只有能够扮演好自己的角色，才能成为扩大钻石体系的力量。如政府可以通过教育投资重点发展高级生产要素，积极发展基础设施，扮演内行而挑剔的顾客，引导产业集聚，限制垄断营造适当竞争的经济发展环境、培养信息整合能力，帮助国内企业提高竞争优势。相反，过度保护会延缓产业竞争的形成，让企业缺乏竞争的活动和能力。

无论是分析荷兰花卉产业享誉全球的原因，还是探寻日德汽车工业的强势地位，抑或研究意大利珠宝行业的辉煌成就，钻石理论都能很好地诠释产业竞争力形成的原因，当前被广泛应用于分析一国某个产业国际竞争力的形成。本研究也将以国家竞争优势为理论基础，从四大要素和两个变量的角度分析影响我国花卉出口竞争力的主要因素，同时考虑国际经济环境变化这一变量，为后续提出对策奠定基础。

二、竞争优势理论的演进

（一）国际化钻石模型

随着经济全球化的不断推进，国际分工更加细化，跨国公司在全球范围内的资源配置和布局进一步深化，学术界关于产业国际竞争力的研究也在不断增加，学者对于钻石模型进行了补充和拓展。约翰·哈里·邓宁（John Harry Dunning，1993）在研究全球经济发展过程中发现，技术更新和区域经济一体化使得各国（主要指经济发达的工业国家）之间的经济依赖更加明显，他们之间会相互作用并影响国家竞争优势，因此他将跨国公司的活动作为第三个外生变量添加到波特的钻石模型，形成了国际化钻石模型（见图2.2）。

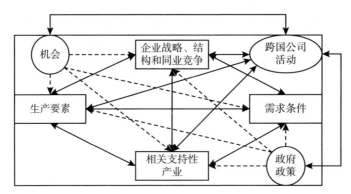

图 2.2　国际化钻石模型（波特 – 邓宁模型）

（二）多因素钻石模型

卡特赖特（Cartwrihgt，1993）在研究新西兰竞争力过程中发现钻石模型在解释小国经济、出口依赖工业和以资源为基础的工业国的国际竞争优势方面存在问题，这些国家对国际市场的依赖度比较高，因此海外生产要素、海外相关及支持性产业、海外市场的需求、海外市场的竞争以及产业国际目标和国际结构的程度五个海外变量会影响该国国际竞争力的形成。

（三）双钻石模型

鲁格曼和克鲁兹（Rugman & Cruz，1991）结合波特的钻石模型分析加拿大的国家竞争优势时发现，无论是对外的外部直接投资还是从外部进来的投资对增加国家竞争优势都起正向作用。在国家边界影响变小的区域经济一体化发展框架下，为了在与区域内国家领先的产业竞争中生存下来，必须将本国的"钻石"和竞争国的"钻石"联系起来，利用竞争国的"钻石"影响要素提升产业竞争力，提出了基于加拿大国家竞争优势的双钻石模型

（见图 2.3）。

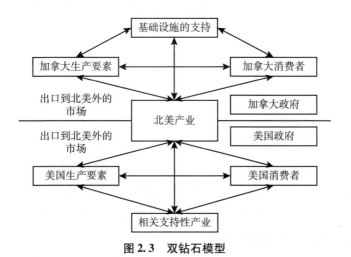

图 2.3　双钻石模型

（四）一般化的双钻石模型

穆恩（H. Chang Moon）、鲁格曼（Alan M. Rugman）和沃伯克（Alain Verbeke）（1998）提出了一般化的双钻石模型（见图 2.4），他们认为波特

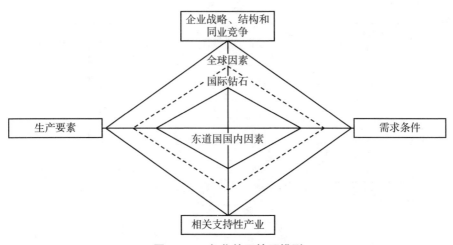

图 2.4　一般化的双钻石模型

的钻石模型忽视了贸易小国的实际情况,如新加坡和韩国等小国的资源和市场不仅局限在国内,更多依赖国际市场,因此小国经济的竞争力既依赖国内的钻石体系,也依赖与产业相关的全球钻石体系,国内和国际变量会共同决定一个国家的竞争力。

(五) 九要素模型

韩国首尔大学学者乔东逊(Cho,D. Sung,1994)研究发现波特"钻石模型"无法为欠发达国家和发展中国家提升国际竞争力提供解决方案。欠发达国家和发展中国家缺乏与钻石模型相称的国内经济环境,既面临缺乏资本、技术等生产要素的困境,也没有足够大的国内市场等"物质"要素,他结合韩国经济发展的现实,认为韩国经济增长的关键在于具有良好教育的、充满活力的和富有献身精神的"人力"要素,政府和企业通过从国外引进资本和技术,去开拓国外市场,并创造了影响经济增长的资源要素和其他方面的要素,实现了"人力"要素创造"物质"要素,他构建的"九要素模型"(The Nine – Factor Model)(见图2.5)很好地揭示了韩国竞争力的提升。

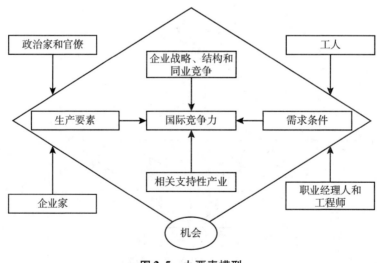

图 2.5　九要素模型

　　经济全球化的快速发展给国家产业发展及国际竞争力的形成带来了更多的机遇，钻石模型经历的几次迭代发展（见表2.1），是学术界对于钻石模型应用在不同经济发展水平、不同经济发展规模、不同海外市场依存度的不同经济体的深入思考，更为全面地解释了产业竞争力形成的影响因素。

表 2.1　　　　　　　　　　　　钻石模型的演进情况总结

类型	提出者 提出时间	波特钻石模型前提条件		
		核心要素	内容	意义
钻石模型	波特 （1990）	四大要素 两大变数	生产要素＋需求条件＋相关支持性产业＋企业战略、结构和同业竞争 政府政策和机会两大变数	构建了国家竞争优势的基本模型
多因素钻石模型	卡特赖特 （1993）	四大要素 两大变数 五大海外变量	增加海外要素创造力＋海外相关支持产业＋海外客户需求＋海外市场竞争、该产业面向国际目标和结构的程度	引入了五个海外变量，符合全球经济活动日趋频繁的现实
国际化钻石模型	邓宁 （1993）	四要素 三大变数	增加第三个变量：跨国公司的经营活动	分析市场全球化对国家竞争优势的影响
双钻石模型	鲁格曼克鲁兹 （1991）	利用两国钻石体系的要素	随着创新和成本的竞争日益激烈和区域经济一体化的发展，加拿大钻石模型必须考虑美国钻石模型的要素，形成双钻石	经济规模较小，开放程度高的国家如何在区域经济一体化发展中提升竞争优势
一般化的双钻石模型	穆恩鲁格曼沃伯克 （1998）	国内钻石和国际钻石的共同影响	小国国家竞争优势既依赖国内的钻石体系，也依赖与产业相关的全球钻石体系，国内和国际变量会共同决定一个国家的竞争力	更能解释小国经济国家竞争力的提升
九要素模型	乔东逊 （1994）	物质要素和人力要素构成九类要素	国际竞争力的决定性因素包括物质要素和人力要素，人力要素可以创造物质要素，提升一国国际竞争力	解释缺乏国内要素和市场的发展中国家国际竞争力提升的问题

（六）国内学者的相关研究

国内学者金碚（2014）侧重于工业品国际竞争力的研究，认为产业竞争力直接来源于七大因素，即成本、质量、产品结构、价格、品牌、服务与差异化，间接来源于波特钻石体系提到的六大因素，以及制度体系、企业文化等，产业的竞争优势最终来源于该产业的核心竞争力和技术创新水平。芮明杰（2006）在原有钻石模型的基础上增加了"知识吸收与创新能力"，形成了新钻石模型，他认为产业竞争力的本源性变量是产业知识吸收与创新能力，能够更完整地说明参与国际产业分工体系的过程。

第四节　出口竞争力测度相关理论基础

一、国际市场占有率（IMS）

国际市场占有率是指一国的出口总额占世界出口总额的比重，可反映一国某产业或产品的国际竞争力或竞争地位的变化，IMS 比例提高说明该国该产业或产品的出口竞争力增强。它包括在开放的国际市场上，某种国产品销售额占世界该类产品总销售额的比重、某种国产品出口额占世界该类产品总出额的比重。在自由、良好的市场条件下，本国市场和国际市场一样，都是对各国开放的，一种产品在国际市场的占有率越高，就表示该产品所处的产业所具有的国际竞争力越强，反之则越弱。

$$MS_{ij} = \frac{X_{ij}}{X_{iw}} \times 100\%$$

式中，MS_{ij} 表示 j 国 i 产品的国际市场份额，X_{ij} 和 X_{iw} 表示 j 国 i 产品的出口额和世界 i 产品的出口总额。国际市场份额越高，那一国某产品的国际竞争力更强，相反，则说明国际竞争力较弱。

二、贸易竞争力指数（TC）

贸易竞争优势指数（贸易竞争力指数），即 TC 指数（Trade Special Co-efficient），也称贸易专业化系（指）数（Trade Specialization Coefficient，TSC），是指一国进出口贸易的差额占进出口贸易总额的比重，系数越大表明优势越大。如果 TC 指数大于零，表明该类商品具有较强的国际竞争力；TC 指数小于零，则表明该类商品不具国际竞争力；指数为零，表明此类商品为产业内贸易，竞争力与国际水平相当。

$$TC = \frac{(X_{it} - M_{it})}{(X_{it} + M_{it})}$$

式中，X、M 分别表示出口额和进口额，i 表示某一国家或某一产业、某一产品，X_{it} 表示 i 国第 t 种商品的出口额，M_{it} 表示 i 国第 t 种商品的进口额。当 TC >0 时，说明 i 国是第 t 种商品的净出口国，第 t 种商品具有比较优势，且值越接近 1，国际竞争力越强；当 TC <0 时，说明 i 国是第 t 种商品的净进口国，第 t 种商品具有比较劣势，国际竞争力弱；当 TC 接近于 0 时，即水平分工，说明 i 国是第 t 种商品比较优势接近平均水平，与国际水平相当；当 TC $=1$ 时，意味着 i 国是第 t 种商品只有出口没有进口；当 TC $= -1$ 时，说明 i 国是第 t 种商品只有进口没有出口。

三、显性比较优势指数（RCA）

显示性比较优势指数，即 RCA 指数（Revealed Comparative Advantage Index），是美国经济学家贝拉·巴拉萨（Balassa Bela）于 1965 年测算部分国际贸易比较优势时采用的一种方法，可以反映一个国家（地区）某一产业贸易的比较优势。它通过该产业在该国出口中所占的份额与世界贸易中该产业占世界贸易总额的份额之比来表示，剔除了国家总量波动和世界总量波动的影响，可以较好地反映一个国家某一产业的出口与世界平均出口水平比较来看的相对优势。根据日本贸易振兴协会（JETRO）的标准，总体来说，

若 $0 < RCA < 1$，则表示某产业或产品具有比较劣势，其数值越是偏离 1 接近于 0，比较劣势越明显；若 $RCA > 1$，则表示一国某产业或产品在国际经济中具有显示性比较优势，其数值越大，显示性比较优势越明显。如果 $RCA > 2.5$，则具有很强的竞争优势；若 $1.25 < RCA < 2.5$，则具有较强的竞争优势；若 $0.8 < RCA < 1.25$，则该行业具有较为平均的竞争优势；若 $0 < RCA < 0.8$，则不具有竞争优势。

$$RCA_{ij} = \frac{X_{ij}/X_{tj}}{X_{iw}/X_{tw}}$$

式中，X_{ij} 表示国家 j 出口产品 i 的出口值，X_{tj} 表示国家 j 在 t 时期的总出口值；X_{iw} 表示世界出口产品 i 的出口值，X_{tw} 表示世界在 t 时期的总出口值。

四、显示性竞争比较优势指数（CA）

显示性竞争比较优势指数，即 CA 指数（competitive advantage index），由沃尔拉斯等（Vollratlh）于 1988 年提出。因为，一个产业内可能既有出口又有进口，而 RCA 指数只考虑了一个产业出口所占的相对比例，并没有考虑该产业进口的影响。不考虑进口情况下得到的比较优势指数，可能得不到一个可信的结论，为了消除进口的影响，沃尔拉斯设计了显示性竞争比较优势指数，即从出口的比较优势中减去该产业进口的比较优势，从而得到该国该产业的真正竞争优势。如果 $CA > 0$，说明该国某产业具有比较优势；若 $CA < 0$，则说明该国某产业不具有比较优势，该指数越高，产业国际竞争力越强，反之，国际竞争力越弱。

$$CA = RCA - \frac{M_{ij}/M_{tj}}{M_{iw}/M_{tw}}$$

式中，M_{ij} 表示 j 国产品 i 的进口额，M_{tj} 表示 j 国在 t 时期的总进口额，M_{iw} 表示世界进口产品 i 的进口值，M_{tw} 表示世界市场在 t 时期的总进口值。

五、净出口显示性比较优势指数（NERCA）

净出口显示性比较优势指数，即 NERCA 指数（Net Export Revealed

Comparative Advantage Index），为了反映进口对出口竞争力的影响，1989 年贝拉·巴拉萨（Balassa Bela）在显示性比较优势基础上提出了改进的净出口显示性比较优势指数，用一国某一产业出口在总出口中的比例与该国该产业进口在总进口中的比例之差来表示该产业的贸易竞争优势。当 NERCA ＞ 0 表示存在竞争优势，反之表示存在竞争劣势，指数值等于 0 表示贸易自我平衡。净出口显示性比较优势指数剔除了产业内贸易或者分工的影响，反映了进口和出口两个方面的影响，因此用该指数判断产业国际竞争力要比 RCA 指数更能真实反映进出口情况。该指数值越高，国际竞争力越强；该指数越低，国际竞争力越弱。如果考虑贸易壁垒的影响，这种比较优势与真实的比较优势可能出现一定的差距。

$$NERCA_{ij} = \frac{X_{ij}}{Y_i} - \frac{M_{ij}}{N_i}$$

式中，X_{ij} 表示 i 国第 j 种商品的出口值，Y_i 表示 i 国全部商品的总出口值；M_{ij} 表示 i 国第 j 种商品的进口值，N_i 表示 i 国全部商品的总进口值。

第三章

我国花卉产业发展概况

要深入分析我国花卉产业出口竞争力,必须充分了解我国花卉产业发展和出口的历史进程和现状特征。因此,本章将以我国花卉产业的发展历程和出口现状为基础,重点分析花卉产业发展的特征、趋势以及出口国际地位、产地结构、产品结构和市场结构,同时结合世界花卉产业发展趋势,为更好把握我国花卉产业的国际地位和出口竞争力打下基础。

第一节 我国花卉产业发展历程

花卉具有极高的生态价值和经济价值,极具观赏价值、绿化价值、实用价值、药用价值、香用价值及文化价值,是农业中最具"朝阳产业"和"黄金产业"气质的农产品之一,能够有效联动第一、第二、第三产业,是实现"农业发展、农民增收、农村美化"的有力抓手。花卉作为商品,已经成为农业产业中的一个重要分支产业,包括种子研发、花卉生产、花卉加工、花卉储运、花卉营销和销售、花卉售后、花卉文化创意等一系列的价值创造环节,其产业化发展是随着我国改革开放的步伐逐步发展起来的。四十多年来,我国花卉产业从无到有,从小到大,已经形成了以全国七大花卉主产区为依托,建立了稳固的产业基础和门类齐全的产品体系的全产业链和产业格局。我国已成为世界最大的花卉生产基地、重要的花卉消费国和花卉进出口贸易国。

一、历史时期：花卉产业雏形显现

我国幅员辽阔，森林资源丰富，花卉品种多样，花卉文化源远流长。自古以来，我国就有种花、爱花的传统，在文人墨客的笔下，花卉一直是诗文典籍中的常客，流传下来的关于花卉植物的千古佳作数不胜数，除了描绘花卉的风姿，更寄托了诗人的情怀，名人和名诗的流传也给花卉赋予了厚重的历史感和丰富的文化内涵。随着社会经济的发展，农业生产中逐渐分化出专门从事花卉栽植的劳动者，满足上层阶级园圃和苑囿建设需求，并形成了专业的花卉种植户"花农"和供应花卉的"花市"。

（一）唐宋时期

隋唐时期，我国花卉产业开始进入兴盛期。皇室宫苑赏花之风盛行，长安城春季有"移春槛"和"斗花"等赏花游乐，推动了花卉的种植。当时的长安城郊有专业的花农进行花卉的种植和销售，苏州地区"卖花翁"的出现说明花卉行业的雏形已经形成。到了宋朝，我国花卉行业得到了进一步的发展，从统治阶级到民间都把花卉当成调解生活氛围的重要工具。北宋文学家欧阳修的《洛阳牡丹记》生动描绘了春天到时，鲜花盛开，无论是上层社会还是普通民众"皆插花"，且喜欢相互邀请在花间吟诗唱歌，直到花落。南宋都城临安有专门的花朝节，各类赏花活动络绎不绝，花市每天都供应各类鲜花，花卉也成为人们相互间馈赠的佳品。花卉的观赏已从上层社会向民间普及，花卉行业更加平民化，花卉需求规模的扩大促进了供应端的规模化发展，"花园子"群体开始形成，花卉嫁接技术提高了花卉的生产效率。在交易方面，花卉除了有固定的花市作为交易地点，街头叫卖的形式也非常普遍，进一步促进了花卉业的繁荣。

（二）明清时期

随着商品经济的发展，明清时期我国花卉业进入空前繁荣，专门的花卉种植区域比比皆是。在一些著名的花市从事花卉种植和销售的从业人员"日有万余"，除了专业的花农，有专门的"花客"从事中转贸易，还有花卉公所不断积淀行业文化，花卉产业链得到了更大范围的延伸。

（三）民国时期

由于战乱影响，民国时期我国花卉行业经历了较大的波动，以观赏为目的的花卉业遭受重创。消费者开始注重花卉的使用价值，在利益的驱动下香花贸易得以繁荣。茉莉、白兰、珠兰为代表的香花成为主流种植的花卉，传统花卉行业朝着香花业进行了第一次转型。受历史文化的影响，花卉产业有所发展，如苏州香花产业的种植技术、种植设施、加工工艺均有一定进步，花卉种植趋向规模化和集中化发展，花卉销售方面也出现了专门的"花茶行"，用来连接工厂和花农，花卉行业分工进一步专业化。

二、中华人民共和国成立初期：花卉产业停滞不前

中华人民共和国成立之初，百废待兴，在一穷二白的情况下要完成重要交通运输线、大型基础设施、增强国防和军事力量等重要任务，重工业和国防工业被放在突出的位置，农业发展重点是解决温饱问题，由于花卉产品功能性无法解决国家最紧迫的温饱问题和经济发展需求，政府和民间均不重视花卉产业的发展，民间的花卉交易大都基于消费者内心的喜爱驱动。1958年4月8日，《人民日报》报道中共中央国务院发出《关于在全国大规模造林的指示》，1959年3月27日，《人民日报》刊登的《趁大好春光植树造林》中提出"实现大地园林化"。1960年中国园艺协会召开了首届全国花卉会议，进一步明确了花卉生产在国民经济与人民生活中的地位和作用，以及花卉生产的发展方向。但是花卉产业发展的脚步仍然停滞不前，甚至面临更为严重的倒退：一方面，三年困难时期，保吃饭问题成为我国民生的重点。在"保吃饭、搞建设"成为社会发展的主流目标情况下，花卉的生产和消费自然受到冷落。另一方面，1966年开始的十年浩劫，将花卉看做是资本主义、享乐主义的毒瘤，花卉产业在极"左"路线的干扰下受到严重破坏，

国有苗圃、花圃花卉生产基本停滞，很多花卉品种濒临绝迹。在部分爱花人士和有识之士的保护下，部分花卉品种和栽培技术才得以保存。

从中华人民共和国成立初期到 1978 年，我国花卉产业的发展经历了不受重视—发展—破坏—发展的历程。总体来看，全国范围内专门的花卉种植基地少之又少，国有苗圃、花圃规模普遍较小，从事花卉研究的科研人员也非常稀少，花卉品种保护和栽培技术发展面临困境。随着国民经济的逐步发展，政府对花卉产业发展和花卉品种保护力度有所加强，花卉产业规模得到了一定程度的发展，但花卉的消费主要集中在景点布置、园林修饰、民间礼仪、政府接待和节日庆贺方面，普通民众对花卉产品缺乏消费意愿，我国花卉产业发展基本处于停滞的阶段。

三、1978～1990 年：花卉产业恢复发展

(一)"家庭联产承包责任制"充分调动农民的积极性和种植自主性

1978 年 11 月 24 日晚上，安徽省凤阳县凤梨公社小岗村的 18 位农民召开了一次秘密会议，冒天下之大不韪签订了一份包干保证书，其中最重要的一条是"分田到户"，第二年全队粮食产量相当于 1966 年到 1970 年 5 年粮食产量的总和。"包产到户"是 1958 年人民公社化实行以来对现有农业生产模式的一次重大变革，拉开了农村改革的序幕。《中国经济周刊》2018 年第 42 期刊发《家庭联产承包·我为"包产到户"做好了被撤职的准备》，文章内容显示，1979 年 6 月在五届人大二次会议期间，担任中共安徽省委书记的万里向邓小平汇报安徽"包产到户"的做法，邓小平听了万里的汇报后说："你就这么干下去，实事求是地干下去。"关键时刻，邓小平对生产责任制表明了支持的态度。此后，中共中央关于对家庭联产承包责任制的政策支持不断完善。家庭联产承包责任制极大地解放了生产力，激发了农民生产的积极性，调动农民发展多种经营的主观能动性，一些具有地域生产优势和技术能力的农民可以按照自己的意愿，在自己承包的土地上种植花卉，重新拉开了花卉产业发展的序幕。如河南沐阳花木产业发展就从 1980 年县

林业站在新河建立的第一个花圃开始的，此后全县多地相继发展花卉苗木产业，花卉专业化种植进程加快，并开启了"南引北销"的模式，通过对一些热带、亚热带名贵花卉品种进行本地耐寒培育，然后销往西北和东北高寒地带，获取了良好的经济效益，成为乡村致富的先锋。云南花卉产业依托优越的资源禀赋，从20世纪80年代开始就重视花卉产业的发展，云南斗南的部分农民为摆脱蔬菜滞销、竞争激烈的困境，开始尝试生产花卉并取得了成功，走上了美丽的致富路。斗南村第一代花农诞生，并形成了"星星之火，可以燎原"之势，为斗南花卉的成功打下了基础。但从全国范围来看，花卉种植面积微乎其微，当时我国花卉品种极度短缺，且种植和栽培技术落后，研发创新能力严重不足，花卉种子资源依靠国外，导致花卉市场不稳定。花卉生产规模小、花卉种植分布零星分散、花卉品类不足、花卉产品质量低是1990年以前花卉产业的主要发展特点。

（二）中国花卉协会的成立和科研力量的投入促进花卉产业发展

根据中国花卉协会的统计数据，1982年全国（不含港澳台，余同）花卉种植面积0.8万公顷，年产值3亿元人民币；1984年全国花卉种植面积1.4万公顷，年产值6亿元人民币；1986年种植面积2万公顷，年产值7亿元人民币；1990年，全国花卉种植面积是1982年的四倍，已经达到3.3万公顷，我国花卉商品化种植面积和规模在稳步提升。1984年在全国人大常委会原副委员长陈慕华的倡议下成立了中国花卉协会。同年7月，中国花卉协会首任会长何康同志（时任农牧渔业部部长）在《经济日报》发表题为《发展花卉商品生产，积极扩大出口》的文章，在文章中他分析了我国花卉业发展的优势和条件，阐述了花卉商品化发展的广阔前景，并主张积极推动花卉出口。1985年中国花卉协会与《经济日报》联合创办了《中国花卉报》。2001年中国花卉协会创刊《中国花卉园艺》杂志。这一系列事件为我国花卉产业发展指明了方向，也为了解国际花卉行业发展动向、获取花卉产业总体发展情况、宣传我国花卉业方针政策、沟通产业信息、传播花卉知识提供了重要渠道。另一方面国内各大科研院所也开始针对花卉育种与资源利用、花卉生物技术、花卉栽培、花卉生理等方面进行系统研究，为花卉产业发展提供技术支撑，我国花卉业发展步入正轨。《中国花卉报》数据显示，1990 年，我国花卉出口额 2200 万美元，当年我国商品出口总额是 620.91 亿美元，花卉出口占我国出口比重仅为 0.035%。虽然数值较低，但我国花卉产品已经走向海外市场，形成了国内国外市场并驾齐驱的局面，花卉产业初步形成规模。

四、1991~2000 年：花卉产业稳步提升

（一）市场这只看不见的手引导社会资源流向花卉行业

随着改革开放的深入，计划经济已经不能适应经济社会的快速发展，1992 年邓小平南方谈话时提出要建立社会主义市场经济体制，党的十四大正式提出建立社会主义市场经济体制的目标，突破了市场经济和社会主义相互对立的传统观念，市场这只看不见的手引导着商品生产者、经营者，引导着全社会资源的有效配置。经过了多年的改革开放，人民的生活水平得到了极大的提高，全国城乡绿化对花木需求大增，我国花卉业也进入史上最快的高速发展期，形成了一股"花卉热"。中国花卉协会统计数据显示，到 1997 年，我国花卉种植面积已经达 8.4 万公顷，相比 1990 年增长 255%，占当年全球花卉种植面积 22.3 万公顷的 37.67%；花卉出口额达 0.95 亿美元，花卉出口占我国出口比重为 0.052%；花卉产值也达到 96 亿元，增加幅度明显。另外，1997 年全国已有花店 1.4 万家，各类批发市场 700 多个，花卉经营主体初具规模。到 2000 年，我国花卉种植面积已经大幅增加至 14.75 万公顷，花卉销售额为 158.2 亿元，花卉出口总额达到 2.8 亿美元，占我国出口比重上升至 0.112%。虽然出口创汇有所增长，但是作为世界上花卉生产面积最大的国家，花卉出口水平依然很低。

（二）全国花卉大市场、大流通格局逐步形成

花卉种植面积、产值、出口的连年增长是市场引导的结果。随着市场需求发生变化，全国花卉产业结构紧紧围绕市场需求进行调整，各地加大了对

花卉产业的投资力度，加强了对花卉产业的科技研发。花卉企业也紧跟时代步伐，不断优化品种结构，提高创新能力，扩大花卉精品和名品的供给，初步形成了各自具有优势的花卉产区。如云南、上海、广东、四川的鲜切花，广东、福建、海南的观叶植物，上海、云南、四川的花卉种苗，江苏、浙江的盆景、绿化苗木等，都已形成规模生产，走向集约化经营。据中国花卉协会不完全统计，2000 年，全国各类花卉批发市场达 900 多个，一些重点花卉产销区如北京、上海、广州、沈阳、成都等城市，都建起了较大型的花卉批发市场，花卉经销基本不受地域限制。全国大中城市花店已发展到 1.6 万多家，显示出巨大的花卉消费潜力。

1999 年 7 月《中国绿色时报》发表了一篇《广州成为我国花卉主要集散地》的文章，文中数据显示广东省花卉生产面积已经达 9330 公顷，年销售鲜切花 1.3 亿～1.5 亿支，种子、种苗 8000 万株，萌生观赏植物 1000 万盆（株）～1300 万盆（株），经广州市销往全国 20 多个省市，省外的六成以上的室内观赏植物均来自广东，年花卉交易额达 8 亿元，约占全国的20%，广州也是"云花""申花"以及进口花卉分流到全国各地的花卉集散地。在广东已经建成的三大花卉市场中，岭南花卉市场规模达 4 万多平方米，成为全国交易额最大、品种最多、服务功能较全的鲜花批发市场。广州市内有大小花店 420 多家，加上全市 360 多个农贸市场都设有零售点，形成了花卉产品的流通体系。

《云南省人民政府关于加快花卉产业发展的意见》数据显示，1994 年以来云南省鲜切花发展速度牢牢占据全国第一的位置，种植面积从 1984 年的16 公顷增加到 1997 年的 1000.5 公顷，现代化温室大棚生产初具规模，并形成了一定的优质种苗的繁育供应能力。1997 年全省花卉总产值 2.42 亿元，斗南花卉交易市场成为全国最大的鲜切花交易中心。

福建省花卉管理办公室相关数据显示，福建省作为传统的花卉主产地，在 20 世纪 80 年代初就已经有 4000 多公顷的花卉面积。到 2000 年，福建省有花卉生产企业 1200 多家，专业户 2 万多户，全省花卉总面积 5900 公顷，形成了水仙、剑兰、榕树盆景和棕榈科植物四大特色产品。全省已有花店600 多家，遍及各市、县、区，花卉批发市场 6 个。

　　《中国农业统计资料 2000》和《中国花卉园艺》相关文章数据显示，上海市花卉产业在 90 年代发展迅速，拥有 18 家花卉苗木交易市场，有 10 多家年产 50 万支以上规模种苗花卉企业和科研单位，能向全国每年供应 1400 多万支种苗，形成"鲜花盆景阁行区""观叶花卉松江""菖蒲基地崇明""玫瑰非洲菊南汇""东海边草坪"等特色花卉产区，上海市委市政府也筹措了大量资金支持上海花卉业的发展；浙江省在 90 年代是绿化苗木生产的大省，行销全国 30 多个省市，年销量约占全国的 35%。《中国花卉园艺》文章资料显示，1998 年年底，浙江省花卉生产主体达 15710 家，从业人员 10 万人，生产绿化苗木的有 436 家，与此同时，浙江省花卉产业的周边产品产业发展也进入繁荣期，全省生产花石、花盆、花泥、花肥、遮阳网、根雕、园林机械设备等企业有 79 家，绿化工程企业有 144 家，花卉市场 18 个，花卉科研单位 15 个，各级花协 84 个，浙江省已经围绕绿化花卉形成规模化产业集聚。由此可见，到 20 世纪末，全国已经形成产地优势明显、品类各具特色的花卉主产区，全国花卉大市场、大流通格局逐步形成。

五、2001～2010 年：花卉产业调整转型

（一）花卉生产规模跃居全球首位

　　早在 1999 年，国内媒体就有"我国花卉种植面积居全球第一"的相关报道，但遭受了一些争议。进入 21 世纪以来，我国花卉种植规模和年产值保持了高速的增长，到 2002 年我国花卉种植面积已经无争议地稳居世界首位，花卉种植面积占世界花卉生产总面积的 1/3。农业农村部和《中国花卉园艺》发布的统计数据显示，2010 年我国花卉种植面积达 91.76 万公顷，花卉销售额近 862 亿元，出口额 4.63 亿美元，占我国出口比重为 0.029%；花卉生产企业 5.5 万个，花农 13.7 万户，花卉从业人员 438 万，花卉技术人员接近 15 万人；全国花卉市场 3000 多个，其中批发市场 2000 多个。与 2000 年数据相对比，我国花卉种植面积增长 6.2 倍，花卉销售额增长 5.45 倍，出口额增长 1.65 倍。从绝对值上看，10 年间我国花卉种植面积、销售

额均实现较高幅度的增长，花卉产业经营主体数量实现了可观的增长，全面的花卉市场体系已经形成，花卉产业生产规模取得了明显的成绩。

（二）全国专业化花卉生产格局基本形成

在市场需求的引导下，各地基于地域特色发展的花卉业逐步走向专业化，我国花卉产业的区域化布局初步形成：云南、江苏、浙江、广东、广西和海南形成了热带、亚热带花卉产区；江苏、浙江和上海为重点的长江三角洲花卉苗木产区；北京、山东、河南、河北成为北方花卉主产区；辽宁成为东北部花卉产区。重点花卉主产区地域特色明显，主导产品突出的花卉产业初具规模：云南、广东、上海、北京、四川、河北等省市鲜切花生产规模和生产优势明显，其中云南成为我国最大的鲜花生产基地，广东省成为最大的观叶植物生产及供应中心以及冬春鲜花集散地；浙江、江苏地区占据了绿化苗木的主要市场；盆花在各地都有一定范围的生产，广州、上海、北京的盆花生产尤盛，地方优势名品不断涌现，东北君子兰、福建水仙享誉全国（见表3.1）。

表3.1　　　　　　　　我国花卉产业区域化生产布局

地区	生产花卉品类
云南、辽宁、广东	鲜切花
广东、福建、云南	盆栽植物
江苏、浙江、河南、山东、四川、湖南、安徽	观赏苗木
广东、福建、四川、浙江、江苏	盆景
上海、云南、广东	花卉种苗
辽宁、云南、福建	花卉种球
内蒙古、甘肃、山西等省（区）	花卉种子
湖南、四川、河南、河北、山东、重庆、广西、安徽等省（区、市）	食用药用花卉
黑龙江、云南、新疆等省（区）	工业及其他用途花卉
北京、上海、广东等省（市）	设施花卉
河南、云南、福建、浙江、重庆等省（市）	特色花卉如洛阳牡丹、金华茶花

资料来源：《中国花卉园艺》发表文章整理。

（三）形成了相对完整的花卉产业链体系

随着花卉产业规模的日益扩大，优质种苗、种球基地建设的步伐加快。《中国花卉园艺》相关文章资料显示，上海市花卉良种试验场建造了80余亩的种苗繁育基地，全力推动香石竹种苗的繁育。云南省农科院花卉研究中心每年向市场提供1200万余株、100多个品种花卉种苗，辽宁、浙江、甘肃也基于"公司＋农户"的合作形式推动农民繁育种球及育苗。同时，花卉生产科技化水平逐渐提升，为花卉产业快速发展提供技术支撑。到2010年，我国已经设立花卉科研机构的科研单位达200多个，其中省级以上花卉科研单位占比一半，40多家荣获省部级花卉科研成果，取得花卉科研成果600多项；成立了"全国花卉标准化技术委员会"，建立了"国家花卉工程技术研究中心"；有100多所国家和省属农林院校设置了观赏园艺和园林专业，为花卉产业发展提供了技术标准，培养了急需的花卉技术和管理人才。"十一五"期间，我国农业科技贡献率已接近50%，在野生花卉资源的开发利用、新品种培育和商品化研究、现代化温室的应用、花卉栽培和育种技术等方面都取得了一定成果。另一方面，花卉信息网络和市场流通也初具规模。随着计算机的普及和运用，花卉信息上网可以大大推动花卉的市场交易，到2010年，我国各类花卉信息网站已达300多个，大量的花卉信息上网帮助许多的花卉基地实现了网上交易。自1998年北京莱太花卉市场最先引入花卉拍卖制度，2002年，昆明国际花卉拍卖交易中心（KIFA）启动，广州花卉拍卖中心、广东顺德陈村花卉拍卖中心、玉溪亚太花卉交易中心等相继建立并投入运行，极大地丰富了我国花卉交易模式。全国2865个花卉市场、近8万家零售花店、2000多家网络花店、具有中国特色的批零兼营花店分布在各大批发市场，为花卉交易构建了完整的网络，形成了从生产基地、批发市场、花店、顾客的良性流通渠道。重点花卉产区还依托基地货源优势，与批发市场、拍卖市场、超市连锁、零售花店进行互联，建立了从基地到市场的流通网络。

（四）花卉生产开始转向规模化和品牌化

市场对花卉量质同升的需求促使花卉生产转向规模化和品牌化。《中国花卉园艺》相关数据显示，到 2010 年，花卉生产规模大于 3 公顷或者年营业额达 500 万元以上的大中型龙头企业超过 6000 家，"十一五"期间，北京、山东、河北、河南、广东、福建及云南等省（市）涌现出一批种植面积在千亩以上的大型花卉龙头企业，花卉生产开始从小而全的家庭式生产向规模化、专业化转型。与此同时，花卉产业品牌效益显现。花卉产业区域化布局给各地花卉生产向"专而精"发展提供了条件，各地基于气候、土壤、地方传统、技术发展、地方市场偏好等特点集中力量发展地方特色花卉，优势名牌产品得以涌现。永福杜鹃、漳州水仙、昆明杨月季、庆成兰花、洛阳与菏泽牡丹、鞍山君子兰、河北仙客来等一批具有地域特色的花卉产品在全国范围内获得了良好的口碑和市场效益，以地方命名的品牌效应初步显现，完成了花卉产业品牌化发展的第一步。

由此可见，2001 年到 2010 年期间，我国花卉产业结构调整明显，产业布局趋于合理，科技驱动产业发展已经成为行业共识，品牌化发展也日益受到重视并取得一定成绩。但是同时要看到花卉产业增长的路径仍是粗放式的，花卉销售额增长幅度低于花卉种植面积，出口额占我国出口比重甚至有所下降，经济效益仍然不理想，因此花卉产业仍将处于从数量扩张向质量效益转型的调整升级阶段。

六、2011～2020 年：花卉产业进入规范发展期

党的十八大明确提出要大力推进生态文明建设，把生态文明建设融入我国经济建设、政治建设、文化建设、社会建设各方面和全过程。花卉产业既是美丽的公益事业，又是新兴的绿色朝阳产业，对于推进生态文明、促进"三农"发展、实现美丽中国建设具有重要作用。促进经济绿色增长，建设森林城市、园林城市和宜居城市也给花卉产业发展带来重要的机遇。2011 年，国家林业局将花卉产业作为林业十大主导产业之一列入《林业发展"十二五"规划》。2013 年 1 月，国家林业局发布了《全国花卉产业发展规划（2011－2020）》（后称《规划》），对规范和加快花卉产业绿色发展具有重要意义。经历了起步、发展和转型调整期，我国花卉产业实现了从无到

有、从小到大、从少到全、从点到面的发展过程。新时期花卉产业发展的主要目标是：致力于建设和完善六大体系，即先进的花卉品种创新体系、完善的花卉技术研发推广体系、发达的花卉生产经营体系、高效的花卉市场和流通体系、健全的花卉社会化服务体系和繁荣的花文化体系，涵盖了现代化花卉产业链的所有环节，涉及花卉技术研发、花卉品种创新、花卉生产技术革新、花卉生产结构调整和生产布局，以及花卉市场流通的方方面面，并制定了清晰的发展目标。在《规划》的指引下，我国花卉产业发展取得了长足的进步，完成了由传统单一的花卉种植业向花卉加工业和花卉服务业的延伸，建立了完整的现代化花卉产业链，为花卉产业的高质量发展奠定基础。

第二节　我国花卉产业现状特征

党的十八大以来，绿色发展理念引领经济建设深入人心，生态文明建设扎实推进，乡村振兴战略稳步实施，给花卉产业带来重要的政策红利。城镇化水平的快速推进、居民消费水平的提升和"互联网＋"国家战略的实施，给花卉产业发展带来发展机遇。我国花卉产业在生产和销售提质增量、育种和知识产权保护能力不断加强、产业结构不断优化、生产布局日趋合理、创新研发稳步提升、流通网络覆盖全面、消费广度和深度不断拓展，已成为世界最大的花卉生产基地和旺盛的花卉消费市场。作为新世纪最具发展潜力的十大行业之一，我国花卉产业的发展速度远超过世界平均水平。

一、花卉产业结构和布局进一步优化，发展不均衡问题突出

（一）花卉产业区域布局进一步优化

随着人们生活水平的不断提升和消费水平的升级，市场对花卉供给能力和供给品类多样化有了更高的需求，各地仅专注于生产基于地域优势和文化优势的传统特色产品显然无法满足市场的需要。近年来，各花卉产地坚持以市场为主导，依托本地资源，在市场引领和政府引导下不断调整花卉产品结

构,积极拓展花卉产品线,花卉产业格局向多元化、深加工发展。我国已经形成了以北京、山东、河南为主体的华北花卉产业区,辽宁、吉林为主体的东北花卉产业区,上海、江苏、浙江为主体的华东花卉产业区,广东、福建为主体的华南花卉产业区,云南、四川为主体的西南花卉产业区,以及西北花卉主产区和青藏高原花卉主产区(见表3.2),花卉产业区域布局明显优化,各花卉主产区已经形成了极具特色的优势产品和重点发展类目,拥有门类齐全的产品体系。在长期的发展中,西南鲜切花、东南苗木盆花、西北种球、东北加工花卉产业特色明显。结合具体区域花卉产业特色来看,全国范围内主要花卉生产大省均形成了极具特色的花卉生产聚集区(见表3.3):江苏省是我国传统苗木大省,观赏苗木种植面积排名一直名列前茅,高档盆花、鲜切花、盆景的标准化生产也取得了显著成效;云南是我国当之无愧的鲜切花生产大省,鲜切花生产面积、销量、销售额高占榜首,形成了以鲜切花、种用花卉、地方特色花卉、绿化观赏苗木和加工用花卉为主的多元化产业发展格局;浙江省花卉生产面积居全国首位,园林绿化苗木和花卉精深加工稳步发展,牢牢占据园林绿化苗木市场的"头把交椅";辽宁是全国最大的球根花卉种球繁育基地和主要鲜切花生产基地,君子兰和百合花享誉全国;山东是我国北方最大的盆花生产中心、盆栽集散中心和花卉物流中心,花卉设施栽培面积居全国前列,盆栽植物和观赏苗木优势凸显;河南花卉种植面积居全国第三,观赏苗木、盆栽植物、食用与药用花卉占比较高,特色品牌花卉突出;广东省拥有全国最大的花卉栽培设施面积,是全国最大的观叶植物生产及供应中心以及冬春鲜花集散地。

表3.2　　　　　　　　　　我国花卉产业布局

花卉产区	省(区、市)	花卉产业发展优势	花卉产业发展特色
华北	北京、天津、河北、山西、内蒙古、山东、河南	花卉生产设施比较完善,研发能力较强,形成了一定的花卉产业规模优势	涵盖品类广,牡丹、芍药特色花卉和部分高档盆花知名度高,绿化观赏苗木、观赏蕨类植物,出口型鲜切花,食用、药用与工业用花卉发展进程加快,基于地域特色的花卉种子产业有所发展

续表

花卉产区	省（区、市）	花卉产业发展优势	花卉产业发展特色
东北	辽宁、吉林、黑龙江	得益于良好的生态环境，区域花卉发展畅销全国，但产业发展基础仍然相对薄弱	拥有知名度较高的特色盆花君子兰，形成了一定规模和特色的花卉种球、切花和工业用花卉，当地一些野生花卉资源得到保护和开发
华东	上海、江苏、浙江、安徽、江西、湖北、湖南	经济发展程度高，花卉产品市场需求旺盛，拥有强大的外资和雄厚的民营资本投入，在生产规模、集约和设施化发展、产品研发、营销推广、物流运输等方面具有很大优势	绿化观赏苗木种植面积和市场占有率高，高档盆花畅销全国，产品结构丰富，积极推动花卉种球种苗发展，盆景和造型苗木、切花切枝、观赏竹和蕨类等特色植物，食用、药用和工业用花卉发展崭露头角
华南	广东、福建、广西、海南	拥有良好的生态环境和发达的经济，花卉生产规模化和市场化程度领先全国，出口成绩突出	观叶植物、高档盆花、热带亚热带绿化观赏苗木、出口盆景发展集聚特色，切叶切枝增速明显
西南	重庆、四川、贵州、云南4省	得益于丰富的自然资源、多样性的气候环境和良好的产业基础，花卉产业多元化发展格局已经形成	鲜切花和绿化观赏苗优势种类知名度高，加大了对种苗和种球的投入，当地一些野生花卉资源得到保护和开发
西北	陕西、甘肃、宁夏、新疆	土地资源丰富，气候干燥，花卉产业基础薄弱，但在市场和政策引导下，种苗和种球产业已具规模	花卉种子（种苗、种球）具有一定优势，积极发展切花，因地制宜加大了在绿化苗木、食用、药用与工业用花卉的发展力度
青藏高原	西藏、青海两省（区）	凭借独特的气候和丰富的高山花卉资源，积极开发特色花卉产业，药用花卉产业取得长足进步	集中精力发展种球、切花和高山花卉，同时加大了盆花的投入力度，结合地方特色促进雪莲花等药用花卉发展

资料来源：全国花卉产业发展规划（2011～2020）。

表3.3　　　　　　　　　　　主要花卉生产大省花卉主产区一览

省份	花卉生产聚集区
浙江	杭州、宁波、绍兴、湖州、金华、嘉兴等六大花卉主产区，主产区生产面积达210.65万亩、产值448.27亿元，分别占全省总量的90%和85.8%
江苏	武进、沭阳、江都、如皋、吴中区、吴江6大花卉主产区，花卉总面积占全省的2/3左右
河南	形成许昌观赏苗木、开封菊花、洛阳牡丹、南阳月季、濮阳鲜切花等花卉生产聚居区
山东	形成了以潍坊、济南为主的盆栽植物产区，以济宁、潍坊为主的观赏苗木产区，以临沂、日照为主的鲜切花产区，以临沂、菏泽为主的食用及药用植物产区，以泰安、枣庄为主的盆景产区等五大区域
云南	滇中（昆明、玉溪、曲靖、楚雄）温带鲜切花片区、滇西北（丽江、迪庆）球根类种球繁育片区、滇西（大理、保山）地方特色花卉片区、滇南（西双版纳、普洱及元江、新平、峨山）热带花卉及配叶植物片区、滇东南（红河、文山州、思茅地区）片区、"三江并流"野生花卉片区
辽宁	辽北地区观赏苗木，辽西地区球根花卉和种球繁育，辽南地区高档鲜切花生产及出口，中部地区发展具有辽宁省特色的名、特、优、新花卉为主，形成了凌源郁金香、鞍山君子兰等名优花卉主产区
广东	粤西地区观叶植物、棕榈科植物（湛江），粤东地区盆景（汕头）粤北山区山地反季节花卉

资料来源：各省区市花卉产业发展规划网络发布及网络资料整理。

（二）花卉产业区域发展不平衡问题突出

与此同时，我国各地花卉产业不平衡问题比较突出：一是市场影响力差距大。据相关资料显示，我国鲜切花种植面积排名靠前的省份包括云南、湖北、广东、宁夏、贵州，2020年云南省鲜切花总产量占全国总产量的一半以上，市场占有率达70%。除广东外，其他鲜切花生产大省在花木生产标准化程度、花卉生产推广体系、市场销售营销体系方面明显滞后，几乎处于市场上"查无此省"的状态；二是部分地区生产能力和市场竞争力差距明显。浙江、江苏和河南作为我国花卉种植面积的前三名，规模优势和特色花卉优势都非常明显，但市场表现差异较大。多年来浙江和江苏花卉产品出口持续强劲，一直稳居前五名，而河南花卉出口额难以排进前十名，在面向国内消费市场时，浙江和江苏园林绿化和盆栽类花卉畅销全国，而河南除牡丹等传统优势花卉品种，具有市场影响力的花卉品类有限。三是东西部花卉产业发展差距明显。从地理区域看，东部沿海地区如广东、浙江、江苏、山东、上海、福建等整体行业规模和技术水平发展良好，集约化生产趋势加强，农业设施建设稳步提升，"龙头企业＋花卉合作社＋农户"经营模式辐射范围较广，多元化花卉产品结构已经形成，而中西部地区花卉普遍存在产业基础薄弱、拳头产品少、特色花卉产业化发展速度较慢、营销推广能力较弱等问题。

二、花卉生产规模和销售额稳步增长，产业结构持续优化

（一）花卉生产规模和销售额稳步增长

中国花卉协会统计数据显示，2011～2019 年我国花卉种植面积从 102.4 万公顷增加至 176 万公顷，市场销售总额从 1068.54 亿元增长至 1656 亿元，增长幅度分别达 72% 和 55%。花卉市场规模在全球占比超 80%，花卉种植面积年增长率和销售总额年增长率呈现前降后升的趋势，花卉种植面积绝对值逐年增加，2020 年因新冠肺炎疫情影响有所下降，但花卉销售额稳步提升，花卉市场价格和经济效益趋好（见图 3.1 和图 3.2）。花卉业销售额占国内生产总值的比重在 2013 年后整体呈下降趋势，从 2011 年的 0.219% 下降至 2020 的 0.1747%，花卉产业发展的速度仍然赶不上经济增长的速度，花卉行业拥有很大的发展空间和发展潜力。2020 年，受疫情影响和花卉生产集约化程度的提高，我国花卉种植面积减少至 150 万公顷左右，但市场销售额达 1876.6 亿元，同期增长 13.32%（见表 3.4），花卉企业生产效率和经济效益有所提升。

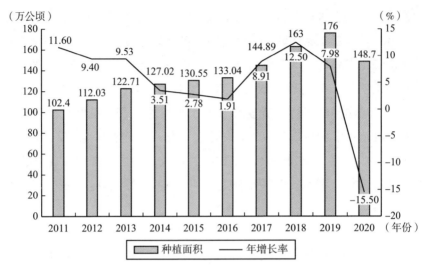

图 3.1　2010～2020 年我国花卉种植面积及年增占率

资料来源：中国花卉协会。

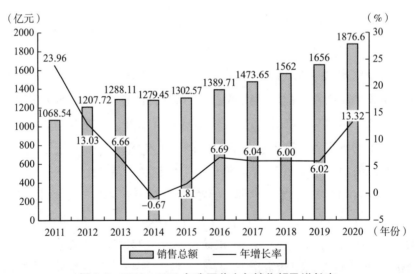

图 3.2　2010～2020 年我国花卉年销售额及增长率

资料来源：中国花卉协会。

表 3.4　　　　　　　　　2011～2020 年中国花卉种植面积及销售额

年份	种植面积（万公顷）	年增长率（%）	销售总额（亿元）	年增长率（%）	国内生产总值（亿元）	花卉销售额占GDP 比重（%）
2011	102.4	11.60	1068.54	23.96	487940.2	0.2190
2012	112.03	9.40	1207.72	13.03	538580.0	0.2242
2013	122.71	9.53	1288.11	6.66	592963.2	0.2172
2014	127.02	3.51	1279.45	-0.67	643563.1	0.1988
2015	130.55	2.78	1302.57	1.81	688858.2	0.1891
2016	133.04	1.91	1389.71	6.69	746395.1	0.1862
2017	144.89	8.91	1473.65	6.04	832035.9	0.1771
2018	163.00	12.50	1562.00	6.00	919281.1	0.1699
2019	176.00	7.98	1656.00	6.02	986515.0	0.1679
2020	148.7	-15.5	1876.60	13.32	1015986.2	0.1747

资料来源：中国花卉协会、前瞻产业研究院。

（二）形成了多元化花卉产业结构

从花卉产业结构看，我国花卉产品已经形成了鲜切花、盆栽植物、观赏苗木、食用与药用花卉、工业及其他用途花卉、草坪、种子用花卉、种球用花卉、种苗用花卉和干燥花等十个花卉品类，满足了不同消费场景、不同消费主体和不同消费目的基本需求。从我国各类花卉产品生产状况和市场销售情况看，鲜切花的产销稳步增长，市场价格整体浮动不大；盆栽花卉销售额增长幅度高于种植面积增长幅度，其产业聚集性发展和品种多样化提高了花卉的整体品质和市场价格；观赏苗木种植面积占比最大且提升明显，良好的经济效益使得观赏苗木发展进程加快；工业及其他用途花卉和草坪面积有一定波动，市场稳定性仍待提高；种子种苗种球种植面积处于下降通道，发展空间进一步压缩；干燥花整体处于萎缩状态，到 2016 年其种植面积与当年花卉种植总面积相比已经接近零（见表 3.5 和图 3.3）；食用与药用花卉表现亮眼，随着人们饮食结构日趋合理化、多样化、均衡化、生态化，花卉以其美观、健康、无污染、新奇的特点，其食用和药用价值得到市场的进一步认可（2017～2020 年花卉产业结构发展情况将在 "花卉产业结构持续优化" 部分阐述）。

表 3.5 　　　　　　2011～2016 年我国主要花卉品类种植面积及销售情况

品类	种植及销售	2011 年	2012 年	2013 年	2014 年	2015 年	2016 年
鲜切花	种植面积（万公顷）	5.79	5.94	6.51	6.48	6.29	6.46
	总销售额（亿元）	127.36	135.41	134.51	135.33	127.1	143.51
盆栽花	种植面积（万公顷）	9.07	9.98	10.4	10.66	10.48	10.58
	总销售额（亿元）	241.09	267.72	281.5	279.67	307.37	341.58
观赏苗木	种植面积（万公顷）	56.17	63.77	71.41	74.1	76.87	76.96
	总销售额（亿元）	544.33	615.93	652.32	659.07	646.94	651.35
食用与药用花卉	种植面积（万公顷）	18.84	20.58	23.5	25.05	25.79	26.55
	总销售额（亿元）	86.94	101.81	138.73	127.61	139.74	158.99
工业及其他用途花卉	种植面积（万公顷）	5.91	5.88	5.38	4.68	4.58	5.9
	总销售额（亿元）	18.61	29.09	24.35	23.27	22.36	29.09
草坪	种植面积（万公顷）	4.47	3.84	3.74	4.29	4.58	4.94
	总销售额（亿元）	22.34	22.07	22.79	26.17	26.74	35.65
种子种苗种球	种植面积（万公顷）	2.15	2.03	1.76	1.71	1.88	1.62
	总销售额（亿元）	27.7	34.2	32.75	27.24	23.58	28.71
干燥花	种植面积（万公顷）	0.004	0.006	0.005	0.06	0.07	0.03
	总销售额（亿元）	1.17	1.48	1.16	1.09	1.19	0.94

资料来源：根据中国花卉协会数据整理。

（三）花卉产业结构持续优化

2011～2016 年，虽然我国花卉种植面积和花卉销售额绝对值稳步增长，但是发展增速却在逐步下降，年增长率从 2011 年的 11.60% 下降到 2016 年的 1.91%。2017 年以来，花卉消费日趋向大众化、个性化、多样化转变，从而带动了上游花卉种植市场又进入快速发展通道。观赏苗木、食用与药用花卉、盆栽花和鲜切花产业发展基础和发展态势良好，在我国花卉产业结构中占绝对主导地位,占据90%以上的花卉市场空间。种子、种苗和种球虽然市场占比很低,种植面积稳中有降,整体发展有所阻滞,但因为处于花卉产业链的上游,产品附加值高,我国高度重视花卉种苗、种球产业的创新发展。以下对我国花卉产业结构的重点产品发展情况进行介绍:

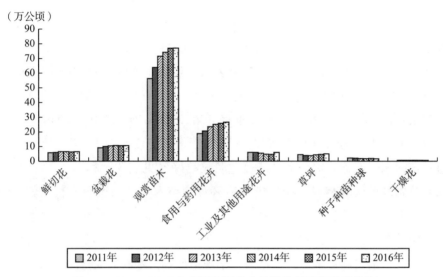

图3.3 2011~2016年我国主要花卉品类种植面积发展趋势

资料来源:根据中国花卉协会数据整理。

1. 鲜切花产业生产布局日趋合理,产品种类更为丰富,行情稳中有升

鲜切花类产品主要包括切花、切叶和切枝产品。从鲜切花生产状况来看,2020年全国鲜切花类产品种植面积达7.51万公顷,比2011年的5.79万公顷增长约30%,总体增速平稳,鲜切花市场规模到2020年约1100亿元,在2015年到2020年年均复合增长率高于20%;我国鲜切花生产区域高度集中,云南、广东、湖北是我国鲜切花类产品的种植大省,随着花卉产业对拉动农业发展、促进农民增收的经济效益日渐明显,我国鲜切花种植区域不断从云南及周边适宜区域逐渐向次适宜区域扩展,宁夏、贵州等省市鲜切花种植增长明显。云南作为我国鲜切花种植核心区域,近年来鲜花种植面积增长较快,从2017年的1.45万公顷增长到2020年的1.94万公顷,鲜切花在国内市场占有率在 70% 左右；从鲜切花消费品类来看，我国鲜切花消费仍以玫瑰、康乃馨、非洲菊、百合为主，但洋桔梗、绣球、小菊、草花等新品种花卉逐渐成为新的消费热点，鲜切花消费品类的日益丰富一定程度上促进了鲜切花产业的提质增效。

2. 观赏苗木整体保持良好发展势头

随着城镇化进程的加快，园林绿化和观赏苗木成为城市园林和绿化不可或缺的一部分，观赏苗木产业也获得了蓬勃发展。从生产规模来看，2011年我国观赏苗木种植面积为 56.17 万公顷，经历了连续 3 年 10% 以上的快速增长，2013 年我国观赏苗木种植面积达 71.41 万公顷。2013 年后，种植面积增长总体平稳，近三年来基本稳定在 2.5%，到 2020 年种植面积达86.25 万公顷，与此同时，观赏苗木销售额增长速度在 2018 年开始远远超过种植面积增速，观赏苗木经济效益明显趋好（见表 3.6 和图 3.4）；我国观赏苗木种植区域相对集中，华东地区观赏苗木生产遥遥领先，江苏、浙江、河南、山东等省市种植面积占到了全国 50% 以上，市场占有率牢牢占据全国前列，其中江苏省观赏苗木种植面积达 11.70 万公顷，居全国首位；从观赏苗木消费趋势来看，近年来，小规格低端苗木和大规格高端苗木价格市场表现一低一高，中高端新优苗木品种受到市场的热捧，形成了从数量规模向高品质转换、从低端产品向中高端产品升级的消费趋势（见表 3.7）。

表 3.6 　　　　　　　 2011～2020 年我国观赏苗木种植面积及销售情况

年份	种植面积（万公顷）	种植面积同比增长率（%）	总销售额（亿元）	销售额同比增长率（%）
2011	56.17	11.9	544.33	—
2012	63.77	13.53	615.93	13.15
2013	71.41	11.98	652.32	5.91
2014	74.10	3.77	659.07	1.03
2015	76.87	3.74	646.94	−1.84
2016	76.96	0.12	651.35	0.68

续表

年份	种植面积（万公顷）	种植面积同比增长率（%）	总销售额（亿元）	销售额同比增长率（%）
2017	80.06	4.03	653.00	0.25
2018	82.07	2.51	769.00	17.76
2019	84.14	2.52	905.00	17.69
2020	86.25	2.51	1065.00	17.68

资料来源：根据中国花卉协会数据整理。

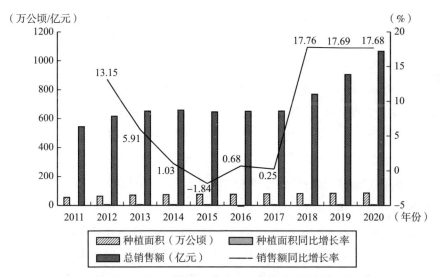

图 3.4　2011～2020 年我国观赏苗木种植面积及销售额发展趋势

资料来源：根据中国花卉协会数据整理。

表 3.7　　　　　　　　　当前各地可发展的新优苗木品种分析

区域	各地可发展的受市场热捧的新优苗木品种
东北	兴安落叶松、刺槐、西伯利亚红松、胡桃楸
华北	葡萄、梭梭、小叶锦鸡儿
西北	红叶李

区域	各地可发展的受市场热捧的新优苗木品种
华中	油茶、火炬松、厚朴、桢楠
华南	金花茶、桉树、花梨木、沉香、益智、阴香
西南	枫香、藏川杨、桤木、柳树、侧柏、新疆杨、杨树、油橄榄

资料来源：根据网络资料整理所得。

3. 盆栽植物家庭消费销量增长明显，产业向多品种、高品质方向迈进

盆栽植物类花卉主要包括盆栽植物、盆景和花坛植物三类。近年来城乡居民收入和消费水平的迅速提高使得消费者对盆栽植物的需求量日益增加，个体消费呈快速增长态势。从生产规模来看，2011~2020年，我国盆栽植物类花卉种植面积呈现整体扩大趋势，从2011年的9.07万公顷增加到2020年的12.8万公顷，盆栽植物的种植面积在我国花卉产品结构中占比仅9%左右，远低于观赏苗木和食用及药用花卉，但是其销售额却呈现出与种植面积相反的情况，多年来我国盆栽植物的销售额在所有花卉品类中排名第二，占整体销售额的比重约为25%，仅次于观赏苗木（见图3.5）。2020年盆栽植物以9.07万公顷的种植面积获得了约622亿元销售额的成绩，如果用每单位种植面积的销售额进行计算，盆栽植物高居榜首。从生产布局来看，盆栽植物产区分布相对较广，各地都基于气候特点、区域优势和产业基础形成了特色明显的盆栽花卉产区：福建漳州、山东青州、云南昆明生产的多肉植物全国线下线上销售火爆；广州和福建利用栽培设施优势在蝴蝶兰种苗市场优势明显；广东白掌、绿萝、观叶小盆栽、小盆栽、大型观叶绿植产销旺盛；云南玫瑰、彩色马蹄莲、开花小盆栽市场占有率一骑绝尘；福建竹芋特色突出，蝴蝶兰成品、红掌、仙客来种植遍地开花。盆栽植物产品品类日益丰富，品质随着个体需求发展逐步提高，市场供应充足。从市场消费来看，近几年来社交媒体、短视频、生活家居类APP和公众号的快速发展给盆栽植物的推广提供了绝佳的渠道，家庭消费呈井喷式增长态势，消费需求趋于小型化、精致化、平价化和高品质。花卉经营者也不断将文化创意与盆栽植物融合，将不同品种的小盆栽经过艺术加工组合在一起，大大提升了盆栽植

物的销售价格。日益加大的市场需求将推动我国盆栽植物发展速度进一步加快。

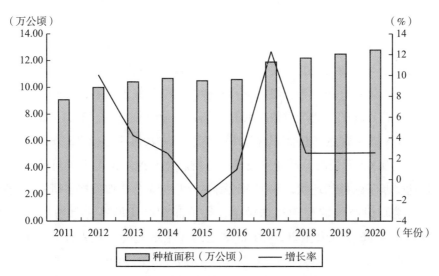

图 3.5 2011~2020 年我国盆栽植物种植面积及销售额发展趋势

资料来源：前瞻产业研究院整理。

4. 食用与药用花卉产业迎合消费者升级需求，发展潜力大

食用花卉是将花的叶或花朵直接食用的花卉植物。不少食用花卉在可供观赏之余，还可供食用、制药、酿酒和提取香精等。药用花卉指的是医学上用于防病、治病的植物，植株的全部或者一部分供药用或者作为制药工业的原料。我国自古以来就有食用花卉的文化和传统，据不完全统计我国可食用的花卉有 180 多种。2011~2020 年，我国食用与药用花卉种植面积稳步增长，从 2011 年的 18.84 万公顷增加到 2020 年的 28.25 万公顷，2020 年种植面积占花卉种植面积的 19%。得益于消费升级和国家利好政策，在种植面积和销售量增加不多的情况下，食用和药用花卉销售额实现了较大幅度的增长，出口成绩也十分亮眼。由于各地地理环境和历史沿革的不同，食用与药用花卉生产区域相对分散，山东、湖南、云南、四川、河南、湖北、重庆、广西、安徽是食用与药用花卉生产大省，种植面积都在 1 万公顷以上。随着

人们饮食生活理念日趋生态化、健康化、精致化和品质化，食用与药用花卉将以其美观、营养和健康满足消费者的需求，实现长足的健康发展。

（四）种子种球种苗受制于人，花卉生产整体位于产业链下游

种子、种球和种苗位于花卉产业上游，由于花卉育种需要巨额的时间和资金投入，对科技研发能力要求较高，长期以来，我国没有及时建立完整的新品种开发体系，花卉企业缺乏花卉育种的激励和保护机制，普遍重销售而轻育种，花卉种子产业严重依赖海外市场，产业发展落后。2011～2016 年，我国种子种苗种球的种植面积逐年小幅萎缩，从 2011 年的 2.15 万公顷减至 2016 年的 1.62 万公顷，产业发展环境有所恶化。近年来，为应对种子、种球长期受制于国外的现状，我国积极引导行业龙头企业加强技术研发，培育具有自主知识产权的种子种球种苗，种植面积有所回升，市场规模也从 2017 年的 4.86 亿元升至 2020 的 5.52 亿元（见图 3.6），花卉种子行业基本完成了盲目引进、简单效仿、数量优先、无序竞争的初级发展阶段。尽管当前，种子种苗种球等高附加值花卉品类种植面积虽总体占比严重偏低，但我

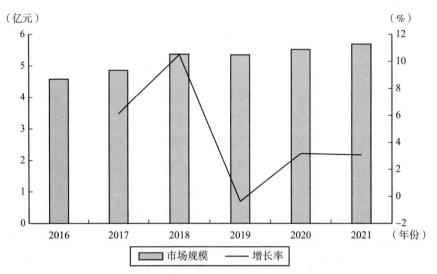

图 3.6　2016～2021 年中国种子用花卉市场规模及增速

资料来源：观研天下数据中心。

国拥有丰富的种子资源，花卉行业发展也逐步规范化，大型龙头企业的发展进一步提升了育种专业化程度，在政府高质量发展理念的引导下，在各地针对性出台花卉产业发展规划下，以及在花卉种业市场需求驱动下，国内强化育种、自主创新的种子种球产业正在进入新的发展阶段。

三、花卉生产集约化程度提升，设施农业覆盖面稳步增长

（一）花卉龙头企业的发展提高了花卉生产集约化程度

经过了 40 年的发展，花卉生产从以农户家庭为主的小农经济逐渐发展到以大型花卉企业为龙头、中小型花卉企业和农户蓬勃发展的多元化生产主体，"龙头企业＋花卉合作社＋农合"的产供销模式，政府的重视和花卉行业发展前景促使大量外资和雄厚的民营资本涌入花卉行业。中国花卉协会统计数据显示，2011 年我国花卉市场 3178 个，花卉企业有 6.65 万个，大中型企业 1.26 万个，花农有 165 万户，从业人员 467.7 万人，技术人员 19.52 万人；2018 年，我国花卉市场个数下降至 2617 个，花卉企业 5.39 万家，大中型企业 1.43 万个，花农有 160 万户，花卉从业人员 523.45 万人，其中技术人员约 24 万人。从数据上看，我国花卉行业吸纳的从业人员增长了约 12%，花卉市场、花卉企业和花农数量处于下降趋势。到 2020 年，我国花卉企业数进一步下降至 4.95 万家，而大中型花卉企业数和技术人员占比都有所提升（见表 3.8），说明花卉生产的集约化程度和专业化程度增加，尤其是在江苏、浙江、云南、上海、山东、河南等传统花卉生产大省涌现了一批国家级、省级花卉龙头企业，经营范围涵盖各类花卉生产、营销推广、物流运输、设施资材生产、进出口贸易等，在带动周边农户提升花卉生产水平、促进新优产品专业化生产，打造知名花卉品牌和花卉育种、栽培技术研发方面发挥了积极的作用，促进了现代花卉产业建设。

表3.8 我国花卉产业经营主体情况

年份	花卉市场数（个）	花卉企业（万个）	大中型企业（万个）	花农（万户）	从业人员（万人）	专业技术人员（万人）
2011	3178	6.65	1.26	165	467.7	19.52
2012	3276	6.89	1.42	175.24	493.53	24.14
2013	3533	8.33	1.54	183.41	550.57	30.33
2014	3286	8.54	1.51	188.2	525.51	28.03
2015	3220	8.50	1.56	175.11	518.54	23.36
2016	3029	7.95	1.41	163.91	505.35	24.76
2017	2980	7.83	1.39	159.38	567.52	—
2018	2617	5.39	1.43	160.29	523.45	—
2019	2848	5.17	—	—	502	—
2020	—	4.95	—	—	481	—

资料来源：中国花卉协会。

（二）设施农业覆盖面稳步增长提高了花卉生产效率

花卉设施栽培面积及设施栽培水平是反映花卉生产专业化、规模化程度的一个重要指标。我国花卉设施栽培起步较晚，据农业部种植业管理司公布的数据显示，2010年全国花卉保护地总面积为8.67万公顷，其中温室2.21万公顷，节能温室占1.37万公顷，大（中、小）棚3.3万公顷，遮阴棚2.98万公顷。21世纪初，我国设施农业迎来快速发展，日光温室、塑料大棚和遮阴棚等因建设成本较低成为设施农业发展的重点方向，但因设施栽培水平不高，不利于花卉的规模化生产和品质标准化。随着花卉产业的转型升级，花卉生产对设施设备的需求逐步提升，我国传统花卉主产地浙江、广东、江苏、上海、福建、北京等地加大了对现代化温室的投入和建设，并形成了一定的规模，我国花卉生产正从单纯数量扩张向量质并重的方向转变，我国设施农业的快速发展有力提升了花卉产业总体经济效益。在多个省（区、市）的"十二五"规划中，政府把发展设施农业作为农业增效、农民增收的重要举措，不仅专门设立了设施农业设备补贴项目，而且针对农业设施生产龙头企业加大资金扶持和政策支持，在资金和技术支持下，设施农业快速向西北地区和一些欠发达地区辐射。到 2020 年，我国温室面积已经达到 187.3 万公顷，仅江苏、山东两省温室就超过 30 万公顷，辽宁、河北也超过了 10 万公顷。福建省林木种苗总站数据显示，2021 年福建省设施花卉苗木种植面积达 12867 公顷，接近 2012 年的一倍，其中，花卉保护地种植面积达 11066 公顷，较 2012 年增长 74.7%。当前，我国设施农业发展仍处于较低层次阶段，单产、单价和亩产值低于世界平均水平，仍具有较大的提升空间。在数字经济快速发展的背景下，我国设施农业也将向大型化、智能化发展。

四、花卉内销增长强劲，"互联网+"改变了传统花卉流通网络

（一）快速推进的城镇化为花卉产业提供了旺盛需求

随着国内经济发展的步伐，城镇化进程加快，我国城镇化率已经从 2011 年的 51.27% 提升到 2021 年的 64.72%（见图 3.7），催生了城市群的快速兴起，城市园林建设对花卉需求持续旺盛，而各地生态园林城市和文明城市建设的热潮更是在旺盛的需求上加了一把火。与此同时，人们日益增长的物质文化需求和精神文化需求使得城乡居民消费层次和消费结构不断升级，花卉产品作为既能满足物质追求又能实现精神享受的"跨界产品"，日益得到消费者的青睐，对花卉需求日趋多样化，为花卉产业带来巨大的增长空间，我国花卉消费额以年均 10% 以上的速度递增。当前，我国城镇人口年人均鲜花消费近 3 元，虽然数值较低，但我国人口基数庞大，且花卉消费日益从集团消费、节庆消费、场景消费向大众消费、日常消费、个人消费转变，消费范围也将从一线城市向二三线城市蔓延，花卉消费市场也从传统的花卉市场走进超市、农贸市场、社区店、便利店等，花卉消费便利性大大提升，花卉内销面临巨大的增长空间。

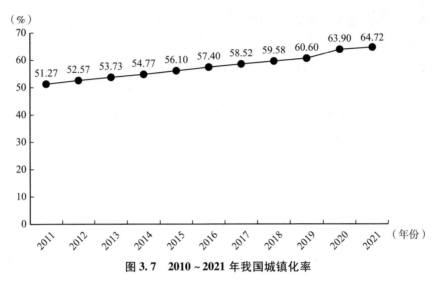

图 3.7　2010 ~ 2021 年我国城镇化率

资料来源：中国统计局。

（二）"互联网 + 花卉"改变了花卉供应链流程和花卉消费习惯

中华人民共和国国务院新闻办公室报道，2015 年 3 月 5 日，在第十二届全国人民代表大会第三次会议上，李克强总理提出制定"互联网 +"行动计划，从顶层设计层面大力支持互联网技术在各个行业的应用。"互联网 + 花卉"改变了传统花卉行业供应链格局，花卉生产企业或花农生产出商品后，可以通过电商平台直达终端消费者，而不需要经过批发商、经销商、零售商的层层加价环节（见图 3.8），大大提升了终端消费的便利性，降低了花卉消费成本，拉近了消费者和产品的距离，电商物流环节相比传统市场物流环节更加简便，也减少了花卉消费的流转时间。同时电子商务的触及面更广，容易覆盖更大范围的消费者。前瞻产业研究院发布数据显示，近十年来我国花卉电商市场交易规模持续增加，2015 年前，花卉电商年增长率曲线呈波浪状，经历前升后降再升的发展趋势，其中 2012 年增速达90.65%，2015 年后花卉电商年增长率在 2018 年迎来高潮，花卉电商交易规模由 2016 年的 168.8 亿元增长到 2020 年的 720.6 亿元，5 年年均复合增速达 43.74%（见图 3.9）。与此同时，花卉电商零售额占整个网络零售市场的比重也在不断增加，已由 2010 年的 0.2% 增长到 2020 年的 0.6% 左右，花卉消费市场的广阔空间和消费习惯的颠覆性变化将使得这一比重保持增长态势。我国传统花卉市场和花卉销售模式面临严重挑战，传统批发、拍卖、直销、电商等销售渠道市场占比面临重新洗牌，一方面互联网渠道必然成为鲜花发展的主要方向，O2O、B2B 和 B2C 等商业模式会飞速发展，蚕食以批发为主的传统花卉市场销售份额，另一方面，2018 年我国花卉市场经历了北京"非首都功能疏散"、上海"腾笼换鸟"、各地"批发市场外迁"等事件影响，反向倒逼花卉产业传统经营模式转型。2020 年，花卉零售业由于新冠肺炎疫情的影响，线下花卉交易严重受阻，加速了花卉产品营销模式的重建，众多生产企业和经销商纷纷开拓线上销售渠道，电商平台、自营型APP、社区团购、生鲜电商、直播电商等线上销售方式不断升级，花卉产品线上线下同步销售，花卉产业流通网络不断更新以适应时代发展形势。

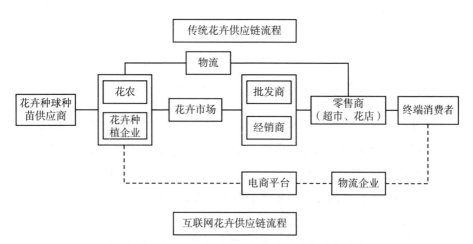

图 3.8　互联网花卉供应链与传统花卉供应链对比

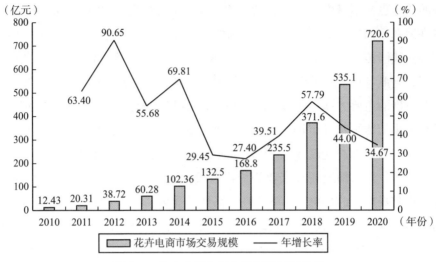

图 3.9　花卉电商市场交易规模及增长率

资料来源：前瞻产业研究院、中商产业研究院网络数据。

五、花卉文化的有力传播激发花卉产业发展的活力

（一）花文化传播有力推动了花卉消费

花卉产品具有物质层面和精神层面的双重属性，能够很好服务于我国的消费升级。我国花文化发展历史悠久，在几千年的历史长河中，花卉被人们赋予了各种美好的寓意，寄托了人们美好的愿望，花卉的消费和花卉文化属性息息相关，花卉文化的价值和魅力赋予了花卉消费的灵魂。开发利用好花卉文化，对于提振花卉消费，加速花卉产业发展至关重要。2014 年，中国花卉协会启动了"国家重点花文化示范基地"的认定工作，印发了《国家重点花文化示范基地认定管理办法（暂行）》和《国家重点花文化示范基地评分细则表》，并认定了首批 8 家国家重点花文化基地，2018 年又新增了第二批 12 家基地。这 20 家国家重点花文化基地分布在北京、上海、江苏、海南、广西、吉林、浙江、安徽、福建、河南、湖南、四川等 12 个省（省区市），覆盖了五大花卉主产区，侧重于不同种类、不同特色的花卉品类，

为全国范围内花文化的传播起到了良好的示范带头作用。近年来，我国花卉产业链不断向花卉服务产业延伸，花卉节庆、花卉旅游、花卉餐饮、花卉康养、花卉精深加工产品等产业蓬勃发展，将花卉产业与文化体验、休闲旅游、生态康养有机结合，深挖沉浸式花卉消费场景，提高了花卉消费频率和数量，实现了以花卉文化引导花卉消费，花卉消费促进产业发展的目的。

（二）"花卉 + 文创"为花卉产业发展赋能

目前，"花卉 + 文创"的蓬勃发展正在为花卉产业升级赋能。我国不少花卉交易市场通过开展景式展销，将花卉元素植入园艺消费场景，实现了文创、游乐、创意市集的深度融合，以花卉产业新玩法带动消费者的消费意愿和消费支出；全国各大花卉主产区通过各种类型的花卉展示展销会，将鲜切花、盆栽植物、食用和药用花卉、工业用花卉、种用花卉、干花、园艺资材和新奇特花卉品种集中展示，并举办专家传授花卉种养殖知识等活动，让消费者集中感受花卉文化和魅力，提高消费者的花卉消费需求和品位；花卉小镇通过深度融合"花卉 + 文创"，助力花卉产业升级转型。佛山顺德"千年花乡"陈村镇通过举办"千年花乡"文创设计大赛，征集针对花卉产业当前发展痛点的创意设计，推动花卉产业供给侧结构性改革，为"互联网 +"花卉、花卉深加工、休闲旅游等花卉新业态助力。河南洛阳平乐镇平乐村，将产牡丹、赏牡丹、食牡丹、售牡丹，画牡丹融为一体，深度绑定花卉文化和花卉产业，被誉为"中国牡丹画第一村"，形成了规模庞大的农民牡丹画师，每年有 40 余万幅作品畅销国内外，是花卉文化创意产业的典型代表。当前，文化创意产业发展欣欣向荣，提升了花卉产业的整体形象，提高了花卉产品的消费品位，也极大地促进了花卉消费。

（三）特色花卉小镇的快速发展助力花卉产业做强做大

花卉属于农业产品、林业产品范畴，与休闲农业和乡村旅游息息相关。当前，我国休闲农业和乡村旅游行业发展速度和规模惊人（见图 3.10），花文化和具有花文化内涵的各类花卉产品是休闲农业和乡村旅游必不可少的元素，各类花卉小镇在休闲旅游和乡村旅游产业中占据着核心地位，极大地拉动了花卉和花卉加工产品消费。2019 年中国花卉协会组织编制了《关于推进中国特色花卉小镇建设的指导意见》，要培育一批特色花卉产业凸显、花卉景观优美、花文化底蕴深厚、花卉一二三产业融合发展、宜业宜居宜旅的中国特色花卉小镇，为特色花卉小镇的定位、规划和发展提供了规范指导，加快了花卉小镇发展的步伐。2020 年以来，因为新冠肺炎疫情的影响，休闲农业和乡村旅游发展按下了"暂停键"，疫情的反复也影响了乡村休闲旅游市场的全面恢复。随着生产生活秩序逐步恢复，城乡居民被抑制的需求将持续释放，深植花卉文化基因的花卉小镇重新绽放，将继续推动以花卉为依托的种植、旅游、休闲、康养等生态产业长足发展，花卉产品消费将进入长期的上升通道。

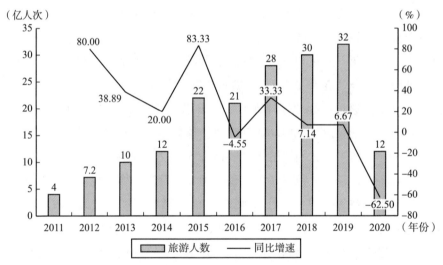

图 3.10 2011～2020 年我国休闲农业和乡村旅游接待人数发展趋势

资料来源：国家统计局。

六、花卉深加工产品发展起步，花卉产业链不断延伸

（一）永生花产业处于发展初期，但市场空间广阔

永生花（也称保鲜花）是典型的花卉深加工产品，自20世纪在德国出现后，就深受欧美和日本主流花卉消费市场高端消费者的热捧，成为世界上最为畅销的花卉产品之一。2020年以来，国际物流瓶颈使得鲜花运输受阻，永生花在互联网平台的搜索热度大大提升。除欧美日市场，泰国、缅甸和越南等东南亚国家的消费需求也同比增长了47%，永生花销售量增幅达400%，发展前景非常可观。永生花生产需要经过脱水、脱色、烘干、染色和艺术组合等一系列复杂工序，染色工艺和艺术组合设计需要独创性，且对原始花材的花型、色泽、品种、新鲜度和标准化程度等方面要求较高。当前我国永生花生产受到多因素的制约，发展仍处于初级阶段：第一，花材品质缺乏标准化。日本永生花生产商早在2008年前后就以"基地+企业"的模式在哥伦比亚、肯尼亚和厄瓜多尔建立永生花生产基地，对永生花花型、规格和高度制定了标准化要求，且日本多采用冷链物流的方式降低花材损耗，保证花材质量，而我国永生花花材大多来自云南本地，"企业+农户"的经营模式比较常见，小而全的传统生产方式导致花材品质不稳定，是影响国内永生花品质的无形杀手。2013年前后日本永生花品牌"floever"（弗洛里弗）、"AMOROSA"（阿莫罗萨）和"大地农园"几乎垄断了国内永生花市场。第二，染色工艺和艺术组合设计相关技术缺乏。永生花生产的核心环节是染色工艺和艺术组合设计，不同的花材需要不同的染色剂配比和制作工艺，我国缺乏专业的化工、染色研发实验室和专业研发团队，艺术组合设计上也习惯抄袭，缺乏品牌独创性，使得产品竞争力下滑。第三，永生花生产缺乏必要的行业规范。永生花生产工艺对安全和环保要求很高，既要保证产品被误食后对人体不形成伤害，也要降低因使用化工染色对环境造成的危害，我国永生花原料使用和生产监管缺乏相应的机制，不利于花卉深加工行业的健康持续发展。但是，也要看到永生花企业通过引进日本的生产技术和

设备打破了单纯为国外客商提供深加工花卉原料的初级生产格局。在花卉深加工产品发展上，云南走在了国内前列，目前国内永生花卉品牌主要集中在云南石林、玉溪片区，嵩明、姚安、晋宁也有分布。近年来借助于互联网的快速发展，成功孵化出诺誓（roseonly）、野兽派和花加等国内知名永生花卉品牌，永生花网络销售增速明显。永生花主要消费品种包括玫瑰、绣球和苔藓，这些品种在我国有广泛的种植，本地原材料更具价格优势，便利的运输也给永生花加工提供了良好的条件，国外进口永生花通常高于国产产品 3 倍以上，我国永生花产业未来发展空间仍然广阔。

（二）花卉产业价值链延伸大有可为

要改变花卉产业附加值不高的现状，花卉深加工是延伸花卉产业链，实现效益提升的有效途径。从花卉产业价值链来看，花卉观赏价值产业附加值最低，花卉美容价值最高，能够带来高额的附加利润，花卉的药用价值、营养保健价值和食用价值也应作为花卉产业发展重点开发方向。除了永生花深加工产品外，花卉深加工还需瞄准天然色素、食用、美容化妆品、香料物质、药用和花卉艺术品等。我国食用花卉种植面积广阔，全国各花卉主产区均有各具特色的食用花卉分布，得益于中国食用花卉文化深厚的历史渊源和消费者对绿色、生态、品质食品的追求，多年来我国食用花卉发展速度位于各类花卉前列，利用花卉制成的中药、保健茶、花酒和糕点食品等愈加受到市场欢迎。如"云花"用美味的"玫瑰鲜花饼"叩开市场之门，不断开发花卉食用价值、美容价值和营养保健价值等花卉深加工产业，开发了鲜花饼、含片、花茶、精油、盐浴、晚霜、护肤、香水等各类食品和日化产品，产生了良好的经济效益。我国生物资源丰富，生物多样性保护取得了显著进展，是巨大的天然香料宝库，法国知名化妆品品牌"娇兰"旗下的兰钻顶级保养系列选取的原料正是从云南当地 3 万多种兰花中找出的最珍贵的 3 种。但目前我国天然香料产业发展却处于初级原料加工的产业链最低端，中国的高端美妆市场几乎都是外国品牌的天下，国内研制香料和精油等深加工产品的公司仍然缺乏品牌意识。总体看来，花卉产业发展必将向深加工方向转型。尽管我国花卉深加工总体仍处于初级阶段，但具有巨大的发展潜力。

第三节　我国花卉产业发展前景

近年来，花卉产业在推动国家经济发展和社会生活提升，建设生态文明和美丽中国，拉动农村就业、农民增收和精准扶贫等方面发挥了重要作用，实现了经济效益、社会效益和生态效益的有机统一。通过以上分析，可以发现我国花卉产业生产规模和市场规模庞大，居世界首位；已经在全国范围内形成了特色明显、优势突出的七大花卉主产区，建立了稳固的产业基础和门类齐全的产品体系，形成了全产业链和产业格局，花卉产业集聚不再单纯基于地域优势和产业基础，部分地域在政府的规划指引下也发展了独具优势的花卉产业，促进当地经济发展；在市场的主导下，我国花卉产业结构不断优化升级，盆栽植物、园林绿化、鲜切花和食用与药用花卉产业稳步增长，占据了90%以上的种植规模，花卉消费需求的不断升级催生花卉新品种、新品类走进市场，人们生活水平的提升也使得花卉消费不断家庭化、个性化、必须化和多频化，为花卉产业的持续发展壮大提供了巨大的发展空间；花卉生产主体不断整合，花卉生产逐渐向集约化和规模化发展，栽培设施在花卉生产中的应用越来越多，极大提高了花卉的生产效率和产品质量；花卉流通体系因互联网的快速发展实现了重构，提高了花卉物流效率，降低了消费者的采购成本，改变了消费者花卉消费场景和消费习惯；花卉文化的有力传播极大推动了花卉消费规模，"沉浸式花卉＋文化创意"为花卉产业发展赋能；花卉深加工虽然仍处于初级阶段，但花卉产业链向精深化的不断延伸给花卉产业发展描绘了美好的前景。在政府不断推动的政策红利下，我国花卉产业发展将进一步规范化，朝着高质量发展迈进。

第四章

我国花卉产业出口概况

自 20 世纪 80 年代我国花卉产业恢复发展以来，经历了产业起步、快速发展、逐渐规范化的发展历程，我国花卉产业实现了从无到有、从小到大、从点到面、从区域到全国的生产格局，取得了从技术依赖到技术创新、从集团消费到大众消费、从低端产品逐渐往品质化转型的发展成就。随着经济全球化和国际分工的逐渐深入，花卉生产逐渐向土地和劳动力成本较低、具有一定产业发展基础的发展中国家转移。从 2000 年起，我国花卉种植面积就稳居世界首位，且还在逐年增长，我国不仅是世界最大的花卉生产中心，也是重要的花卉消费国和花卉进出口贸易国。

作为花卉生产的大国，长期以来我国花卉出口占世界市场比重偏低，与花卉生产规模严重不对等。2020 年以来新冠肺炎疫情的肆虐给全球经济复苏蒙上了阴霾，全球市场面临 20 世纪 30 年代以来最严重的衰退，供应链瓶颈导致全球货运价格居高不下。应对疫情大量超发的货币引发西方国家严重的通货膨胀，地缘政治关系紧张进一步推高了大宗商品价格，花卉行业也遭受重创，我国花卉产业的国际化道路阻碍重重。要深入分析我国花卉产业出口竞争力，探索提升产业出口竞争力的路径，必须充分了解我国花卉产业出口的现状特征。因此，本章将重点分析我国花卉出口的主要产地、主要结构、主要市场、主要趋势以及出口国际地位等，同时总体把握世界花卉产业发展趋势，为更好提升我国花卉产业的国际地位和出口竞争力打下基础。

第一节　我国花卉产业出口现状

一、我国花卉出口整体波动幅度大，但趋势向好

　　20 世纪 90 年代，我国花卉产业开始进入快速发展通道。中国花卉协会统计数据显示，经历了 30 多年的发展，我国花卉出口额从 1990 年的 2200 万美元增长到 2020 年的 3.87 亿美元，增长了近 18 倍。由于 2016 年以前中国花卉协会与海关总署统计的花卉出口产品口径有区别，金额相差较大，本章拟选取 2014 年以来中国海关总署的统计数据作为研究对象。花卉出口品类包括鲜切花、盆花（景）和庭院植物、种苗、鲜切枝叶、干切花、苔藓地衣、干切枝叶和种球。从表 4.1 相关数据来看，2014 年以来我国花卉产业发展迅速，得益于城镇化率的不断提升、绿色园林城市的竞相建设、生态文明建设的稳步推进、"互联网＋"国家战略的大力实施和居民消费水平的快速升级，到 2019 年我国花卉种植面积达到了 176 万公顷，2020 年因为新冠肺炎疫情影响导致花卉产业种植面积有所缩小，但总体不影响稳步提升的趋势；我国花卉销售总额也从 2014 年的 1279.45 亿元提升到 2020 年的 1876.6 亿元。与国内市场稳步提升的现状相比，我国花卉出口呈现出不一样的走势：由于国内新品种开发速度缓慢，专利保护意识淡薄，花卉出口品类与世界花卉业发达国家比较相形见绌，出口市场比较集中，产业发展亟待转型，同时面临马来西亚、印度、越南等新兴花卉生产国的激烈竞争。2015 年我国花卉出口额 2.56 亿美元，相比较 2014 年的 3.78 亿美元下降了 32.28%，2016 年我国花卉出口回温明显，随后的 2017 年出口额和 2016 年持平，2018 年以来我国花卉出口进入快车道，2020 年我国花卉种植面积大幅下降达 15.5% 的情况下出口额实现了 8.1% 的增速。近年来我国花卉出口额保持了持续增长态势，但增长幅度起伏不定，呈现出波浪状，直到 2018 年实现了连续三年的较高比率增幅，总体来看我国花卉出口形势持续

向好（见图4.1）。

表4.1　　　　2014～2020年中国花卉种植面积、销售额及出口情况

年份	种植面积（万公顷）	销售总额（亿元）	出口额（亿美元）	年平均汇率	出口额增长率（％）	出口额占销售额比率（％）
2014	127.02	1279.45	3.78	6.1424	—	1.81
2015	130.55	1302.57	2.56	6.2272	-32.3	1.22
2016	133.04	1389.71	2.85	6.6401	11.33	1.36
2017	144.89	1473.65	2.87	6.7547	0.70	1.32
2018	163	1562	3.12	6.6118	8.71	1.32
2019	176	1656	3.58	7.0385	14.74	1.52
2020	148.7	1876.6	3.87	6.8974	8.10	1.42

资料来源：中国花卉协会、海关总署。

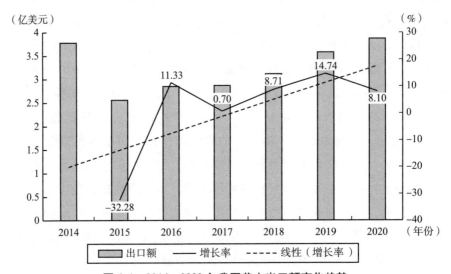

图4.1　2014～2020年我国花卉出口额变化趋势

资料来源：中国花卉协会．海关总署。

二、我国花卉出口产地高度集中

统计数据显示，历年来我国有对外花卉出口实绩的省区市在 24～29 个之间，覆盖了全国绝大多数地区。但由于各地资源禀赋、花卉产业基础、生产规模和优势特色产品拥有数量差异很大，各地出口成绩差异较大。如宁夏、青海等地因为花卉产业基础相对薄弱时常退出花卉出口名单，云南、福建、浙江、江苏、河南、山东、四川、广东、广西、河北、安徽和上海等省区市常年排名靠前。根据我国 7 大花卉主产地的生产布局，我国花卉出口基本集中在华东、华北和华南地区，西南产区云南省一枝独秀，东北、西北和青藏高原主产区花卉出口量非常有限。本研究选取 2013 年到 2020 年我国花卉出口排名前五位省区市出口占比进行分析，发现福建、云南、广东、浙江一直占据前五中的四席。2013 年云南、广东、福建、江苏、浙江位居前五，2014～2018 年上海市取代江苏省挤入前五，2019～2020 年广西后来居上将上海市挤出前五。排名前五的省区市花卉总出口额占全国年度花卉出口总额比率常年在 85% 左右浮动，最高值在 2020 年，位列前 5 的云南、福建、广东、浙江、广西出口额之和为 3.36 亿美元，占我国花卉出口总额的87.20%（见表 4.2），说明我国花卉出口产地高度集中趋势愈加明显，东西、南北出口不平衡现象加剧。进一步分析 2018 年和 2019 年排名前五地区的具体出口规模和市场占比，发现仅云南、福建、广东、浙江四省的出口市场占比就超过 80%，第五名的上海、广西出口额和市场占比呈断崖式下跌（见表 4.3）。各省区市出口增幅总体平稳，广西壮族自治区 2019 年出口额同比大幅度增长，另外，排名紧随其后的江苏、山东、河北也有 2% 左右的市场占有率。

表 4.2　　　　2013～2020 年我国花卉出口前 5 名及出口占比

排名	2013 年	2014 年	2015 年	2016 年	2017 年	2018 年	2019 年	2020 年
1	云南	云南	云南	云南	云南	云南	福建	云南

续表

排名	2013 年	2014 年	2015 年	2016 年	2017 年	2018 年	2019 年	2020 年
2	广东	浙江	浙江	福建	福建	福建	云南	福建
3	福建	广东	广东	广东	广东	广东	广东	广东
4	江苏	福建	福建	浙江	浙江	浙江	浙江	浙江
5	浙江	上海	上海	上海	上海	上海	广西	广西
合计占比（%）	83.89	86	82	—	83.4	85.01	84.04	87.12

资料来源：中国花卉协会。

表 4.3　　　2018～2019 年花卉出口地区具体金额及占比（前 5 名）

2018 年				2019 年			
出口地区	出口额（百万美元）	出口占比（%）	同期增幅变化（%）	出口地区	出口额（百万美元）	出口占比（%）	同期增幅变化（%）
云南	69.43	22.25	5.56	福建	82.12	22.94	23.17
福建	66.68	21.37	13.91	云南	78.43	21.91	12.96
广东	61.41	19.68	14.58	广东	74.71	20.87	21.66
浙江	52.51	16.83	-0.49	浙江	53.78	15.02	2.3
上海	15.22	4.88	2.1	广西	11.80	3.3	240.67
其他	46.75	14.99	—	其他	57.16	15.96	—

资料来源：中国花卉协会。

三、我国花卉主要出口市场高度集中，东南亚市场愈加重要

海关数据显示，我国花卉出口目的国（地区）较为广泛，2014～2015 年最高出口至 105 个国家（地区），日本、韩国、美国连续两年位居我国花卉出口主销市场前三，出口占比分别达 40.88%，11.25% 和 8.84%，占我国出口总额的 60% 以上，其中对美国出口额同比增幅达 20%，到 2019 年已经连续 7 年实现正增长。2017 年到 2020 年期间，我国花卉出口目的国和地区的数量下降至 90 多个（见表 4.4），较往年出口范围有所下降，格鲁吉

亚、尼泊尔、阿富汗、加纳、吉尔吉斯斯坦、塞内加尔等新兴国家和地区成为新的出口目的地，新增加的市场规模有限，进口量偏小且需求不稳定。出口市场主要集中在日本、韩国、荷兰、美国、越南、中国香港、泰国、新加坡、澳大利亚、德国等国家和地区（见图4.2）。2020年缅甸替代新加坡挤入前十，东南亚国家（地区）市场占比较高。多年来前十大出口市场占我国出口总额高达80%以上，其中排名前五的日本、韩国、荷兰、美国和越南占出口总额的65%左右，主要出口区域高度集中。从2015年到2020年我国花卉主要出口目的国家（地区）出口额增幅变化情况来看，2015年和2017年我国花卉出口额下滑严重，大部分主要出口市场呈负增长，其余年份花卉出口在各地基本是正增长；其中荷兰、澳大利亚等目的国上升趋势最为明显，长期保持了两位数的增长；中国香港地区增幅波动比较大，但总体呈上升趋势；对美国出口持续进入下降通道，从2015年20%的增长率到2020年10%的负增长；对德国出口有一定的波动，2019年降幅达23%的情况下实现了2020年9%的增幅；对越南出口增幅最大，2019年和2020年分别增加了219.96%和121.63%，主要原因是我国海关口岸出口进一步规范化，边贸出货大量减少，同时国外育种公司和种苗公司开始将生产基地逐步迁移至土地和人力成本更低的越南；日本作为长期以来我国花卉出口第一大目的国，我国对日花卉出口增长缓慢，近年来保持年均增长2%左右；对韩国市场出口以2018年为分界线，2018年以前出口额持续减少，2018年出口增幅暴涨了43%之后连续减少，2020年负增长6.66%；缅甸在2020年一跃成为我国花卉主要出口国家，2020年实现了90.7%的增长（见表4.5）；2021年上半年我国对菲律宾的花卉出口量挤入前十。总体来看，近年来，东南亚市场在我国花卉出口中占据着越来越重要的地位，交易额稳步提升，《区域全面经济伙伴关系协定》（RCEP）的签订必将给我国花卉出口东南亚带来更多的机遇。

表4.4 　　　　　　2014～2020年我国花卉出口国家（地区）数　　　　　单位：个

	2014年	2015年	2016年	2017年	2018年	2019年	2020年
数量	105	105	102	90	93	97	96

资料来源：中国花卉协会。

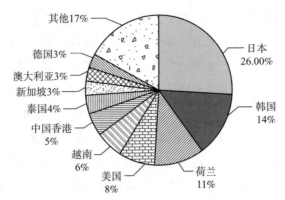

图 4. 2　2019 年我国花卉出口目的国家（地区）出口额占比情况

资料来源：前瞻产业研究院。

表 4. 5　　　　　　　　2015～2019 年我国花卉主要出口目的国家

（地区）出口额增幅变化情况　　　　　单位：名

国家（地区）	2015 年	2016 年	2017 年	2018 年	2019 年	2020 年
日本	-2.95	13.63	-2.36	2.35	2.23	2.07
韩国	-2.58	-3.93	-7.88	43.03	22.21	-6.66
荷兰	-8.55	4.72	3.84	20.54	11.96	18.49
美国	20	17.05	16.47	10.29	5.96	-10.84
越南	-23.89	8.32	-56.79	48.19	219.96	121.63
泰国	11.89	34.87	-23.28	30.95	17.99	7.39
德国	-8.26	14.26	21.19	0.18	-22.93	8.92
新加坡	12.67	1.38	-6.81	10.46	16.55	—
中国香港	-25.55	53.28	-17.44	-16.93	80.03	8.98
澳大利亚	31.01	26.32	10.16	16.89	22.55	49.36
缅甸	—	—	—	—	—	90.7

资料来源：前瞻产业研究院。

四、我国花卉出口主要品类比较集中，国际竞争力较低

我国花卉出口品类主要集中在鲜切花、盆花（景）和庭院植物、种球、鲜切枝叶、种苗、干切花、苔藓地衣等。中国花卉协会统计数据显示，从2015～2020年我国花卉各品类出口情况来看，鲜切花、盆花（景）和庭院植物、鲜切枝叶是出口的主要产品，一直以来三者出口之和占出口总额的80%以上。2018年以前，鲜切花占据我国出口品类的"头把交椅"，虽然2016年到2020年期间鲜切花出口总额稳步上升，但出口增幅逐渐缩小，出口占比从最高2016年的36.15%下降至2020年的29.7%。虽然2020年受新冠肺炎疫情影响较大，但鲜切花出口占我国出口总额的比重已经有一定的下降趋势，云南是我国鲜切花主要出口地，其次是浙江和福建；盆花（景）和庭院植物是我国第二大出口花卉品类，出口占比一直保持在30%以上。从2016年以来盆花（景）和庭院植物的出口快速上升，出口额增幅呈稳步上升状态，2018年一举赶超鲜切花成为当年出口占比排名第一的花卉品类，并在2020年继续保持首位。福建是我内最大的盆栽花卉出口地区，广东、云南、广西、四川等地紧随其后；鲜切枝叶是我国第三大出口花卉品类，2017年开始鲜切枝叶的出口额增幅逐年下降，到2020年出口占比已经降至13.83%，比2015年少了近6个百分点，浙江、广东、河北是我国鲜切枝叶的主要出口地区；作为我国出口第四大花卉品类，种苗出口额稳步增长，从2015年的0.334亿美元提高至2020年的0.411亿美元，但出口市场占比呈持续下降趋势，从最高2018年的11.38%下降至2020年最低点的10.63%，说明种苗在我国花卉出口中的地位有所下降，上海、云南等省区市是我国种苗主要出口地区；过去几年，干切花是我国所有出口花卉中增长幅度最高的品类，2020年其增幅达到了一倍以上，出口占比也从常年1.5%以内增长至接近3%；2015～2020年期间，苔藓地衣和种球出口占比均不足1%，2017年以来种球的出口额连年缩减，显示我国种球在国际市场上竞争力进一步下降（见表4.6和表4.7）。2020年受新冠肺炎疫情影响，我国最先实现全面复工复产，荷兰种球将中国市场作为救命稻草，大量种球倾销进入我国，对

我国种球行业的发展带来负面影响。

表 4.6　　　　　2015～2020 年我国花卉出口额增幅变化情况　　　　单位：%

类别	2015 年	2016 年	2017 年	2018 年	2019 年	2020 年
盆花（景）和庭院植物	-59.53	3.55	6.71	15.07	29.46	16.92
鲜切花	-0.32	23.33	-1.68	2.57	10.76	0.29
鲜切枝叶	6.66	14.51	-4.53	5.67	-2.19	-3.89
种苗	-4.19	-5.32	0.57	12.16	8.84	6.36
干切花	-6.85	-26.18	4.47	33.25	28.86	104.45
苔藓地衣	35.52	-16.31	14.64	57.23	21.45	-25.99
种球	7.86	10.95	12.18	-0.4	-10.57	-7.77

资料来源：中国花卉园艺杂志。

表 4.7　　　　　　　　　2015～2020 年花卉各类别出口情况

类别	2015 年		2016 年		2017 年		2018 年		2019 年		2020 年	
	出口额（亿美元）	占比（%）	出口额（亿美元）	占比（%）	出口额（亿美元）	占比（%）	出口额（亿美元）	占比（%）	出口额（亿美元）	占比（%）	出口额（亿美元）	占比（%）
盆花（景）和庭院植物	0.837	32.40	0.867	30.43	0.925	32.24	1.064	34.10	1.378	38.48	1.611	41.69
鲜切花	0.835	32.33	1.03	36.15	1.01	35.20	1.033	33.11	1.145	31.97	1.148	29.7
鲜切枝叶	0.493	19.09	0.564	19.80	0.538	18.75	0.568	18.21	0.556	15.54	0.535	13.83
种苗	0.334	12.93	0.315	11.06	0.317	11.05	0.355	11.38	0.386	10.79	0.411	10.63
干切花	0.041	1.59	0.03	1.05	0.031	1.08	0.042	1.35	0.054	1.5	0.110	2.84
苔藓地衣	0.02	0.77	0.017	0.60	0.019	0.66	0.03	0.96	0.036	1	0.026	0.69
种球	0.023	0.89	0.026	0.91	0.029	1.01	0.029	0.93	0.026	0.72	0.024	0.62
总计	2.56	100	2.85	100	2.87	100	3.12	100	3.58	100	3.87	100

资料来源：中国花卉园艺杂志。

第二节　我国花卉产业出口特征

一、花卉出口蓬勃向上，仍未建立出口优势

自 2015 年我国花卉出口同比大跌 32.28% 后，2016 年起花卉出口逐渐升温，但出口额一直低于 2014 年 3.78 亿美元的水平，直到 2020 年花卉出口额才恢复到 2014 年的水平，增至 3.87 亿美元，这其中不乏新冠肺炎疫情全球蔓延下我国快速实现全面复工复产抢占了一部分市场份额的因素。从出口额增长绝对值来看，我国花卉出口形势向好，但经过横向比较发现我国花卉出口形势并未明显趋好：我国花卉出口增速远低于世界花卉消费年均 10% 的增速，按照 20 世纪末世界花卉消费已经达到 3000 亿美元的规模，我国花卉出口几乎是原地踏步甚至负增长的状态；从出口市场来看，根据联合国贸易数据库（UNcomtrade）数据计算整理发现，近年来我国花卉出口占世界市场份额约为 2%，同期荷兰出口市场占有率有 50.5%，哥伦比亚占比超 7%，比利时、意大利和丹麦占比约 5%，加拿大和西班牙比我国出口市场占有率略高，但其种植规模却远远低于中国。与此同时，用 2020 年我国花卉种植面积和销售额进行初步估算显示我国花卉种植平均每公顷面积的产值为 12.6 万元，这一数值远高于往年水平，根据《中国花卉园艺》相关资料显示，早在 2013 年左右荷兰花卉种植平均每公顷的产值为 133 万元，哥伦比亚为 80.8 万元，以色列为 102.4 万元；在花卉种植质量上，以鲜切花为例，世界各国鲜切花生产平均每平方米产 100~150 多朵，我国产量为 50~80 多朵，是世界平均水平的一半。另外，以我国重要花卉出口品类鲜切花为例，2017 年荷兰鲜切花出口额高达 42 亿美元，其出口额占世界总出口额的 51.44%，哥伦比亚和厄瓜多尔的切花产品出口份额均超过了 10%，而同时期我国鲜切花出口总额仅为 1.01 亿美元，占比仅有 1.24%，我国花卉出口优势远未形成，任重而道远。

二、花卉出口在产业链低端徘徊

我国超过90%的花卉品种是由从海外各国进口的种苗、种球在国内扩繁、培育而成，为此我国花卉生产不仅要支付种苗、种球采购费，还必须为生产的每一朵花缴纳一定比例的专利费。据花农介绍，采购一颗从荷兰引进的品种百合花种球需要支付3元，而百合花成品市场价可能卖到7元左右，扣除掉土地、人力、耗损、专利等各项费用，留给我国的利润空间非常有限，导致我国花卉产品出口成本高企，出口花卉的竞争力降低。另一方面，花卉下游产业链通常会承担更多市场波动风险，国外育种商稳拿产业链上游的大部分利润。近年来，我国花卉进口金额在逐年下降，2018年到2020年三年间降幅达21.7%，但种球和种苗的进口占比相对稳定，始终占据花卉进口品类的半壁江山（见表4.8），如主流花卉郁金香、百合种球90%都从荷兰进口，我国花卉产业链顶端严重依赖国外市场进口。尽管我国花卉出口额稳步增长，但利润大多被荷兰等花卉强国攫取，花卉产业的资源优势远未形成产业优势，仍然徘徊在低端产业链上。2020年新冠肺炎疫情的突发使得成功控制疫情的中国成为荷兰等种球交易大国的救命稻草，大量减单、退单的种球以低价倾销的方式涌入我国，阻滞了国内自主种球繁育的进度，建立国内自主的种子种球产业任重而道远。

表4.8　　　　　　　　　　2018～2020年花卉各类别进口情况

类别	2018年		2019年		2020年	
	进口额（亿美元）	占比（％）	进口额（亿美元）	占比（％）	进口额（亿美元）	占比（％）
种球	1.14	39.85	1.112	42.49	0.943	40.05
盆花（景）和庭院植物	0.732	25.6	0.583	22.27	0.691	29.37
鲜切花	0.616	21.53	0.602	23	0.424	18.02

续表

类别	2018 年		2019 年		2020 年	
	进口额 （亿美元）	占比（%）	进口额 （亿美元）	占比（%）	进口额 （亿美元）	占比（%）
种苗	0.286	10.01	0.232	8.85	0.177	7.52
鲜切枝叶	0.046	1.62	0.058	2.21	0.089	3.79
干切花	0.031	1.1	0.024	0.92	0.027	1.149
苔藓地衣	0.008	0.28	0.007	0.26	0.003	0.11
总计	2.86	100	2.62	100	2.35	100

资料来源：中国花卉协会。

三、花卉自主创新能力有限，自育品种逐步走向国际市场

（一）花卉新品种培育和创新能力不足，难以满足世界花卉消费需求

从全球范围来看，世界花卉生产强国各有优势：荷兰的花卉产业已经发展了几百年，在种球、球根和切花上形成了十分成熟的产业链，出口额断层式高居首位；哥伦比亚的切花和观叶植物独树一帜；美国、日本和以色列等发达的花卉生产国在种苗生产上有绝对优势，育种研发能力强大，稳居花卉产业链上端。与此同时，我国花卉种植面积虽然全球第一，是世界重要的花卉生产国和消费国，但由于花卉产业起步相对较晚，花卉产业发展模式偏粗放，正逐步向专业化、集约化和规模化转型。当前我国花卉研发和自主创新能力比较薄弱，拥有自主知识产权的种苗少，严重缺乏能与国际品种抗衡的自育花卉新品种。而种子、种球和种苗是花卉行业发展的"芯片"，高质量、创新型花卉品种是花卉产业发展的核心，花卉品种的创新在于种子、种球和种苗的培育能力。当前，我国花卉育种主要采用传统杂交技术，研发新品种需要投入大量的时间和人力，新品种性能特性相对不稳定，筛选适应市场化的新品种耗时长，同时缺乏系统化、规范化的育种繁殖基地，对野生花卉种质资源的驯化、选育工作开展得不够，我国自主知识产权的花卉新

品育种工作进展缓慢。以玫瑰为例，2020年国产新品种交易量仅占全部新品种交易量的8%左右，其余的92%为国外新品种。在切花菊市场，国外品种占60%~80%的份额。

（二）自育品种逐步走向国际市场

尽管我国自育花卉新品种较少，但面对花卉商业化品种长期处于国外垄断的局面，我国花卉产业不断加强对育种的研发投入，锦苑、杨月季、云秀、锦海、英茂、虹华等一批龙头花企在新优品种育种、花卉专业化和集约化生产、科技研发等方面的特点和优势逐步显现，具备了一定的育种能力，开始采用组织培养、克隆、转基因等先进育种技术，培育出一批具备自主知识产权的花卉品种。云南省新品种自主研发规模全国领先，多年来云南省不断加强对野生花卉品种资源收集保护与利用、新品种研发、产业关键技术研究等方面的投入，通过实施一批花卉重大标准化科技项目，在收集保存各类鲜切花种质资源和野生花卉资源、特色花卉品种产业化开发研究取得了一系列成果，为培育自主知识产权花卉新品种奠定良好的资源基础。与此同时，积极推动以产学研相结合的花卉研发和示范推广"共建"和"共享"成果转化模式及"龙头企业＋科研单位＋花农经济合作组织"科技服务模式，不断加快科技成果转化应用，云南省新品研发成绩斐然。2021年9月14日召开的"COP15春城之邀"云南生物多样性保护系列新闻发布会发布数据显示，近年来，云南省累计培育推广新品种600余个，自主培育获得授权花卉新品种408个，占全国花卉新品种总数的50%以上。全省拥有创新技术和专利100余项，制定各类国家、行业和地方标准70项，仅蔷薇科的自主研发新品达152个，秋海棠、杜鹃、角蒿、报春花等10余种云南特有野生花卉成功驯化并实现商品化生产，为"云花"走向世界提供了品种支撑，一批拥有自主知识产权的名特优及野生花卉新品种陆续走向国际市场。云南省在国内首创唐菖蒲优质种球冬季繁育技术，种球优质率达70%以上，品质达国际质量水平，出口日本的菊花苗占全国出口总量的90%以上，占日本进口菊花苗总量的40%，成为日本最大的菊花苗供应基地。

四、花卉生产规模化标准化程度低，限制花卉出口品质

《中国花卉园艺》相关资料显示，随着花卉产业的快速发展，我国花卉从业人员在2017年达到峰值，达567.52万，随后逐年下降，与此同时花卉企业数量从2015年的8.5万家降至2020年约4.95万家。大中型花卉企业数比重进一步增加，部分大中型企业依托自身的资金优势、技术优势，形成了标准化生产，取得了明显的竞争优势。出现了以虹越花卉、苏北花卉、百林生态为首的一批上市公司，业务范围聚焦花卉的引进、繁殖、培育等，同时辐射至肥料、药剂、花盆花器、园艺工具等周边服务。在花卉企业数量不断减少而花卉种植和生产规模不断提升、花卉供给品类不断丰富的发展趋势下，我国花卉产业逐渐从粗放式增长进入规范发展阶段，花卉生产方式也不断向"专门化、集约化和规模化"发展，但小企业占比仍然高达75%，企业、规模化经营比例有限。我国花卉产业是在花农和国有园圃的基础上发展而来的，过去十年间我国花农的数量有所波动，但总体非常平稳，小农经济是我国花卉生产重要主体，其主要特色是"小而全"，组织经营粗放，专业化和规模化程度较低，难以形成标准化生产体系，严重影响花卉生产的品质和经济效益的提高，难以进军国际市场。一方面，"小而全"的生产方式使得花卉生产单位面积的产值、产量不高，影响花卉的成本价格和经济效益，另一方面这种生产方式下投入的设施栽培比例有限，生产技术、经营管理能力、品牌化运营能力也不够完备，研发和创新不足，同质产品竞争异常激烈，产品质量也难达到要求严苛的目的国检验检疫标准。鲜切花作为附加值相对较高的花卉产品，其出口价格能较好地反映经济效益。我国出口的鲜玫瑰、康乃馨、宴会用的鲜切花和花束以及菊花等出口价格常年在每公斤5美元以下，而荷兰相同产品价格出口均价在每公斤7美元左右，其他主要切花出口国的价格也保持在5美元以上，偏低的价格意味着不高的出口附加值，归根结底是花卉品质存在一定差异，进而降低了花卉的出口竞争力。

五、花卉供应链瓶颈影响我国花卉出口竞争力

花卉产品普遍具有季节性强、易腐坏、运送时间要求紧迫等特征，并且在运输途中需要特殊照料。从全球范围来看，花卉出口的主要物流方式是空运和海运。在冷链物流技术出现之前，全球花卉进出口物流以航空运输为主，随着冷链物流技术的发展和不断完善，国际海运因其运力强、运输成本低廉在花卉国际物流运输中占比逐渐提升。国际贸易远距离运输更容易造成花卉损耗，如果在国际运输中不能根据花卉的特点进行保护，会大大降低产品的可售性，因此储存和运输是花卉国际贸易中最为核心的环节。荷兰作为鲜花王国，其花卉产业享誉全球不仅因其悠久的鲜花发展历史、雄厚的产业基础和技术研发能力，高效的花卉运输能力功不可没。荷兰鲜花拍卖中心和史基浦机场的通力合作保证了荷兰鲜切花拍卖后 24 小时抵达全球大多数国家和地区。肯尼亚早上 7 点采摘的鲜花能在次日早晨抵达荷兰拍卖市场并销往世界各地，让肯尼亚稳居世界第三大鲜花出口国，有着欧洲后花园的美誉。哥伦比亚在海上切花运输中遥遥领先，并成功抢占了美国市场。由此可见，先进的国际物流能力能极大提升一国花卉出口能力。目前，我国各大花卉主产区基本建立了花卉物流运作的交通枢纽和中转站，为花卉产品行销全国构建了完备的物流通道，但在花卉出口物流环节仍然面临不少挑战。

（一）各地花卉主产区流通枢纽建设不平衡

国内部分花卉主产区花卉物流网络仍不健全，未开通国际货运航班，花卉海外物流专线更是少之又少。花卉产品出口需要先运送到流通枢纽较为健全的国内主要中转站，过远运输、倒流运输不仅会增加物流成本，而且使得花卉出口时效和出口品质大打折扣。因此缺乏国际物流通道的花卉主产区只能将主要市场集中在国内，国际市场开拓步伐缓慢。

（二）花卉出口缺乏完整的冷链保障体系

大多数花卉产品对温湿度比较敏感，尤其是鲜切花。种植阶段的品质管

理是走向国际市场的敲门砖，国际物流环节的品质保障是走向国际市场的护身符。鲜切花在采摘后的瞬时冷冻保鲜技术和全程冷链集装箱式运输方式需要物流企业投入大量的成本，也需要具备娴熟的处理技术和手段。目前我国花卉物流企业全程冷链运输的应用不是很广泛，鲜花生产从基地到采后处理及包装、仓储、运输的所有环节都不同程度地存在冷链环节中断情况。花卉供应链的运作效率相对低下，致使鲜花售前保鲜期大大缩短，对到达目标市场后的品质造成了极大影响，鲜切花长途运输腐损率高达30%~40%，而荷兰依靠优秀的冷链物流能力将国际花卉运输腐损率控制在2%以内。

（三）花卉保鲜技术相对落后

当前我国的花卉保鲜技术还不过关，花卉在中长途运输过程中容易变质，严重影响我国花卉出口能力。以鲜切花出口为例，哥伦比亚出口到日本的鲜花需要经历20多天的海运，从我国出口到日本运输时间只有3天，但日本贸易协会却反映哥伦比亚运输的鲜花比我国出口的更加新鲜，最主要的原因就是我国鲜切花的保鲜技术落后于其他国家。

（四）缺乏专业的花卉物流企业

由于花卉产品相对脆弱易腐，时效性要求高，在物流运输途中通常需要较为严格的包装，以满足隔热、保水、抗冲击等基本要求，同时尽量降低暴露时间和运输储藏时间，专业物流对于花卉产品运输极为重要。但我国花卉生产"小而全"方式比较普遍，地栽模式使得花卉产品季节性和周期性较强，组织花卉产品大规模运输比较困难，因此我国花卉物流仍以普通物流公司为主，专门的冷链物流经营公司小而散，严重缺乏能提供保鲜、冷藏、包装、运输等全程冷链物流服务的公司。

六、花卉出口面临较多隐性贸易壁垒

相对于关税、配额、许可证等显性贸易壁垒，隐性贸易壁垒更为隐蔽，经常是以维护国家安全和人民生活健康为由设置的各类进口障碍，绿色贸易壁垒和技术贸易壁垒都可以划入隐性贸易壁垒的范畴，规避比较困难，常常比显性贸易壁垒起着更好限制进口的作用。花卉产品的进出口贸易属于植物贸易的范畴，关系到一个国家的生态安全，因此各国对于植物产品的进口非常谨慎。当前世界各国对植物产品病虫害的检验检疫对象要求各有差异，对进口花卉的检验检疫要求严苛且不断升级，一方面可以有效阻止大量外国花卉进入本国市场，达到限制进口的目的，另一方面，避免危害进口国植物生态状况，有效保护本国的生态安全。如美国和日本等多国在进口花卉和苗木时要求株高和干径必须统一，欧盟成员国为防止有害生物随着进口花卉传入本国，要求进口花卉不能带土，而我国花卉标准化生产工作相对滞后，栽培模式以地栽为主，基质栽培温室生产比例较低，造成花卉品质难以达到国际市场的严格要求，只能被国际市场拒之门外。

（一）鲜切花出口面临各国不同的检疫标准

日本切花进口的检疫标准极其苛刻，农林水产省不仅指定了专门的港口或者机场作为入境地，而且对进口切花的抽检比率高达 10%，一旦发现含有有害性的生物就会立刻销毁全部商品，且要求中国出口企业支付高额的销毁费用；日本颁布的《植物防疫法实施规则》中列举了包含 50 种昆虫、2 种线虫、4 种真菌及细菌等有害生物的附表，还声明"对表中未列举的有害动植物比照本表措施执行"，对此日本各地执法标准难以统一，由入境地检验检疫机构进行裁量，进口商也难以预料出口的切花产品是否会被处理；荷兰进口的花卉不仅要满足欧盟的一般检疫标准，还要满足荷兰本国的特殊检疫要求，并且货物在第三国转口时，要确认是否会感染有害生物。部分国家对某些进口花卉有些特殊要求，如中国出口到荷兰的属于兰科植物的切花，所属产地中不能有棕榈蓟马，或者出口之前官方检查不含有棕榈蓟马这种生物。严苛多变的检疫标准要求我国花卉出口企业要及时准确地掌握主要贸易伙伴国的最新技术标准，否则就会失去市场份额。

（二）盆栽植物卫生检疫合格要求高

在盆栽植物的出口方面，我国也面临较多来自进口国人为设置的绿色贸易壁垒。在卫生检疫方面，进口国不断提高检疫合格标准。如欧盟对进口的盆景植物检疫标准严苛，要求盆景必须在注册登记的苗圃中至少养护两年，且放置在至少 50 厘米以上的架子上，同时只允许使用经有效处理的栽培介质种植上盆。盆景植物不允许携带星天牛、光肩星天牛、叶缘焦枯病菌等欧盟禁止的有害生物。海关需要对出口的盆景植物所在苗圃及邻近区域每年至少需开展 6 次有害生物监测；在包装及所采用的介质方面，发达国家也制定了苛刻的"绿色包装"法规。例如美国要求，对我国出口美国且采用木质包装的产品，必须附有我国官方检疫证书，证明该木质包装材料已经熏蒸处理、热处理或用预防药剂处理。如无木质包装的产品，由出口商在出口单证上声明无木质包装材料。如违反规定，整批货物将被禁止入境，或者在美方认可的条件下，销毁木质包装材料或将整批货退回中国。美国与我国签订的《中国介质盆景输美议定书》规定，输美盆景的介质只准使用火山岩、泥炭，这与我国盆景种植普遍使用天然泥土栽培模式差异巨大，要出口必须从根本上改变栽培方式。苛刻的技术标准需要花卉企业在生产和流通过程中额外支出巨大的污染生产防治成本，接受多样的检验、技术认证和鉴定，导致我国花卉出口的各种中间费用及附加费用增多，出口成本提升，降低了我国花卉出口价格竞争优势。

（三）知识产权壁垒成为我国花卉出口的瓶颈

由于我国花卉产业起步相对较晚，育种和创新能力不强，新优品种的研发严重滞后。在缺乏自主知识产权的新优产品的情况下，我国花卉产业的发展只能依靠进口新优品种，并支付高昂的进口成本和专利费，抢占国际市场缺乏主动权。在花卉生产强国，花卉知识产权和新品种开发与保护工作是花卉产业持续发展的根本保障，建立了完善的植物新品种研发和知识产权保护体系，知识产权壁垒在国际花卉贸易活动中成为保护本国产业的有力武器，能够成功阻止他国的侵权行为。围绕花卉知识产权和植物品种保护进行的竞争将成为全球花卉贸易企业竞争的最核心的形式。与此同时，我国花卉生产经营者缺乏知识产权保护意识，一方面不重视对新开发品种知识产权的保护，从而被其他国家的企业抢先注册，另一方面在未做深入调研的情况下，一些企业和花农自行栽种进口种苗，产品无法在国际市场上流通。影响我国相关花卉品种出口。

（四） 我国花卉产品出口屡遭技术性贸易壁垒

中国绝大多数的种植者是采用地栽的模式，生产标准化程度不高，容易造成花卉质量不均，地栽方式也导致花卉产品容易带有蓟马、叶螨和菜青虫等有害生物。近年来，广东、云南、上海等地海关对出口花卉进行出入境检验检疫时发现多种花卉携带进口国禁止的有害生物，有一些产品在技术处理后仍旧没能达到出口检疫标准。我国云南地区不少花农和企业就因无法达到严格的国际检疫标准而办不到注册证，致使出口到欧盟和美国的花卉受到极大影响。

七、花卉出口通关手续繁杂，出口口岸处理设施建设滞后

由于花卉出口面临进口国严苛的检验检疫要求，我国花卉产品在出口口岸通关时要办理较为繁杂的手续。我国海关明确规定"花卉出口一律按照一般货物出口程序进行"，从申报到放行通常需要经历报检、查验、技术处理、签单、报关等多环节。列入《濒危野生动植物种国际贸易公约》的植物在出口时还需办理"濒危证"。完成整个流程耗时较普通货物更多，但花卉本身的特征又需要更为快速的处理。近年来，为提高我国花卉出口通关效率，部分海关先试先行，创新了不少监管措施，得到了企业的一致好评。

（一） 出口口岸创新服务模式助力花卉出口企业 24 小时通关

广东、云南等地海关在花卉出口通关环节不断创新审批和监管方式，为花卉产品出口提供"加速度"。如昆明海关在口岸业务现场安排了专人负责联系花卉出口企业，定期了解企业出口生产计划，及时指导企业提前做好质量抽查、熏蒸等环节工作。对于企业申报后无需现场查验的鲜切花，现场关员第一时间审单出证，确保企业快速拿到植物检疫证书。对于需要现场查验的鲜切花，安排工作人员随时"人等花"，做到"即报即检"，同时在通关

现场设置鲜花出口申报专门窗口和现场查验"绿色通道"，查验无误后迅速出证放行，并安排人员实施"7×24 小时"预约通关，优先保障鲜切花出口；在新冠肺炎疫情防控期间，昆明海关通过"互联网＋海关"和行政审批网上办理平台，采取线上办公、远程受理等方式，通过申请人承诺、自查自评和网络视频连线检查等便利化方式进行核查，实现出口种苗花卉生产经营企业注册登记等行政审批"一网通办"；对花卉出口企业进行分级管理，把检疫工作前置到花卉生产基地，并建立绿色通道，实行"一条龙"通关，为企业出口提供最大便利；广州海关针对花卉出口特点，将病虫害检疫、防控前移到日常监管过程，在把控质量安全的基础上降低出口抽检比例，保障快速通关、即报即放，花卉出口检疫放行时间从过去的 3 天降至 1 天；上海金山海关通过开设绿色申报通道，运用微信、在线视频等方式实时指导企业申报，在实施严格检验检疫基础上保证植物检疫证书"一天出证"，极大缩短出口通关时间，保障出口通关的花卉产品在 24 小时内发往境外；厦门东渡海关积极指导关内企业熟悉目的国进口种苗花卉相关政策和进口国检疫要求，引导企业规范出口包装、储存、除害、加工用水和溯源管理体系，采取"基地＋自检＋口岸"监管模式，从源头上做好病虫害等防疫管控；督促企业开展产品自检自控，严格落实出口前清洗和消毒；现场取样和实验室检测无缝衔接，最大程度加快通关速度，确保种苗花卉通关时效。

（二）我国口岸处理设施建设相对滞后影响花卉出口能力

花卉作为植物产品，必须要有植物检疫合格证书和植物熏蒸证书才能通关。我国目前只有上海、北京、广州、昆明等部分口岸具备专业熏蒸库和拥有专业熏蒸技术的人员，很多花卉主产地的口岸不具备相应的设施条件对出口花卉进行国际质量检验和熏蒸除害处理，给花卉的出口检验带来了潜在隐患。对于需要跨区域转关出口的花卉，由于各属地海关检疫监管效率和具体做法存在一定的地域差异，转关运输需要两地海关、出口企业、机场、港口地服和安检部门、运输部门的高效沟通和协调。当前我国大多数属地海关之间的信息互通和监管互助仍待提高，要打通全部通关堵点仍有一定困难，难以实现"即到即查即放"的零延时通关，一定程度影响我国花卉出口效率。

第三节　我国花卉产业出口面临的国际环境

花卉业是世界各国农业中唯一不受农产品配额限制的产业。近十多年来，世界花卉业以年平均 25% 的速度增长，远远超过世界经济发展的平均速度，被誉为"朝阳产业"和"黄金产业"，是世界上最具活力、发展最快和最稳定的产业之一。在 21 世纪最有发展前途的十大行业中，花卉产业被列为第二位。花卉产业除常见花卉产品外，还包括专用花肥、育花基质、园林机械等辅助产业，以及花卉生产、加工、运输、销售及现代农业观光旅游等行业。产业辐射面广，带动经济发展动能大，是名副其实的经济效益高、生态功能强的高效农业。具备一定资源禀赋和产业基础的国家都把花卉产业作为发展重点加大资本投入。目前世界花卉生产面积达到 210 万公顷，全球花卉产品贸易额以每年 10% 的速度增长，已成为世界贸易的大宗商品，全球已经形成了非洲中部高原国家主供欧洲市场，南美洲北部高原国家主供北美市场，云南主供中国及东亚、东南亚等新兴花卉消费国家的三大产销渠道。

一、主要国家花卉业现状简介

中国、印度、日本、美国和荷兰是花卉生产面积世界排名前五的国家，意大利、泰国、英国、法国、德国、日本、以色列、肯尼亚、哥伦比亚等国花卉栽培面积也具较大规模。其中，荷兰、哥伦比亚、以色列、肯尼亚等国花卉出口创汇成绩突出，全球花卉消费中心主要集中在欧盟、北美和日本市场。欧盟是世界上花卉消费最多的地区，德国是欧洲花卉消费最高的国家，年消费量达 30 亿美元，以悠久的园艺文化、精致的家庭园艺、繁荣的花卉产业闻名于世。日本作为亚洲花卉消费第一的国家，家庭消费热衷于鲜切花和庭园花木类。花卉作为全球性高效农业，许多国家高度重视，花卉的国际贸易额也日趋扩大。

（一）世界主要花卉生产国

1. 荷兰

荷兰是世界花卉王国，素有"欧洲花园"美誉，是世界上最大的花卉生产国和出口国。荷兰人对鲜花的热爱由来已久，17 世纪人类历史上第一次有记载的经济泡沫事件就是荷兰的"郁金香效应"，郁金香在荷兰引发了人们近乎病态的倾慕与热忱，在鲜花交易市场上投资者疯狂炒作郁金香，使得郁金香球茎供不应求、价格飞涨，郁金香事件是荷兰人爱花的一种特别映射。在荷兰，花卉不仅是人们馈赠亲友的佳品，也是最重要的农产品。《人民日报》2020 年 2 月 3 日第 17 版《荷兰花卉业，美丽更有竞争力（他山之石）》内容显示，花卉产业是荷兰的支柱产业。荷兰每年大约培育 90 亿个鲜花球茎，年出口额达 100 亿欧元，出口量占全球市场约 60%。郁金香是荷兰种植最广泛的花卉，占花卉总产量的 47%。荷兰的花卉大都由家庭农场种植生产，许多种植者专门生产一种花卉，甚至是一种花卉的一个品种。单一植物栽培有利于机械化，而机械化更便于节省昂贵的劳务费用，这种高度专业化为荷兰花卉的优质和高产打下基础。为了满足日益多元的市场需求，荷兰不断创新，在新花卉品种培育上舍得投入巨额资金，平均每年能推出 800 至 1000 个新花卉品种，是荷兰花卉产业的制胜秘诀之一。鲜花拍卖市场是荷兰花卉销售的主要渠道，全荷兰有七大鲜花拍卖市场，这些拍卖市场都位于交通方便、距离种植农户比较近的地方。花卉拍卖市场对花卉产品的加工、保鲜、包装、检疫、通关、运输、结算等服务环节实现了一体化和一条龙服务，大大缩短了花卉的交易和上市时间，确保了鲜花在当天晚上或第二天出现在世界各地的花店里，不仅提高了效率，而且降低了交易成本和风险。

2. 哥伦比亚

哥伦比亚位于南美洲的西北部，其花卉商业化历程始于 20 世纪 60 年代，经过了 60 多年的经营和发展，哥伦比亚已经成长为"南美花卉业巨头"，花卉产量占全球总量的 14%。哥伦比亚拥有良好的花卉生产资源禀赋，全年没有明显的季节之分，为鲜切花的生产创造了理想的气候条件和光照强度，依靠自然条件便可以实现高效生产，不需要大量投资冷却或加热温室。国内具有丰富而廉价的劳动力，大量的客运和货运航空公司为哥伦比亚鲜花高效抵达美国市场和欧洲市场建立了便捷的通道，甚至抵达更遥远的日本市场。据哥伦比亚国家统计局资料显示，哥伦比亚花卉产业从一开始就定位为出口业务，目前哥伦比亚已经成为全球仅次于荷兰的第二大花卉出口国。其鲜切花的生产和出口主要供应美国市场，出口覆盖全球 70 多个国家和地区，主要出口市场为美国、俄罗斯、日本、英国和加拿大。花卉产业已经成为哥伦比亚国家的经济命脉产业，创造了大量就业机会。

3. 以色列

根据以色列驻华大使馆官网国土资料显示，以色列位于亚洲西部，国土面积为 2.2145 万平方千米，67% 是沙漠，土地资源少，属于严重缺水的国家，但是以色列却是世界农产品出口强国。据中国热带农业科学院发布的《以色列·科技农业的典范》内容显示，以色列农产品占据了欧洲 40% 的瓜果蔬菜市场，拥有"欧洲果篮"的美誉。以色列花卉生产主要以出口为目的，90% 的花卉种植商会将其所生产的花卉销往其他国家，花卉业在以色列农业中占据极为重要的地位。虽然花卉种植面积约占全国农产品种植面积的百分之一，生产规模较小，但花卉产业收益却相当可观。《中国花卉报》和《中国花卉园艺》资料显示，以色列花卉业在 20 世纪六七十年代有了大规模发展，成为以色列农业重头戏。花卉种植园规模总体偏小，人力短缺和国内外市场竞争压力下，以色列花卉生产走向集约化，在花卉从业人员不断减少的情况下，花卉种植专家依靠丰富的经验和先进的农业生产设施可以种植品质极高、种类繁多的鲜花，花卉生产仍实现稳步增长。《中国农业科技》资料显示，早在 2012 年，以色列 50% 的花卉种植在先进的、有计算机控制的现代化温室中，温室种植基本采用无土栽培，通过采用计算机系统调控技术实行智能化灌溉，及时有效地满足各种花卉不同生长期对水分和养分的需要。以色列花卉产业致力于不断培育与推出新品种，花卉种苗专业化程度很高，优良花卉种苗、花卉幼苗主要出口市场在欧洲，亚洲（如日本等）也是重要的出口市场，以色列已成为世界上四大花卉出口国之一。

4. 肯尼亚

肯尼亚地处东非高原，平均海拔 1500 米以上，全年平均气温在 24 摄氏度左右，赤道横贯中部，光照充足。这样的地理条件，为全年种植鲜花提供了得天独厚的优势，尤其适合玫瑰花的生长。中华人民共和国驻肯尼亚共和国大使馆经济商务处官网资料显示，肯尼亚是非洲第一大鲜花出口国。鲜花是肯尼亚最重要的农业经济作物之一，产地主要分布在东非大裂谷的奈瓦沙湖附近，这里靠近赤道，终年阳光充沛，海拔近 2000 米高，使得奈瓦沙湖成为世界著名的花卉产地。《中国花卉园艺》发表文章内容显示，肯尼亚鲜花主要使用温室大棚以保证鲜花生产的质量。生产的鲜花经过严格的筛选进行简单加工后，通过冷链运输进入荷兰阿姆斯特丹花市，整个过程基本保持在 24 小时以内，然后经荷兰鲜花拍卖市场销往世界各地，从采摘到送达世界各地的消费者手中不出 4 天。在著名的荷兰阿姆斯特丹鲜花交易市场，来自非洲肯尼亚的东非大裂谷谷底的玫瑰花占据了 10% 的玫瑰交易量。肯尼亚的鲜花产业已经成为仅次于旅游和茶叶的重要支柱，也是非洲鲜花的最大出口国，世界第四大花卉出口国，97% 的鲜花销往欧盟，欧洲市场占有率达 38%。据肯尼亚生鲜农产品出口商协会（FPEAK）2019 年 2 月公布数据显示，2018 年肯尼亚花卉出口收入达 1131 亿先令（约合 11 亿美元），比 2017 年的收入增长了 37.8%。

5. 厄瓜多尔

《中国花卉盆景》相关文章内容显示，厄瓜多尔地处赤道，全年白天温暖，夜间凉爽，水质纯净，太阳辐射强。土地富含磷、氮、钾等有机肥，四季气候温和，全年日照在 12 小时，为花卉生长提供了优良的条件，商务部、厄瓜多尔出口与投资促进局北京商务处和《中国花卉园艺》数据显示，从 20 世纪 90 年代开始，厄瓜多尔花卉种植业快速发展，从 1990 年的 300 公顷增加到 1999 年的 2800 公顷，2004 年厄瓜多尔花卉种植面积达 3317.88 公顷，到 2019 年约为 4200 公顷，主要种植玫瑰、非洲菊、满天星、紫菀、金丝桃、康乃馨等，其中玫瑰是厄瓜多尔重要的非石油类出口商品，厄瓜多尔已成为世界上重要的玫瑰出口国，被称为安第斯"玫瑰之乡"。联合国商品贸易统计数据库数据显示，2016～2020年间厄瓜多尔花卉出口额均超8亿美元，在全球花卉出口国中排名第五，是目前继荷兰和哥伦比亚之后的第三大切花出口国。

厄瓜多尔的花卉以其品种优良和与众不同的美丽而著称，被世界公认为最好的花卉之一。厄瓜多尔十分重视花卉种植基础设施建设和先进技术的运用，在花卉科研和发展方面斥巨资投入，并专门引进有益菌类对付花卉的病虫害，开发生物控制方法应对蜘蛛对花卉的侵害，严格控制化肥的使用。厄瓜多尔的许多花卉苗圃都拥有国际组织授予的绿色标签认证，如德国绿色标签认证（德国花卉标签计划 FLOWER LABEL PROGRAME）以及ISO9000和ISO14000质量体系认证，使厄瓜多尔成为盛产无污染花卉的国家之一。目前，花卉种植业已经成为厄瓜多尔国民经济的支柱性产业，为厄瓜多尔创造了巨额的外汇收入，对当地经济和社会发展有着巨大的贡献。厄瓜多尔的花卉主要出口到美国、德国、荷兰和俄罗斯，其中一半以上出口到美国，中国也成为厄瓜多尔着力开拓的新兴市场。

6. 意大利

意大利是世界主要的花卉生产国，也是主要的花卉消费国，花卉进出口处于贸易逆差。意大利人喜爱鲜花的程度媲美喜爱金银珠宝，国内有"鲜花胜金银的说法"，无论是访友、节日庆祝、探望亲友都喜欢赠送各类鲜花，尤其偏爱香石竹。《中国花卉园艺》资料显示，意大利园艺植物种植面积约7.8万平方千米，花卉生产总值约26亿欧元，其中花卉盆栽产品与苗木产品生产各占约一半。独特的地中海海洋气候特别有利于观赏植物的种植，因此生产的观赏植物品种多、质量高、规格全，成为欧洲观赏植物的生产中心。在花卉和装饰类植物生产领域，意大利在整个欧洲的排名仅次于荷兰，主要出口绿色植物、插条、鲜切花、鲜切枝叶等，是欧盟第四大花卉市场，第二大花卉生产国，花卉出口主要为玫瑰和康乃馨，大部门优质切花出口至欧盟市场，包括奥地利、英国和瑞士。

7. 比利时

比利时是欧洲面积较小、人口较少的国家，但它的盆栽花卉出口占全世界出口额的 10%，列荷兰、丹麦后的第三位，是名副其实的盆栽花卉出口大国。比利时花卉主产区集中在西北部的根特地区，花卉生产以苗木、盆栽杜鹃、菊花和秋海棠为主。腾讯网发布的一篇《发展活力正盛——世界各国花卉产业特点概括》文章中介绍，比利时现有花卉生产企业 2400 多家，家庭式生产企业占了 50% 以上，从业人员达 6850 人。观赏园艺产业是比利时的重要出口产业，占全国观赏园艺产业产值的 80%。杜鹃为比利时花卉生产中最主要的品种，占观赏植物出口的 20% ~ 30%，主要出口到法国、意大利、德国、瑞典和丹麦等欧洲国家。

8. 印度

《世界热带农业信息》和《中国花卉报》相关文章内容显示，印度花卉种植面积在世界居第二位，但国内花卉消费量非常有限，产业发展重点是出口外销。为鼓励花卉生产重点转移到外销，印度政府采取了一系列政策奖励新兴花卉公司开拓海外市场，如提高花卉出口产业金融借贷上限、奖励出口冷链基础设施和周边设施、免征外销公司进口花卉种植机械设备时的进口关税、对外销厂商不予征收营业税和在其他国家因销售花卉所产生的营业税。同时政府还在花卉发展部门设立出口组，为花卉生产设立花卉专业区，并为不同的花卉品类出口制定短期和长期目标。印度的花卉生产一半以上位于印度南部的两个省，主要种植玫瑰、百合和茉莉等传统花卉。花卉公司主要分布在南部和西部，印度南端则是以生产兰花、火鹤花和观叶植物而闻名，西部地区的苗圃栽培以玫瑰、康乃馨、大理花、菊花、翠菊、晚香玉和室内观叶植物为主。印度切花大部分出口到荷兰的拍卖市场销售，花卉出口市场主要是靠海湾的国家，如阿拉伯联合酋长国、沙特阿拉伯和东南亚国家。

（二）世界主要花卉消费国

1. 日本

日本是世界主要花卉生产国和消费国。虽然日本国内花卉产业高度发达，花卉产量和花卉栽培技术均位于世界前列，但由于日本花卉生产成本相对高昂，人口老龄化严重，劳动力严重不足，日本国内花卉仍然供不应求，需大量从中国、哥伦比亚、厄瓜多尔等国进口,近年来也增加了从马来西亚、泰国、越南等东南亚国家和地区的进口。日本菊花进口量最大,主要从荷兰和中国进口,其次是香石竹和月季。由于日本国内每年2月有新年庆祝活动、3月、8月和9月有宗教庆典活动,日本对花卉的消费比较稳定。日本国内花卉生产布局合理,各花卉主产区形成了特色鲜明的花卉种植优势,花卉采收、分级、整理、包装、运输、流通等供应链各环节运作高效,建立了完备和成熟的市场体系,花卉栽培自动调控温室运用比例高,有计划地推进进出口贸易。在进口花卉方面,主要进口国内不易繁殖或尚未栽培的种类和淡季供应不足的鲜切花,对价格和检验检疫要求均比较高。

2. 德国

世界上花卉消费最大的是欧洲,而德国是欧洲花卉消费最大的国家,年消费量近30亿美元。德国人喜爱花卉举世闻名,花卉是点缀生活的必需品。德国家庭拥有小花园的比例高达62%,每个家庭每年用于花园的消费支出居欧洲首位。德国的花卉生产已发展成为一项大规模的绿色产业。规模庞大的市场需求推进德国花卉生产企业不断向规模化、机械化、自动化程度发展。德国埃森展览有限公司在组织的"2023年德国埃森国际植物园艺技术花卉展"发布的"市场背景"资料显示,目前德国花卉生产企业有1.5万多个,花卉种植面积3700多公顷,温室面积占比约80%,每年生产花卉3亿多盆,但只能满足国内45%的市场,55%的花卉需求需要依靠进口,是欧洲最大的花卉进口国。

3. 美国

美国是世界主要花卉生产国和消费中心,其花卉产业已经形成了稳定的产业布局。花卉生产主要集中在加利福尼亚州、佛罗里达州等5个州。由于美国土地价格和劳动力等主要生产要素成本飙升,美国鲜切花生产逐步向发展中国家转移,每年从哥伦比亚、厄瓜多尔等邻近国家和地区进口大量的鲜切花,国内主要生产观叶植物及草花。美国私家庭院的拥有率较高,家庭园林养护和作业频繁,多年来美国家庭园艺和公共绿化建设需求强劲,使美国成为世界三大园艺作物生产国之一,也是三大园艺作物产品消费国之一。美国花卉园艺业十分发达，园艺技术设备先进，园艺新品种培育能力世界领先，园艺流程化管理完善，已经深度融入美国社会，成为美国文化和精神上的基本需求。

二、世界花卉产业发展趋势

20 世纪 50 年代以来，世界花卉业进入发展快速通道，主要花卉生产国的花卉种植面积、产值及贸易额都呈螺旋式上升，成为世界上最具活力的产业之一。随着经济全球化驱动资源在全球范围内进一步优化配置，现代生物技术、信息技术在花卉产业的应用，全球花卉生产格局和发展趋势也有所变化。

（一）全球花卉消费新趋势促使花卉生产强国地位愈加稳固

全球经济的发展和人们生活水平的提高，使得花卉传统消费大国不再满足于长期消费传统花卉品种，对花卉消费的多样性提出了要求，新优花卉消费需求不断累加。随着花卉栽培和育种技术的进步，体细胞杂交、生物工程转基因等新技术在花卉产业得到应用，新的花卉品种层出不穷，受到各国市场的欢迎。世界花卉市场的主导产品也由月季、菊花、玫瑰、百合等传统品种逐渐增加大花蕙兰、洋桔梗、香石竹、唐菖蒲等新品，且传统花卉品种也不断在花型、颜色等方面创新。法国梅朗月季中心每年通过大批量人工授粉培育出口的月季新品种占世界的 1/3，澳大利亚和日本联合培育的蓝色月季畅销世界花卉市场，世界花卉消费向"新品种、高档次、优品质"发展，即使新品价格高昂，消费者也愿意支付高价满足个人喜好。由于新品种的研发需要强大的科研能力、雄厚的资金投入、良好的产业基础、优秀的专业人才团队，并且非常耗时耗力，对于花卉产业起步较晚、位于花卉产业链低端的花卉生产国而言，新优品种研发培育难以完成。荷兰、以色列等花卉生产强国一直占据种球、种苗市场的绝对份额，花卉育种产业基础强劲，花卉种植栽培高度机械化，设施农业占比高，专门针对花卉育种、栽培的研发机构和专业人才众多，天然具备开发新优品种的基础。所以荷兰、以色列等国不断加强对"新、优、奇、特"品种的研发,严格控制花卉质量,引领全球花卉生产和消费趋势。极具科技含量的花卉种球和高品质的花卉成品让花卉生产强国控制着花卉市场的主导权,进而获取高额的产业链顶端利润,高额利润又可以反哺花卉生产强国持续在新品种研发和创新上的投入,形成良性闭环。尽管哥伦比亚、厄瓜多尔、肯尼亚等国花卉出口占据全球较高的市场份额,其花卉出口品类也以鲜切花为主,种球仍然需要进口,花卉生产强国产业链顶端的地位难以撼动,甚至愈加稳固。要在全球花卉高端市场争得一份市场份额,只能依靠本国的特色资源,不断研发适合全球市场审美的新品。

(二) 全球花卉生产逐渐向发展中国家转移

对于不同经济发展阶段的国家,花卉的产品属性各有不同。发展中国家和不发达国家将花卉消费归类为奢侈品,而对于发达国家而言,花卉生活必需品的属性更明显。长期以来,发达国家既是花卉的主要消费者,也是主要生产者,主导着世界花卉产业发展和花卉贸易地理方向。自 20 世纪 90 年代始,发达国家因土地和劳动力等生产要素的成本不断上升,于是开始将花卉生产中心逐渐转移到气候条件较好、生产和劳动力成本较低的国家,在肯尼亚、厄瓜多尔和哥伦比亚等发展中国家建立了面向国际市场的出口型花卉生产基地。这些国家气候环境对花卉生产,尤其是鲜切花生产非常友好,生产成本极具优势且产品质量媲美发达国家,能够实现高度专业化和标准化生产,具备全年供应能力。如以色列受限于国内紧缺的土地资源、特殊的地理环境和昂贵的人工,致使花卉生产成本高企,遂将花卉生产布局到肯尼亚等国,通过提供花卉种植关键技术和控制销售市场实现了以色列花卉在全球市场的稳定、持续供应。与此同时,肯尼亚、厄瓜多尔和哥伦比亚等国政府牢牢把握住发达国家花卉产业转移的机会,高度重视本国花卉业的发展,在土地、用工、融资、税收等方面出台支持政策助力本国花卉产业的快速发展。目前,花卉产业已经成为这些国家的支柱产业,是继荷兰之后的世界前几大花卉出口国,花卉产品尤其是鲜切花在国际市场上极具竞争力,近些年还加大力度开拓除北美、欧洲和日本等主流市场之外的新兴市场,以发展中国家为代表的新兴花卉生产和贸易中心正在形成。经济全球化推动着全球范围内的资源配置，土地和劳动力密集型产业不断向具备资源禀赋的发展中国家转移，全球产业布局进一步深化。发达国家花卉企业凭借资金优势和技术垄断与发展中国家企业开展合作，通过提供新优花卉品种和种植技术参与到发展中国家花卉产业的发展，建立大量出口型花卉生产基地，并负责花卉成品的销售，来自肯尼亚和厄瓜多尔的鲜切花基本都是通过荷兰花卉交易中心走向国际市场。通过控制花卉产业链的两端，发达国家始终把控着全球花卉产业的脉搏，决定了世界花卉产业发展方向。

（三）世界花卉生产格局基本形成，花卉生产走向专业化和特色化

当前，全球花卉的生产格局已经基本形成，各主要区域花卉生产趋于专业化。欧洲主要花卉生产在荷兰、意大利、比利时、丹麦和德国等国。荷兰在种苗、球根和切花的生产和销售上稳居世界第一，郁金香种球冠绝全球；意大利观赏植物生产品质和规模享誉欧洲，香石竹种植独具特色；比利时以较小的国土面积占据了全球盆栽10%左右的市场份额，杜鹃花生产占比较高；丹麦盆花和德国园艺极具特色和优势。北美洲花卉生产集中在美国，种苗、草花、盆花、观叶植物是其优势产品，花卉园艺业全球领先，草花生产实力强劲。以色列是中东地区花卉生产大国，与育种相关的研发能力强大，在种苗和切花领域表现强势。亚洲地区是世界上鲜花种植面积最多的地区，中国、印度花卉种植规模位居全球前二，日本花卉产业实力不容小觑。中国特色花卉的育种和商业化在全球范围内开始崭露头角，兰花、菊花、月季等生产渐入佳境，日本的种苗、切花、盆花在世界具有较强竞争力。南美洲的哥伦比亚和厄瓜多尔花卉种植规模大，出口占世界市场份额均达10%以上。哥伦比亚鲜切花种植标准化程度高，种植品质得到了全球市场的认可，玫瑰、康乃馨和绣球是主要出口品种；厄瓜多尔花卉品质享有国际奢侈品的美誉，是玫瑰种植面积最大和颜色品种最多的国家之一，康乃馨、菊花、丝竹类花卉闻名于世。肯尼亚和埃塞俄比亚是非洲鲜花种植和出口量最多的两个国家，集中生产玫瑰、康乃馨、满天星、百合、金丝桃等夏季花卉。世界主要花卉生产国花卉产业发展各有千秋，为了适应世界花卉市场的激烈竞争，各国都依靠本国优势集中专业化生产，形成了各具特色的花卉生产优势，且

这种专业化生产有利于提升产品品质，实现规模经济，在国际分工日趋加深的背景下，花卉专业化生产会进一步深化。

（四）世界花卉行业日趋从独立经营走向合作经营

世界花卉行业的合作经营既表现在各国花卉企业之间的合作生产，也表现在合作新品研发环节。从生产来看，在世界花卉市场上出口占比较高的花卉生产国，花卉生产设施化和工厂化都是其走向成功的利器，有利于实现花卉生产的规模化、品质的标准化和新优品种的商业化，是精准农业和高效农业的体现。现代信息技术的发展使得花卉企业通过建立智能化现代温室工厂实现对温室内的温湿度、通风及水肥大小、光照强度和时间、授粉等所有生产环节的精准控制和标准化管理，使得花卉的生长条件和环境完全可控，基本隔绝了外界环境变化对花卉生长的影响，大大提高了花卉的产量和质量，并为花卉采摘后的后续标准化处理提供了良好的条件。发达国家通过合作经营、联合经营、授权生产等方式将本国的高级生产要素与发展中国家的初级生产要素进行有机结合，将花卉生产转移到发展中国家，降低了花卉生产成本，保障了花卉生产品质，巩固了花卉产业链优势。从研发角度来看，由于花卉新品研发投资巨大，耗时较长，风险高，同时必须具备雄厚的研发基础，且世界花卉消费不断向"新品种、高品质、个性化、高频率"发展，而各花卉强国高度重视知识产权保护，国与国之间花卉专利壁垒较高，任何一家企业都很难独自完成花卉研发到产业化的所有环节，合作可以一定程度打破知识产权壁垒，帮助企业实现分担分享，共享成果。如日本三得利公司和澳大利亚花基因（Florigene）公司联合研发的蓝色月季成功得到了全球消费者的喜爱，投资总额达 30 亿日元。为更好地满足全球消费者的需求，降低花卉研发的成本，提升新品研发的成功率和商业化程度，世界花卉业在新品育种研发、设施栽培技术研发等花卉生产环节进行战略联盟，实现在技术和生产方面的深度融合，促进现代花卉产业的发展。

（五）世界范围的花卉销售和流通体系不断完善

由于全球花卉产销分离，花卉贸易又属于活体植物贸易，各国对于进口活体植物的检验检疫要求较为严格，因此畅通的国际花卉物流体系对于花卉产业发展意义重大。世界各主要花卉生产国不仅在研发和生产上大力投入，同时也致力于完善花卉销售和流通体系。荷兰在鲜花和花卉运输方面高效而完善的供应链体系功不可没。如荷兰最大的鲜花拍卖市场就坐落在荷兰史基浦机场附近，荷兰花卉联盟（HFA）、世界最大的花卉拍卖市场阿尔斯梅尔（HalSmeer）和法航—荷航通力合作，致力于打通花卉供应链从种植、采摘、运输、交易到国际货运的各个环节，不断提升花卉空运业务的专业性和效率，保证了荷兰拍卖市场销售的鲜花在 24 小时内抵达全球 100 多个国家和地区，确立了荷兰在鲜切花市场上无与伦比的优势。如果说荷兰的鲜花生产和销售在国内完成，那么肯尼亚和厄瓜多尔作为世界主要鲜花种植国，95%以上的鲜花用来出口，且主要通过荷兰鲜花拍卖市场销往全球，高效的花卉流通体系就是本国花卉产业的生命线，德迅（Kuehne + Nagel）作为全球最大的货运代理公司，不断加大在非洲市场的布局，通过收购肯尼亚颤叶物流（Trillvane）和厄瓜多尔泛大西洋物流公司（Panatlantic Logistics）的易腐货运业务，为两国花卉生产商制定专业化和行业特定的解决方案，满足鲜花物流市场需求。哥伦比亚、厄瓜多尔、肯尼亚等国虽然经济发展程度不高，但在所在区域均是重要的交通枢纽，建立了充足的海运和航空货运网络运往北美和欧洲市场，肯尼亚、厄瓜多尔等国航空公司还与荷兰法航－荷航通力合作建立专门的花卉物流网络，为花卉快速运往荷兰花卉拍卖市场打通所有物流节点。从全球来看，整个花卉行业越来越注重花卉运输，不断利用新技术来优化和完善花卉流通环节，帮助花卉实现远距离销售，为提高花卉出口竞争力提供保障。

（六）全球花卉业服务体系社会化、网络化

随着花卉生产规模化、集约化和专业化程度不断加深，花卉产业链也以花卉生产为核心向两端不断延长，行业内部分工不断细化，涵盖了花卉生产、服务和支持等整个产业体系。目前，世界花卉生产强国普遍建立了育种研发、设施栽培、园艺设计、技术服务、花卉销售和流通、花卉文化传播、花卉旅游服务、花卉深度加工等完整的产业体系，彼此相互衔接，密切配

合。同时形成了健全的花卉销售、流通、产品质量、产品分级等相关规定和标准,对出口花卉每个级别的品质都有明确的要求,为花卉生产和出口制定了统一标准。从上游产业链看,有专门的育种研发公司、科研机构、高等院校研发新产品,专业的基质公司、种苗公司、温室设施公司提供完备的生产资料来投入生产;从下游产业链来看,专业的花卉物流公司、花卉贸易商、花卉拍卖市场、广告服务商负责将花卉销往国内外,花农只需要集中精力抓好花卉的生产品质,从花卉的生产到销售通过相互联系的社会化服务来实现。与此同时,随着现代信息系统网络化在促进花卉产业发展方面的作用愈加重要,国际花卉市场的开放程度将越来越高。荷兰、以色列依靠雄厚的研发实力和健全的信息系统,牢牢地把握全球花卉业发展的脉搏,其花卉科研及生产水平始终居于世界前列。与此同时,世界上许多国家和地区都成立了花卉协会,这些协会作为政府与生产企业及消费者的桥梁,从宏观上给予指导、协调,并广泛开展信息交流与技术推广工作,有力地促进了全球花卉业的发展。

(七) 新兴市场发展潜力巨大,中国成为海外花卉商家必争之地

近年来,亚太地区在世界花卉市场的参与度逐步提升,花卉出口量和进口量均有所提升。其中中国经济发展取得了举世瞩目的成就,人们生活水平的提高催生了快速爆发的花卉消费需求、越南、泰国、菲律宾、印度、马来西亚等东南亚国家的花卉消费也在稳步提升。以中国为首的亚太地区出口型花卉产业发展水平不高,有的还在起步阶段,消费者对花卉需求消费热情逐渐提高,说明亚太花卉市场发展空间巨大,具有极大的开发潜力。尤其是中国庞大的中产阶级人群和目前较低的人均花卉年支出给了花卉企业一幅美好的蓝图,吸引众多国外花卉企业到中国开辟市场。近年来哥伦比亚、肯尼亚和厄瓜多尔等国均在加大力度开拓中国市场,其中肯尼亚凭借中非友好合作不断协商解决关税和航空货运问题,积极抢占中国市场;与此同时,中国和众多东南亚国家具备良好的自然条件和气候环境,生产成本相对低廉,吸引了一批国外生产企业来中国投资生产,利用双方优势资源合作经营,外商带来的先进栽培技术和花卉行业管理经验也能形成知识外溢效益,带动中国花

卉产业的发展。来自澳大利亚的林奇集团从事花卉贸易已有百年历史，是南半球最大的花卉种植商和贸易商，2012 年在云南双河投资建设了现代化温室面积达 7 万多平方米的现代化种植示范基地，建立了花卉全产业链。通过土地流转，向农户租地建农场，雇佣当地剩余劳动力作为公司员工，实行合同采购的方式，向当地花农采购他们自己种植的鲜花出口澳大利亚，国内外整体销量增长明显，获得了显著的经济效益。这不仅促进了当地经济的发展，提高了花农的收入，也有利于提升我国出口型花卉产业的竞争力。

（八）新冠肺炎疫情重创全球花卉产业，花卉贸易面临严峻形势

新冠肺炎疫情在全球范围的蔓延，对全球供应链造成严重冲击，影响了消费者的消费习惯，严重打击了鲜花贸易，全球花卉消费断崖式下跌。据《参考消息》2020 年 4 月 16 日官方账号报道，荷兰农业和园艺组织估计新冠肺炎疫情危机给荷兰花卉市场造成总计 50 亿欧元的损失。全球花卉主产国（地）哥伦比亚、肯尼亚、厄瓜多尔、埃塞俄比亚、意大利南部花卉产区也未能幸免，全球花卉产业遭受重创。花卉主产国想方设法自救，通过限量供货和交易、无偿捐赠拓展花卉品牌知名度和提升消费者品牌"粘性"、调整产品上市期、开发加工类和文化类耐储花卉产品、开拓线上渠道改变购销模式、完善企业管理机制、建立多部门联动互助机制、加大"无接触式交流和合作"等方式减少损失，在危机中为"后行情"蓄势。但由于新冠肺炎疫情影响范围广，欧美日等世界主流花卉消费市场疫情严重，纷纷加大了进口商品的管制力度。受疫情影响，在发达国家，花卉不再是生活必需品，成为人们疫情期间购物清单上最容易被舍弃的那一类产品。全球花卉交易额和花卉出口量大幅下降，大量花卉供应商不得不销毁滞销的花卉，全球花卉行业遭遇了发展百年来最为重大的冲击。目前，新冠肺炎疫情在全球的蔓延已经超过两年，大大改变了人们的生活方式和消费习惯，也给花卉行业的"后行情"带来了挑战。随着时间的推移，疫情期间欧美各国经济刺激计划和大量超发货币的负面影响开始显现，欧美主流国家深受通货膨胀的困扰。据《环球时报》2022 年 3 月 11 日官方账号报道，美国通货膨胀突破了近 40 年来的最高纪录。俄乌地缘政治冲突和欧美等国对俄的全方位制裁给

本已高位运行的大宗商品价格加了一把"旺火",全球供应链瓶颈仍未消退,波罗的海指数(BDI,反映国际间贸易情况的领先指数)位于历史极值显示花卉全球流通形成了阻碍和高昂的物流成本。新冠肺炎疫情冷链传播要求花卉尤其是鲜切花全冷链运输过程中要设置多重绿色防范措施,各种不利于全球经济复苏和国际贸易的因素给全球花卉产业发展前景蒙上阴霾。从短期看,全球大部分国家减少花卉消费的趋势难以逆转,人们会减少非生活必需品的支出,影响花卉出口的不利因素进一步累加;从长远看,花卉产业发展要进一步加大产业转型和变革花卉销售方式,为"后行情"蓄力。

第五章

影响我国花卉产业出口竞争力的要素分析

从现有国内外研究情况来看，影响产业出口竞争力的主要因素集中在技术创新、劳动力成本和生产效率、FDI、货币汇率等直接因素和经济复杂度、经济政策和政府支持、国内外需求状况为代表的间接因素。20世纪90年代，美国哈佛商学院战略管理学家迈克尔·波特于提出了国家竞争优势理论，对照日本某个产业国际竞争力的形成，从生产要素、需求条件、相关支持性产业的表现、企业的战略、结构和同业竞争等四个核心要素，以及机遇和政府政策两个变量等角度进行系统分析，为一国产业竞争优势的分析提供了新的依据。国家竞争优势理论强调一个国家某种产业优势是动态的、可变的，四大要素、机会和政府政策等影响因素的变化会改变产业优势，甚至在一些特定的环境下发挥着颠覆性的作用，为国际贸易行为提供了新的研究视角和分析工具。当前，我国经济、社会、科技、文化发展日新月异，用四十年的时间完成了发达国家四次工业革命两百多年的发展历程。当前正在进行的第四次工业革命中，我国很多领域都站在了世界的前列。花卉产业作为黄金产业和朝阳产业，是实现生态文明建设、解决"三农"问题和助力乡村振兴的重要抓手。通过在国际舞台上进行比拼才能了解我国花卉产业国际竞争力的现状，运用国家竞争优势理论系统分析我国花卉产业国际竞争力不足的主要影响因素，以花卉产业国际发展标准为标杆，才能针对性地提出高质量发展路径，提升中国花卉产业的出口竞争力，实现花卉产业又好又快发展。

第一节　我国花卉产业生产要素分析

一、自然资源和气候条件

我国幅员辽阔，横跨五个时区，领土的纬度范围在北纬4°至北纬53°之间。类型丰富的地貌和复杂多样的气候环境孕育了我国丰富而又独特的生态系统，涵盖了森林、灌丛、草原、稀树草原、草甸、沙漠、泥炭、高山冻原、冰川等地球陆生生态系统的各种类型。气候复杂多样，以温度带划分包括热带、亚热带、暖温带、中温带、寒温带和青藏高原区，独特的生态系统使我国成为世界上生物多样性最丰富的国家之一，被称作"巨大多样性国家"。根据《中国生物物种名录2008》，我国拥有高等植物34000多种，居世界第三位，其中特有种达17300种，药用植物、牧草、观赏花卉等种质资源异常丰富。

依托自然资源禀赋，在历史沿革和市场资源支配下，我国已经形成了华北、东北、华东、华南、西南、西北和青藏高原七大花卉主产区。各花卉主产区气候特点不一，适应种植的花卉品类各有特色（见表5.1），可以看出世界主流花卉消费品类月季、非洲菊、唐菖蒲、香石竹、玫瑰、绣球、康乃馨等在我国均有广泛分布，其他相对小类的消费花卉在我国也能找到合适的种植地，因此具备大量出口的先决条件。此外，月季、菊花、兰花、牡丹、百合等重要花卉作物的野生资源丰富，杜鹃、报春花、龙胆花、雪莲花等独有的野生花卉资源优势明显，为我国花卉新品种研发、选育提供了基因宝库。各花卉生产区还形成了极具优势的花卉品种：花卉大省云南的玫瑰、月季、百合、康乃馨、绣球等鲜切花和大花蕙兰、茶花等盆栽海内外知名，河南的牡丹、福建的水仙、杜鹃和茉莉、江苏的盆景、广东的观叶植物、辽宁的君子兰和百合花、山东的多肉闻名天下，为花卉产业化、规模化和专业化提升打下了坚实基础。

表 5.1　　　　　　　　我国七大花卉主产区适宜种植的植物类型

花卉主产区	适宜植物类型
华北	春花灌木：紫玉兰、金缕梅、垂丝海棠、梅花、碧桃、樱花、大丽花等 夏花灌木：含笑、八仙花、麻叶绣球、绣线菊、玫瑰、紫薇、六月雪等 秋冬花灌木：月季、木芙蓉、桂花、山茶、腊梅
东北	落叶乔木：复叶槭、梓树、东北扁桃木、山桃稠李、东北杏、山丁子等 灌木：紫丁香、小叶丁香、辽东丁香、金露梅、珍珠绣线菊、兴安杜鹃、大花圆锥绣球、连翘等 宿根花卉：地被菊、金娃娃萱草、德国鸢尾、芍药等 水生植物：荷花、睡莲等
华东	观花树：合欢、白玉兰、樱花、梅花、红叶李、垂丝海棠、木槿、桂花等 地被植物：杜娟、金丝梅、丰花月季、牡丹、玉簪、日本绣线菊等 花坛花卉：凤仙花、万寿菊、波斯菊、三色堇、石竹、风铃草、矮牵牛等 宿根球根类花卉：菊花、唐菖蒲、西班牙鸢尾、郁金香、风信子、水仙、文殊兰、百子莲、百合、马蹄莲、仙客来、玉簪、太阳花、晚香玉、小苍兰、蝴蝶兰、牡丹、大花蕙兰、石斛兰、绣线菊等 各类水生花卉、地被类和常春藤、紫藤等攀援花卉
华南	观花常绿乔木：台湾相思子、广玉兰、黄槿、含笑、九里香等 观花灌木：茉莉、木槿、扶桑、三角梅、绣球、文殊兰、大花曼陀罗等 地被：绿萝、银叶菊、龙吐珠、常春藤、细叶美女樱、红花酢浆草等 藤本植物：紫藤、茑萝、牵牛花、木玫瑰、西番莲等
西南	观花乔木：桂花、含笑、白玉兰、木棉、美人梅、碧桃、垂丝海棠、樱花、紫薇、芙蓉花、海棠、紫荆 灌木：茶花、佛吐珠、木槿、米兰、茉莉、大花月季、腊梅、玫瑰、百合、蝴蝶兰、唐菖蒲、玉簪、牡丹、石竹、大花蕙兰、绣线菊、薰衣草、郁金香、君子兰、紫罗兰、朱顶红等
西北	乔木：广玉兰、桂花、紫叶李、樱花、木瓜海棠、杏树、山楂等 灌木：紫薇、榆叶梅、花石榴、紫荆、连翘、迎春、牡丹、丁香花、月季、绣线菊、八仙花、锦带花、珍珠梅等 宿根、球根花卉：荷兰菊、萱草、大丽花、唐菖蒲、芍药、矮牵牛、雏菊、波斯菊、凤仙花、三色堇、美女樱、鸡冠花等
青藏高原	丁香、海棠、碧桃、绣球、牵牛、鸢尾、勋章菊、马鞭草、金叶榆、北美海棠等高原适宜花卉，绿绒蒿、绿绒蒿、龙胆花等独特野生花卉 重点适宜凉性类花卉的生产种植和球根类花卉繁育

资料来源：网络搜集整理。

二、劳动力

相对充足而廉价的劳动力资源是改革开放以来我国经济得以快速发展的发动机。从 1982 年 9 月计划生育被定为基本国策以来,根据国家统计局公布的历次《全国人口普查公报》资料显示,我国人口(含接受普查登记的港澳台居民和外籍人员)增长级别已从 1984 年到 1999 年的千万级逐步下降至 2000 年至 2020 年的百万级,2021 年更是暴跌至十万级。2018 年以来,我国新增人口持续下降曲线越来越陡峭,下降速度加快,从 2018 年的 530 万新增下降至 2021 年的 48 万,4 年时间下降幅度达到 90% 以上。根据联合国 2019 年人口报告的数据,我国承担社会劳动的主力年龄段 20 ~ 64 岁人口数自 2015 年起就进入长期下降趋势,并预计到 2050 年将仅有 7.7 亿主力劳动人口,比 2015 年的 9.34 亿少 1.64 亿人。目前"人口红利"对于我国潜在增长率的贡献已经几乎为零,与发达国家相比较,我国人口未富先老特征突出、区域之间人才配置失衡问题明显。据近年来人力资源与社会保障部发布的三次产业的就业人员数量变化来看,第一产业就业人数持续下滑,第三产业吸纳的劳动力逐年增长,第二产业就业人数从 2014 年后逐渐下降,目前劳动力紧张和成本高昂已经成为各行各业发展长期面临的难题。

对于花卉产业而言,由于第一产业从业人数的持续下滑呈现比较明显的不均衡,劳动力转出更多体现在经济效益较差的农业,而花卉行业属于经济效益良好的特色农业,能够有效联动第一、第二和第三产业发展,经济辐射效益突出,符合近年来我国解决"三农"问题、建设生态文明、发展乡村振兴的要求,无论是从中央层面还是地方政府层面,都给予了政策的大力支持,也基本留住了劳动力。从《中国花卉协会》发布的近 20 年我国花卉经营主体数量发展情况来看,花卉企业数下降的同时大中型企业数增减幅度相对平稳,龙头企业规模化发展态势明显。花农从业人数在数据起伏中仍保持在 160 万左右,花卉行业从业人数 2017 年达到顶峰后有所下降,但仍保持在 500 万左右,花卉技术人员数占比也相对稳定。目前来看，我国花卉行业发展劳动力资源保持了相对充足的态势。与荷兰、以色列等花卉生产强国相比，我国花卉从业个人产出率仍然在较低水平，规模化、机械化和专业化发展还有非常大的上升预期。即使将来花卉行业从业人员减少，也有一定的腾挪空间。但是，人口红利的消失还是会对花卉产业造成影响，比如劳动力成本的上升必然会影响到花卉的生产成本，如果在花卉产业链低端徘徊太久，必然会面临来自越南、印度等国花卉产业的冲击。

三、土地供给

据央视网报道，2021年8月，自然资源部公布的第三次全国国土调查主要数据显示，我国耕地面积19.179亿亩，园地3亿亩，林地42.62亿亩，草地39.68亿亩，湿地3.52亿亩，水域及水利设施用地5.44亿亩。其中，我国的林地、草地、湿地河流水面、湖泊水面等生态功能较强的地类在过去十年间增加了2.6亿亩。中国花卉协会公布数据显示，我国花卉种植面积从2011年的1536万亩增加至最高2019年的2640万亩，2020年以来因为新冠肺炎疫情影响，花卉产业遭受重创，种植面积有所下降。保障粮食安全一直是我国治国理政的头等大事，党的十八大以来，我国粮食综合生产能力和人均粮食占有量稳步提高，对支撑经济社会持续健康发展发挥了重要的"压舱石"作用，也作为"定盘星"有效抵御了国内外各种风险挑战。面对百年变局和世纪疫情相互交织，俄乌局势对全球粮食等重要农产品市场和贸易的影响继续发酵，全球粮食安全形势异常严峻。保证我国粮食安全尤为重要，是不能触碰的红线和高压线，也是全面推进乡村振兴的底线。2020年9月15日，国务院办公厅《关于坚决制止耕地"非农化"行为的通知》发布，明确"耕地是粮食生产的重要基础"，要求地方各级人民政府要按照党中央、国务院决策部署，采取有力措施，强化监督管理，落实好最严格的耕地保护制度，坚决制止各类耕地"非农化"行为，坚决守住耕地红线。全国各地正对占用永久基本农田种植苗木、草皮等用于绿化装饰以及其他破坏耕作层的植物等行为进行全面排查。"非农化非粮化"政策的实施会将占用永久基本农田的其他农业经济作物逐步清退，一般耕地也要在保证主粮种植面积的基础上适当发展经济作物，因历史原因花卉种植所占用的农业和生态用地将"退林还耕"，花卉种植面积会进一步萎缩。在"非农化""非粮化"背景下，如何在不违背国家政策的前提下因地制宜给予花卉苗木产业足够的发展空间是亟待解决的问题。

四、知识资源

知识资源是指受过高等教育的人力和研究机构，是从源头上能够激发我国花卉产业发展活力和实力的高级生产要素。

（一）高等院校现代农林相关专业设置比较全面

多年来，我国花卉园林及相关专业人才培养主要集中在全国 30 多个农林院校和 30 多所综合性大学。随着我国传统农业向现代化农业发展转型的快速推进，教育部积极推进农学、林学的专业设置紧跟时代发展需求，围绕第四次工业革命技术革新特点和我国农业重大战略部署，在本科院校新设了智慧农业、农药化肥、生物育种科学等专业，在本科职业院校新设现代种业技术、作物生产与品质改良、智慧农业技术、智慧林业技术等专业，重点打造育种和智慧农业方向的高层次复合型人才。高职专科层次重点培育在种子生产、作物生产、植物保护、设施农业、农产品加工、农产品流通、花卉生产与花艺、农业经济管理等方面的技术型人才。目前，我国种子科学与工程专业开设的高等院校达 44 所，园艺专业开设院校数达 124 个，61 个高等院校开设了植物保护专业，智慧农业专业已有 4 所在 2020 年招生（见表5.2）。我国在农业现代化发展上不断加大人才培育力度，专业设置覆盖了植物保护、育种、生产和栽培、设施农业、加工、流通、经营管理、文化传播等产业链所有环节，必将成为花卉产业规模化、专业化、集约化发展的有生力量。

表 5.2　2021 年我国本科（普通教育）植物生产类（花卉相关类）专业开设情况

序号	专业名称	开设院校数	专业介绍
1	农学	77	培养具有坚实的现代生物学基础知识，掌握作物育种和良种繁育、农业信息与管理、农业资源开发与利用和作物高产优质与可持续发展的知识和技能，熟练掌握现代生物技术、作物生产技术、农副产品加工技术和农业标准化与质量认证技术，能够适应农作物产业化开发、农业经营与管理、教学与科研等方面工作的复合型、应用性专业人才
2	园艺	124	园艺专业是以生物学为基础研究果树、蔬菜、花卉的育种、栽培、生理等理论与技术的学科；本专业培养学生具备坚实的生物科学基础知识，掌握园艺植物生长发育的基本规律和系统基础理论，具有栽培管理、育种良繁、贮藏加工及园艺场所规划设计等技能
3	植物保护	61	培养具备植物保护及相关学科的基本理论和基本技能，从事植物保护技术研究、农产品有机安全生产技术应用推广、农用化学品研发及营销、进出口植物的安全生产监控及植物产品的检疫或报检、植物有害生物疫情监测与控制、现代植物保护和植物检疫技术研究等方面工作的复合型、应用性专业人才
4	植物科学与技术	31	培养熟悉国内外本领域学科发展前沿和应用前景、国家科学技术、知识产权、植物生产、生物环境等有关方针、政策和法规，熟练掌握植物生产、植物育种、植物保护、植物开发的方法和技能，能够从事与植物科学相关的科学研究与教学、技术推广与开发、生产经营与管理等高级技术研发工作
5	种子科学与工程	44	以植物遗传育种为基础，研究各类作物种子生产、种子质量控制及提高种子商品性的种子加工包装贮藏等理论与技术
6	设施农业科学与工程	46	培养具有系统的设施工程科学和农业科学基础理论、知识和技能，能在设施农业科学与工程及相关部门或单位从事设施管理、设施植物产品生产、设施农业工程设计、建造、科研教学、技术开发、经营管理等工作的应用型复合型高级专门人才
7	应用生物科学	16	以现代生物技术为核心，培养从事农产品有害物质分析检测、植物检疫、微生物发酵产品研发、转基因生物风险评估等方面的高级科学技术人才

序号	专业名称	开设院校数	专业介绍
8	智慧农业	4（2019 新开）	具备现代农业、智能装备、大数据、人工智能、物联网、生物信息等学科的基础知识，系统掌握现代农业智慧育种、智慧生产、产业链智慧经营等方面的基本理论与实践技能，具有创新创业精神和较强实践能力，能胜任现代农业及相关领域的教学科研、产业规划、经营管理、技术服务等工作的复合应用型人才
9	农药化肥	1（2019 新开）	培养具有扎实的农学、农药学、肥料学基本知识，了解学科前沿，能在农业生产资料行业相关企、事业单位从事推广应用、技术服务、营销管理、科研开发、质量监控等工作的高级应用型人才
10	农艺教育	5（新开）	培养掌握农业生物科学的基本知识和理论，大田作物、园艺作物等高产栽培措施，作物良种繁育、病虫害防治等的基本理论和技能，具有从事现代农业教学、生产、技术开发与推广等工作的能力的中等职业教育农艺专业课程师资和应用型人才
11	园艺教育	3（新开）	培养具备生物学和园艺学的基本理论、基本知识和基本技能，能在农业、商贸、园林管理等领域和部门从事与园艺科学有关的技术与设计、推广与开发、经营与管理、教学和科研等工作的高级科学技术人才
12	生物育种科学	1（2022 招生）	以国家农业和现代种业发展对人才的需求为导向，围绕新农科建设的基本要求，着力夯实动植物种质资源创新、数字化育种、基因编辑等现代育种理论基础与前沿技术，致力于培养现代种业及相关领域富有创新精神与创造能力的卓越人才

资料来源：教育部。

（二）形成了规模庞大的科研机构和完整的农业科技创新体系

除高等院校外，各类农业科研机构也成为紧跟世界科技前沿、面向国家重大需求、提高农业科技自立自强和加快农业农村现代化的强有力支撑。农业农村部科技教育司发布数据显示，到 2020 年，我国中央级、省级和地市级农业科研机构数量达到 1035 个。机构和人员数量、产业和学科覆盖面均为全球之最，已经从新中国成立以来的几个农业试验场发展为全球最完整的农业科技创新体系。农业生物技术育种与作物基因组学研究已经迈入国际前列，精准农业航空植保技术与农业智能装备引领世界农业信息技术发展方向，重大科技成果产出丰硕。还建立了全球最大单体库的国家作物种质资源新库，全部实现智能化，并与现有的国家农作物种质资源保护与利用中心、国家农作物基因资源和基因改良重大科学工程等，共同构成系统完整的作物种质资源保存、鉴定评价、创新研究和开发利用体系。农业科技的巨大成功为现代化花卉产业发展提供了有力支撑。中国农业科学院蔬菜花卉研究所、国家花卉工程技术研究中心以及国内各级花卉科学研究院、花卉实验室在花卉育种、栽培、种质资源保护、现代化生产、保鲜储运等方向取得了不少标志性研究成果。如为改变我国缺乏自主知识产权花卉新品种、长期依赖进口的局面，近十年来北京市园林绿化局成立了 20 支育种研发创新团队及配套的创新示范基地，培育出具有自主知识产权（证书）花卉新品种 200 余个。

（三）花卉科研成果日益丰硕，但占比较低

从花卉科技研究资助力度看，受到国家自然科学基金资助的花卉研究项目数量逐年增加。根据国家自然科学基金发布的历年资助项目统计，1988 年到 2003 年，有 48 项有关花卉的基础研究和应用基础研究获得资助，到 2019 年，国家自然科学基金在牡丹花育种、栽培、品种改良等方面的研究项目资助总数达 11 项，创历史新高。2005～2013 年国家花卉工程技术研究中心获国家自然科学基金资助的项目数在 1～3 项间，2014 年增加至 7 项。各省市社科基金和自科基金也加大了对花卉研究相关项目的资助力度，如云南省农业科学院花卉研究所 2019 年在研国家及省市级项目 104 项，包括 21 项国家自然科学基金项目，省部级科技项目 81 项。从花卉研究获奖情况看，农业农村部发布的 2020～2021 年度神农中华农业科技奖科学研究类成果，"春石斛兰新品种创制及开花调控关键技术"和"茉莉花新品种选育及高效生产配套技术研发应用"荣获三等奖。国家科技进步奖中也不乏花卉身影，中国农业科学院蔬菜花卉研究所参与培育的花卉新品种及繁殖技术就有 2 项获奖，其中由中国农业大学、中国农业科学院蔬菜花卉研究所、云南省农业科学院花卉研究所、华中农业大学、南京农业大学、西北农林科技大学、昆明国际花卉拍卖交易中心有限公司完成的"月季等主要切花高质高效栽培

与运销保鲜关键技术及应用"获国家科技进步奖二等奖。省市级和各类科研机构的花卉科研成果获奖情况也是取得了巨大进步。尽管对花卉科技研发的支持力度得到了很大提升，但相对于我国花卉产业巨大的生产规模、经济产值和产业发展前景，与其他农业产品比较，花卉行业的研发项目资助和有影响力的国家级、省级花卉科研获奖成果仍然有限，花卉育种及产业链各环节的科创研发工作仍待加强，才能为我国花卉产业出口竞争力起飞插上科技的翅膀。

五、资本资源

（一）花卉行业上市公司数量偏少，资本支持能力相对有限

不同于中国花卉协会的统计口径，"天眼查"（中国领先的商业查询平台）数据显示，我国花卉相关企业注册量在过去的十年整体呈上升趋势，2019年、2020年和2021年我国新增花卉相关企业分别达9.32万家、7.78万家和6.09万家，其中广东省、江苏省和山东省花卉企业数占据前三甲。到2022年我国现存的花卉相关企业数超过41万家，注册资本在1亿元以上的有2658家，5000万以上的达9545家，其中上市公司数非常有限。从表5.3数据来看，除了登海种业、鲜美种苗花卉业务占比有限，其余上市公司花卉业务占比均较高，且主要集中在山东、广西、江苏、云南、浙江、湖北等花卉生产规模较大的省区市。除了表5.3所列出的，还有ST云投、金埔园林、新农开发、东方园林、顺鑫农业、节能铁汉、振东制药等花卉概念股，但除了ST云投花卉业务育种和生产占据一定比例，其余花卉概念股花卉业务占比较低。从表5.4主要上市公司花卉业务业绩情况来看，对照我国花卉销售总额，我国花卉龙头企业整体市场占有率有限，且2020年的新冠肺炎疫情让一半左右的花卉上市公司业绩下滑明显。在我国鲜花产业链整体繁荣的背后，大规模花卉生产企业寥寥，以小农经济为主的花卉生产模式使得整个花卉产业链相对薄弱，花卉生产转向规模化、专业化、集约化生产的资本支持能力相对有限。

表 5.3 **2021 年我国花卉行业主要上市公司情况**

序号	公司名称	产业链环节	业务类型	花卉业务占比	所属省份
1	登海种业（002041.SZ）	育种	国内育种行业龙头：玉米种、小麦、花卉	0.27%	山东
2	明珠股份（833172.NQ）	育种、生产与销售	百合鲜切花及百合鲜切花种球	100%	云南
3	ST中荷（872565.NQ）	育种	球根类花卉种球引进、繁育与推广以及蝴蝶兰品种的培育开发和销售	99.99%	江苏
4	维尔福（837917.NQ）	育种、生产与销售	种子种苗繁育，花卉和蔬菜苗	74.56%	湖北
5	新圆沉香（836624.NQ）	育种、生产与销售	苗木花卉及沉香树的种植培育	46.3%	广西
6	鲜美种苗（832974.NQ）	育种、生产与销售	花卉品种引进、研发、生产与推广	3.63%	广西
7	苏北花卉（830966.NQ）	花卉生产与销售	花卉苗木繁育种植、园林景观设计、园林绿化工程、园林养护	99.43%	江苏
8	虹越花卉（430566.NQ）	花卉生产与销售	花园植物花卉苗木、种子种苗	99.2%	浙江
9	沂岸花卉（872975.NQ）	花卉生产与销售	温室栽培菊花鲜切花、菊花茶	68.65%	江苏
10	乡村绿洲（873550.NQ）	花卉生产与销售	红掌等盆栽花卉苗木	100%	山东
11	百林生态（836183.NQ）	花卉生产与销售	绿化养护、花卉产销、生态旅游	86.13%	广西

资料来源：各公司业报及前瞻产业研究院整理。

表 5.4　　　**2021 年我国花卉行业主要上市公司花卉业务业绩情况**

序号	公司名称	2020 年花卉业务收入 （万元）	2019 年花卉业务收入 （万元）	业务增速 （%）
1	登海种业 （002041. SZ）	246. 77	221. 81	11. 25
2	明珠股份 （833172. NQ）	2367. 42	4090. 61	− 42. 13
3	ST 中荷 （872565. NQ）	5226. 04	4962. 36	5. 31
4	维尔福 （837917. NQ）	464. 93	850. 72	− 45. 35
5	新圆沉香 （836624. NQ）	429. 53	63. 2	579. 67
6	鲜美种苗 （832974. NQ）	3834. 23	2065. 79	85. 61
7	苏北花卉 （830966. NQ）	41015. 44	50320. 36	− 18. 49
8	虹越花卉 （430566. NQ）	53095. 76	59119. 92	− 10. 19
9	沂岸花卉 （872975. NQ）	822. 88	732. 75	12. 36
10	乡村绿洲 （873550. NQ）	3282. 29	3264. 67	0. 54
11	百林生态 （836183. NQ）	19153. 92	17554. 43	9. 11

资料来源：各公司业报及前瞻产业研究院。

（二）花卉行业引进外资增加，补足国内资本不足

面对技术和资金的"双缺口"，我国花卉行业要实现良性发展仅仅依靠内部的力量显然不够，闭门造车只能让花卉行业离世界花卉行业发展主流越来越远。良好的自然资源禀赋、快速发展的经济、不断完善的招商引资扶持

政策让我国市场极具吸引力，也让我国花卉行业蕴含了巨大商机。面对中国庞大的、极具增长空间的花卉内需市场，20 世纪 90 年代起，众多花卉外资企业纷纷进军中国市场，起初主要通过国际代理方式在我国销售，但直接进口的花卉品种不多，售价偏高，市场规模始终难以扩大。为更好地拓展中国市场，21 世纪初大量外资企业携带技术和资金以合资或者独资的方式进入中国市场，积极在我国建立生产基地和销售公司，覆盖了草花、盆花、切花、温室设备、园艺资材、基质肥料、苗木、物流等整个花卉产业链。尤其重点投入利润额较大处于产业前端的花卉品种技术研发、产业后端的花卉加工和服务业以及花卉配套产业，改变了国内花卉投资"中间大、两头小"、专注于产业链条中间传统种植业的枣核形结构。同时，外资也通过充分利用我国的区位优势，打造面向日本、东南亚等市场的出口基地，提高了中国花卉出口水平。外资依靠强大的技术、资金实力和先进的管理经验在中国市场攻城略地，倒逼本土花卉企业必须积极主动地改革创新，才能在激烈的市场竞争中生存并发展，激发了花卉行业竞争的活力，形成了明显的"鲶鱼效应"。"天眼查"数据显示，我国花卉行业外商投资企业 1.4 万余家，成立 15 年以上的有 4306 家，成立 10～15 年的有 1629 家，成立 5～10 年的有 2452 家，成立 5 年以内的有 5710 家，注册资本在 5000 万以上的有 956 家。从数据可以看出，外资企业进入我国市场的步伐在加快，资金、技术、管理经验、研发力量正在源源不断地进入我国市场，为我国花卉产业的快速发展提供了大量的资源，将在我国花卉专业化市场细分和产业链完整性上继续发挥正向引领作用。

六、基础设施建设

(一) 设施农业建设

1. 设施农业起步晚，但发展速度较快

设施农业（Protected Agriculture）是采用人工技术手段，改变自然光温条件，创造优化动植物生长的温、光、水、土、气、肥等环境因子，使之能够全天候生长的设施工程，是实现动植物高效优质生产的一种现代农业生产方式，具有高投入、高产出、高效益的特点，主要包括水产养殖、畜牧养殖、设施园艺和设施装备。由于本研究主要关注花卉产业发展的生产要素，因此本文设施农业主要指设施园艺。随着传感器技术、计算机技术、大数据、人工智能、物联网等技术的不断发展，美国、荷兰、日本等发达国家形成了完整技术体系的设施农业，建设了多座"植物工厂"，部分蔬菜和花卉品种还实现了从育苗、定植、采收到包装上市的专业化生产和流水线作业。我国设施农业起步较晚，虽然20世纪50年代已经开始引进保护栽培技术，但受经济发展重心和资金限制，推广几近停滞，20世纪70年代自日本引进地膜覆盖技术后，我国设施农业才开始快速发展。目前，我国设施农业体量已居世界首位，占世界设施农业总面积的八成，设施农业总面积达370万平方公顷。我国设施农业类型包括中小拱棚为主的简易设施、以塑料大中棚、日光温室、连栋温室为主的一般设施和以工厂化温室为代表的复杂设施农业。代表现代设施农业发展的高级阶段的植物工厂近年来发展迅速，我国是目前世界上植物工厂产业化发展最快的国家，已经建成的植物工厂80多家，到2018年已经建成的人工光植物工厂总数在148座左右，设施农业的快速发展是我国农业现代化发展的强力后盾，也是花卉行业高质量发展的有力保障。

2. 我国设施农业发展层次较低

农业农村部规划设计研究院设施农业研究所发布的《我国设施农业的发展现状（含各省设施面积数据）》显示，2020年，我国温室大棚面积达187.3万公顷，其中各种规模的塑料大棚占温室设施比率高达65.4%。作为一种简易实用的保护地栽培设施，塑料大棚建造容易、使用方便、投资较少，能在一定范围调节棚内的温度和湿度，是适宜蔬菜、花卉等的设施栽培。我国塑料大棚一般利用竹木、钢材等材料，并覆盖塑料薄膜，搭成拱形棚，只有极少数塑料大棚使用了补光手段，主要以节能灯和白炽灯传统光源为主，能耗较高，寿命较短，补光增产和光周期调控效果并不明显，同时国内温室农业生产仍以小型个体种植户为主，单个温室的面积较小且标准化程度低。排名第二的日光温室占我国温室面积达 30.4%，日光温室是利用太阳辐射的简易温室大棚，没有人工升温或降温的设备，是我国北方地区独有的温室类型，造价相对塑料大棚更高，近 20 年来已成为农业种植中效益最高的产业。连栋温室面积达 6 万公顷，占比 3.2%，作为普通温室的升级版，连栋温室的空间利用率和管理效率更高。其他类型温室仅占 1%，被称为装备水平最高的玻璃温室，我国有 9000 公顷，植物工厂作为工厂化温室的典型代表，其新兴农业生产模式在花卉、蔬菜等品种的栽培中逐渐显示出明显优势，被越来越多的人接受，国内已经建成的 100 多座工厂规模从小到几百平方米，大到几十万平方米不等，建设成本根据建设规模的不同在 8000 元每平方米到 20000 元每平方米不等，后期维护和能耗成本也比较高昂，目前我国植物工厂仍处于科研、试验、示范阶段，在我国设施农业中占比几可忽略。因此，总体来看，我国设施农业发展规模虽然大，但设施内栽培作物品种机械化和自动化程度低，主要集中在塑料大棚和日光温室等较低层次水平，农业现代化之路任重而道远。

3. 我国设施农业区域发展极不平衡，花卉设施栽培比重很低

从区域分布看，农业设施主要分布在黄淮海与环渤海区域，其中排名前五的山东省、江苏省、辽宁省、河北省和陕西省温室面积综合达 107.6 万公顷，接近全国温室面积的六成。花卉生产大省中江苏、山东的温室面积均达到 30 万公顷以上，花卉出口排名前五的省份中除江苏外，云南、福建、浙江、广西的温室面积均不算高（见表 5.5）。目前，我国的设施农业区域将从目前的华北、东北和沿海地区向西北地区和一些欠发达地区辐射，这些地区的资源禀赋对发展设施农业十分有力，只要得到资金和技术等方面的支持，将会形成快速发展态势。与此同时，我国设施农业主要用于蔬菜、花卉、林木等植物栽培或育苗，其中设施花卉面积 11.6 万公顷，占花卉种植面积的 8.7%，占设施农业面积约 6%，花卉设施比例仍然偏低。

表 5.5　　　　　　　　　2019 年中国温室面积排名前 10 地区分布

温室面积范围	地区/面积（万公顷）
30 万公顷以上	江苏/33.3246，山东/31.0039
10 万公顷＜面积＜20 万公顷	辽宁/18.6314，河北/14.8532
5 万公顷＜面积＜10 万公顷	陕西/9.7703，甘肃/8.6553，湖北/8.6446，河南/7.8469，四川/7.4784，内蒙古/7.0143，安徽/6.0303，山西/5.0064
1 万公顷＜面积＜5 万公顷	浙江/4.3926，云南/3.3041，重庆/3.2975，宁夏/2.9871，新疆/2.5432，天津/2.4098，吉林/2.3571，黑龙江/2.3531，广东/1.4248，北京/1.3393，福建/1.2624
0 万公顷＜面积＜1 万公顷	湖南/0.7837，青海/0.6916，新疆/0.5321，上海/0.5073，江西/0.4580，海南/0.3570，西藏/0.3196，贵州/0.0888，广西/0.0443

资料来源：智研咨询。

（二）交通运输

1. 形成了四通八达的综合式立体交通网络

俗话说"要致富先修路"，作为经济发展的基本需要和重要纽带，改革开放以来我国不断加大对交通运输行业的建设投入，特别是党的十八大以来我国交通运输发展取得了举世瞩目的成就：2013 年到 2020 年期间，我国交通固定资产的投资额从 2.21 亿元增长到 2020 年的 3.475 万亿元，交通运输、仓储和邮政业的增加值呈现逐年递增态势，占 GDP 比重在 2017 年达到 4.46% 的顶值，之后下降至 2020 年的 4.09%。全国范围内已经建立了京津冀、长三角、珠三角、长江中游、成渝、京津冀五大机场群；基本形成沿海、京沪等"八纵"通道和陆桥、沿江等"八横"通道为主干，城际铁路为补充的高速铁路网，2020 年中国高速铁路里程数超 3.8 万公里，占世界高铁总里程的 2/3 以上；高速公路扩容改造、普通国省干线公路提质升级、农村公路建设全面加快三管齐下，构建了干支衔接、四通八达的公路路网；随着港口布局的不断优化、深水航道建设不断推进、沿海和内河码头专业化水平不断提升，我国通江达海、干支衔接的水路运输网络不断完善；2020 年底，我国邮政行业各类营业网点数达 34.9 万处，快递服务营业网点 22.4 万处，邮路和快递服务网络总长度（单程）5278.8 万公里，已基本形成连接城乡、覆盖全国、联通世界的现代邮政和快递服务网络。国家综合立体交通网的建立为我国物资运输提供了便捷高效的物流基础设施网络，保障了多种运输方式的顺畅衔接和中转，打通了各地的联系通道，为解决人民日益增长的美好生活需要和不平衡不充分的发展之间的矛盾提供了有力支撑，为花卉产品从产地流向终端消费市场创建了高效的流通网络。

2. 交通运输对外开放持续扩大

改革开放以来，我国综合国力不断提升，对外开放水平不断提高，货物进出口实现了跨越式发展，海关总署统计数据显示 2020 年进出口总额达 4.6 万亿美元，全球货物贸易第一大国的地位不断稳固，已经成为世界范围内很多国家的第一大贸易伙伴。为助力我国货物贸易高效出口，我国不断推进交通运输的全球互联互通：通过完善"一带一路"交通合作机制加快与相关国家基础设施建设规划的有效衔接，在国家发改委 2022 年 1 月 18 日新闻发布会上，新闻发言人表示截至目前，我国已经与 147 个国家和 32 个国际组织签署了 200 多份共建"一带一路"合作文件，共建"一带一路"国家交通互联互通；积极推进中欧班列的高质量运行，初步探索形成了多国协作的国际班列运行机制，《中欧班列发展报告（2021）》数据显示截至 2021 年底，中欧班列已经累计开行超过 4.9 万列、通达欧洲 23 个国家的 180 个城市，成为畅通亚欧供应链的一条重要通道；稳步推进与周边国家公路联通，《人民日报》2021 年 12 月 3 日《"一带一路"交通互联互通稳步推进》文章显示，我国已经与 19 个国家签署了 22 项双边、多边政府间国际道路运输便利化协定，有力推动了国际道路运输便利化；《中国可持续交通发展报告》数据显示，在国际海运服务方面，我国已经与 66 个国家和地区签署了 70 个双边和区域海运协定，开通了泛太平洋、欧洲、泛大西洋、亚太、东南亚及南亚等集装箱航线海运，覆盖了全球 100 多个国家和地区的主要港口，与希腊、斯里兰卡、巴基斯坦开展海外港口的建设和运营合作，海外租用港口总数达 50 多个，全球前十大港口中我国占有 7 席；重视民航在互联互通中的重要支撑作用，已经与其他国家或地区签订 128 个双边航空运输协定，中国航空公司开通了全球 62 个国家的 153 个城市的国际定期航班，2020 年中国民航完成国际货邮运输量 223 万吨，过去 5 年国际航空货邮运输量年均增长 6.7%。国际物流供应链服务能力得到了极大的提高，为我国花卉产品出口建立了相对完善的国际物流通道。

3. 国际货运航线建设取得成绩

由于我国冷链物流和保鲜技术相对滞后，当前我国花卉出口仍以航空运输为主。从 1949 年 11 月我国民航局正式成立以来，我国民用航空运输业经历了快速发展。据中国民航局、前瞻产业研究院发布资料显示，相比初创时期 12 架小型货机、3 条国际航线及 9 条国内航线的发展基础，到 2020 年我国民航全行业运输飞机在架数量达到了 3642 架，民航机场数量达 235 个，完成货邮吞吐量 1607.5 万吨，其中国际航线完成 660.1 万吨，占比 41.1%。国际航线吞吐量从 2014 年以来呈持续上升趋势，47.3% 的货邮流量流向亚洲，其次是欧洲 26.6% 和美洲 23.1%。国内主要全货运航空公司顺丰、圆通、邮政、南航和国货航在亚洲地区均设有全货运定期航班。从我国主要花卉出口省市国际货运航线开通情况来看，上海和广东位于第一方阵，拥有多个全货机通航点，覆盖了全球 40 多个国家和地区；福建和浙江新开通的国际货运航线发展速度快，省内核心外贸出口城市开通了多条定期货运航线，直达东南亚和欧美主要城市；云南和广西国际货运航线主要集中在东南亚国家，现阶段区域发展特征明显，面向南亚、东南亚等主要枢纽城市的花卉出口已经实现当天即达（见表 5.6）。从全国范围来看，我国现有航空货运企业 11 家，已经开通的国际货运航线接近一半集中在亚洲市场，另一半主要辐射至欧美主要市场，覆盖网络在不断加广。当前我国正加快构建航空货运"全球 123 快货物流圈"，将为花卉产品的高效出口打下坚实的基础。

表 5.6   我国花卉主要出口省市国际货运航线开通情况

省区市	国际货运航线开通情况
云南	航空方面，云南省已累计开通93条国际和地区客货运航线，基本实现南亚东南亚国家首都和重点旅游城市全覆盖。其中，昆明至德里、孟买、金奈、达卡、河内、班加罗尔、加德满都、迪拜等已开通直达国际货运航线，花卉出口运输时效得到了一定程度保证。如"昆明－达卡"航线正式开通，让早晨采摘的鲜花，下午即可运送到南亚，面向南亚东南亚辐射中心建设成果丰硕
福建	福建积极扶持国际（地区）航空货运定期航线，落实支持发展国际（地区）货运定期航线政策。当前，厦门机场拥有厦门至多哈、克拉斯诺亚尔斯克、伯恩茅斯、伦敦、温哥华、洛杉矶、阿姆斯特丹、莫斯科、东京、桃园、香港等多条国际货运航线；福州机场拥有福州至马尼拉、伯恩茅斯、台北桃园、洛杉矶、伦敦、巴黎、法兰克福、特拉维夫等多条国际（地区）定期货运航线；泉州市晋江国际机场开通泉州至沙巴、马尼拉等国际货运航线。 目前，福建省航空口岸共开通运行6条定期货运航线、11条全货机临时包机航线、18条客改货航线
广东	航空货运方面，广东省已经为全球贸易往来搭建了高效快捷的"空中通道"。2021年新开深圳机场至巴黎、洛杉矶哥等5个全货机航点，加密芝加哥、卢森堡等11条国际货运航线，全货机通航点达到51个，国际全货机航线通航城市达30个，货邮吞吐量达156.8万吨，有61%的国际货运航点分布在亚太地区。广州白云机场国际/地区航点73个，穿越40多个国家和地区，其中国际及地区定期全货机通航点已达35个，2021年货邮吞吐量首次突破200万吨，有63%的国际货运航点分布在亚太地区
浙江	杭州机场开通的"纽约－杭州－首尔－纽约"国际货运航线，是浙江省首条"第五航权"全货运航线，标志着杭州机场开启"跨国公交"货运模式。2021年随着杭州机场开通至伦敦客改货包机航线、新开至首尔和大阪的全货机定期航线后，杭州机场国际全货机航线已达17条。宁波机场运营了5条全货机国际航线，义乌机场开通的国际全货机航线条有首尔、大阪和马尼拉3条。到2025年，浙江省预计开通国际航线达到150条以上（其中全货机航线40条以上）
广西	2021年，南宁吴圩机场在飞国际货运航线11条，覆盖越南、菲律宾、孟加拉国、尼泊尔等国家，每周航班飞行量达35班，基本覆盖东南亚主要枢纽机场，南宁吴圩机场国际货邮吞吐量同比增长119%
上海	2021年，上海浦东和虹桥两大机场年货邮吞吐量达436.6万吨。作为全球前三的国际航空货运枢纽，浦东机场货运航线网络覆盖全球48个国家和地区的251个航点，目前已有59家境外航司、10家国内航司在浦东机场运营国际货运业务，浦东机场出入境货量占总量的93.7%，承担了中国境内机场超过40%的出入境货运量

资料来源：网络资料整理。

4. 跨境电商综合试验区良性发展为花卉出口构建新渠道

2015 年"互联网＋"国家战略实施以来，跨境电商快速发展，成为我国外贸增长新的动能。2020 年新冠肺炎疫情让传统外贸受阻，跨境电商依靠其畅通的信息流、资金流和物流在外贸领域大放异彩，呈爆发式增长态势，成为推动贸易高质量发展，培育参与国际经济合作和竞争新优势和"稳外贸"的重要抓手。跨境电商综合试验区是为了适应跨境电商新型商业模式发展的要求，破解跨境电子商务发展中的深层次矛盾和体制性难题，实现跨境电子商务自由化、便利化、规范化发展的综合试验区。自 2015 年开放第一批跨境电商综合试验区以来，我国已经建成了 6 批次共 132 个跨境电商综试区（见表 5.7），从综合评估效果来看，前五批跨境电商综试区在推动制度创新、管理创新和服务创新方面成绩显著，为促进跨境电商进出口发挥了巨大的作用。从覆盖区域看，跨境电商综试区基本覆盖了全国主要花卉产区，花卉出口主要省区（市）云南、福建、广东、浙江、广西、江苏、上海、北京等在前三批已经全部覆盖，浙江省杭州、宁波、绍兴、嘉兴、金华和湖州六大花卉主产区全员上榜，广东、江苏等省份众多城构成了规模化的跨境电商综试区网络，云南昆明、福建漳州、河南洛阳、山东济南等众多传统花卉核心产区均榜上有名。当前，全球范围内新冠肺炎疫情的蔓延对花卉传统贸易方式造成重创，荷兰等花卉生产强国也在积极构建花卉线上销售，我国跨境电商综合试验区的快速发展和区内的创新的管理和服务无疑为我国花卉出口新模式构建了良好的基础。

表 5.7 全国跨境电商综合试验区名单汇总

批次	批准时间	跨境电商综合试验区名单
第一批	2015 年 3 月	杭州市
第二批	2016 年 1 月	天津市、上海市、重庆市、合肥市、郑州市、广州市、成都市、大连市、宁波市、青岛市、深圳市、苏州市
第三批	2018 年 7 月	北京市、呼和浩特市、沈阳市、长春市、哈尔滨市、南京市、南昌市、武汉市、长沙市、南宁市、海口市、贵阳市、昆明市、西安市、兰州市、厦门市、唐山市、无锡市、威海市、珠海市、东莞市、义乌市

批次	批准时间	跨境电商综合试验区名单
第四批	2019 年 12 月	石家庄市、太原市、赤峰市、抚顺市、珲春市、绥芬河市、徐州市、南通市、温州市、绍兴市、芜湖市、福州市、泉州市、赣州市、济南市、烟台市、洛阳市、黄石市、岳阳市、汕头市、佛山市、泸州市、海东市、银川市
第五批	2020 年 4 月	雄安新区、大同市、满洲里市、营口市、盘锦市、吉林市、黑河市、常州市、连云港市、淮安市、盐城市、宿迁市、湖州市、嘉兴市、衢州市、台州市、丽水市、安庆市、漳州市、莆田市、龙岩市、九江市、东营市、潍坊市、临沂市、南阳市、宜昌市、湘潭市、郴州市、梅州市、惠州市、中山市、江门市、湛江市、茂名市、肇庆市、崇左市、三亚市、德阳市、绵阳市、遵义市、德宏傣族景颇族自治州、延安市、天水市、西宁市、乌鲁木齐市
第六批	2022 年 2 月	鄂尔多斯市、扬州市、镇江市、泰州市、金华市、舟山市、马鞍山市、宣城市、景德镇市、上饶市、淄博市、日照市、襄阳市、韶关市、汕尾市、河源市、阳江市、清远市、潮州市、揭阳市、云浮市、南充市、眉山市、红河哈尼族彝族自治州、宝鸡市、喀什地区、阿拉山口市

资料来源：国家商务部。

（三）信息基础设施建设

信息基础设施主要指光缆、微波、卫星、移动通信等网络设备设施，是国家基础设施的重要组成部分，主要包括以 5G、物联网、工业互联网、卫星互联网为代表的通信网络基础设施，以人工智能、云计算、区块链等为代表的新技术基础设施，以数据中心、智能计算中心为代表的算力基础设施等。2017 年 11 月，国家发改委办公厅印发《关于组织实施 2018 年新一代信息基础设施建设工程的通知》，推进了"百兆乡村"示范及配套支撑工程、5G 规模组网建设及应用示范工程、国家广域量子保密通信骨干网络建设一期工程等重点工程，为网络强国、数字中国建设和数字经济发展提供有力支撑。2018 年 12 月，中央经济工作会议首次提出"新基建"概念，明确提出加快 5G 商用步伐，加强人工智能、工业互联网、物联网等新型基础设施建设。从 20 世纪 90 年代开始发力通信基础网络建设，到 2020 年，我国已经建成全球规模最大的光纤网络和 4G 网络，固定宽带家庭普及率达到

96%，移动宽带用户普及率达 108%，全国行政村、贫困村通光纤和通 4G 比例均超过 98%。5G 网络建设速度和规模位居全球第一，已建成 5G 基站达到 71.8 万个，5G 终端连接数超过 2 亿，为我国抢占新兴产业发展制高点提供了先机，北斗三号全球卫星导航系统开通，全球范围定位精度优于 10 米。信息基础设施已经实现了从信息通信向万物互联的升级和转变，为社会经济发展向网络化、数字化、智能化发展提供了技术支撑。信息基础设施建设的快速发展为花卉生物育种技术、基于物联网技术的智能花卉生产技术、花卉冷链物流技术、花卉设施农业和基于大数据的花卉营销网络构建均有积极的意义。但是，从国际比较的视角看，我国的信息基础设施建设对于经济发展的支撑与国际先进水平尚有较大差距，如当前国内领先的工业互联网平台仍建立在国外基础产业体系之上，高端芯片、高端工业软件等信息基础设施建设的核心产品和技术仍被欧、美、日企业垄断，自主创新之路亟须破解"锁喉"难题。

七、拥有花卉国际登录权种类太少，影响我国花卉国际市场通行

国际登录权是一种鉴别、判定花卉植物知识产权（发现权和培育权）的母权，是园林事业中一项极为重要的知识产权，也是现代花卉园艺产业中最重要的基础之一。新发现或新培育的观赏品种要经过国际园艺协会下属的"命名与栽培品种登录委员会"批准，通过它的"国际栽培品种登录权威"审定和履行手续后方能成为国际承认的新品种。获得某种花卉的登录权，就意味着控制了该种花卉的新品种认定、命名、发布权利，这被看作花卉园艺植物的"国际身份证"，一个国家获得的植物品种国际登录权越多，表明该国在国际园艺界的地位越高。目前，世界上已有 100 多个国家确定了国花，而中国是世界上唯一迄今尚未确定国花的大国。尽管民间认为牡丹的雍容华贵最能代表中国，几乎将牡丹作为国花唯一的选项，但国花的选择需要慎重考虑很多相关因素，其中国际登录权成为重要的考量。牡丹的国际登录权在美国，后续牡丹的改良、定名和所有培育工作的知识产权认定都不在我国。由于历史原因，现今世界流行的花卉及园艺植物国际栽培品种登录权威大多

集中在欧美国家，如牡丹、月季、秋海棠、萱草、鸢尾、玉簪、昙花、食虫植物、睡莲、木兰等在美国，针叶树、百合、水仙、兰花、杜鹃花等在英国，朱槿、凤梨科植物、君子兰、金合欢等在澳大利亚，茶花、海桐、猕猴桃等在新西兰，郁金香和其他多种球根花卉在荷兰，山龙眼科植物在南非。

我国幅员辽阔，植物资源极为丰富，有"世界园林之母"的美称，喜花、爱花、养花的历史悠久，在文人墨客广为流传的吟诵佳作和人们喜闻乐见的园林设计中，梅花、牡丹、菊花、兰花、杜鹃、芍药、月季、山茶、桂花和水仙等原产在中国或具有 400 年以上栽种历史、极具观赏价值的花卉成为中国的十大名花，但十大名花中除了桂花和梅花外，其余八种均已被其他国家抢先取得国际登录权。我国现有国际登陆权的植物只有 5 种，包含 4 种花卉（见表 5.8），由于花卉品种在国际登录中心登录后才能保证品种名称的准确性、统一性和权威性，进而在国际市场推广和交易，因此我国大量传统花卉的国际登录权掌握在外国手中对新品种的开发和传播造成了极大的制约，严重阻碍了中国花卉产业进军世界市场。

表 5.8　　　　　　　　　　我国拥有国际登录权的植物列

植物	国际登录权授权时间	基本情况
梅花	1998 年 11 月	我国首次获得花果的国际登录权，由梅花权威陈俊愉院士及其负责的中国花卉协会梅花蜡梅分会梅负责
木犀属（桂花）	2004 年 11 月	南京林业大学向其柏教授为木犀属植物品种国际登录权威，我国是木犀属分布的中心，32 种木犀属植物中有 27 种分布在我国，桂花是木犀属的代表种
莲属（莲花）	2010 年	中科院华南植物园田代科博士为莲属植物栽培品种国际登录权威负责人
竹属	2013 年 7 月	中国林科院西南花卉研究开发中心是"国际竹栽培品种登录权威机构"，全球范围内竹亚科植物栽培品种的命名和登录都要经以史军义教授为首的中国专家进行权威认证
海棠	2014 年 2 月	北京植物园为观赏海棠的国际栽培品种登录权威，北京植物园教授级高工郭翎为观赏海棠栽培品种的登录专家

资料来源：中国花卉协会。

第二节　我国花卉产业需求条件分析

一、人均花卉消费量仍远低于世界平均水平，但增长速度很快

《经济日报》2022 年 4 月 18 日发表文章《花卉消费市场增长迅速，疫情催生新兴业态》内容显示，根据专业机构对欧美人均 GDP 和花卉消费之间的关系分析结果显示，当一个国家人均 GDP 达到 8000 美元时，人们对花卉的消费支出会快速增长，当人均 GDP 达到 20000 美元时，人均年花卉消费额增至 60 美元左右，花卉消费趋于饱和。《中国绿色时报》2020 年 12 月 9 日发表文章《德国园艺历史悠久产业兴旺》内容显示，德国作为欧洲花卉消费额最多的国家，近年来花卉消费量不断增加，人均花卉开支已经从 2019 年的 108 欧元上涨至 2021 年的 124 欧元，相当于 130 美元。根据商务部发布的《中国拍卖行业发展报告 2019》数据显示，2019 年我国人均消费鲜花约 10 支，人均鲜花年消费在 5 欧元左右，同等人均收入国家的人均鲜花消费量是我国的 6 ~ 8 倍，世界人均盆花和鲜切花年消费额约 20 欧元。尽管我国花卉消费仍然停留在较低水平，但相比 2016 年我国约 0.36 欧元的人均花卉消费额，越来越多的消费者开始把鲜花纳入日常采购清单。据华兴产业研究院公布资料显示，2013 年以来，我国花卉零售市场规模显著增加，增长幅度呈阶梯式上升态势，2016 年到 2019 年市场增速相对平缓后，迎来了 2019 年至 2021 年的快速增长，尤其是 2020 年和 2021 年花卉零售市场规模分别达 1876.6 亿元和 2205 亿元，增幅分别达 13.3% 和 17.5%（见图 5.1）。2015 年我国人均 GDP 突破 8000 美元，到 2021 年达到 12100 美元，已经进入花卉消费快速增长阶段，花卉消费也从大中城市逐渐蔓延至中小城市。目前我国鲜花行业处于成长期向成熟期过渡阶段，人们生活水平的持续提升、对美好生活的向往和精神层面的进一步追求，将促进鲜花消费市场更趋成熟。

专业机构预估我国到 2031 年人均 GDP 有望达到 20000 美元，届时我国花卉年市场消费需求可达 5000 亿元，人均花卉消费量显著增加。

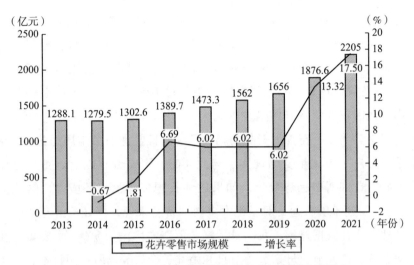

图 5.1　2013～2021 年我国花卉零售市场规模及增长率

资料来源：华经产业研究院。

二、花卉消费场景正从集团消费向大众消费转变

近年来，我国鲜花消费日趋成熟，逐渐由过去的集团消费向大众消费转变、从节庆消费向日常消费转变，从阶段性消费向周年消费转变，花卉消费模式也由单一化、团购化向个性化、多样化转变，推动了花卉产业工业化、特色化和规模化发展。根据《中国花卉园艺》杂志针对花卉爱好者发布的《2021～2022 年花卉消费意向调查问卷》数据整理结果显示，26 岁到 55 岁的中青年女性是花卉消费的主力群体，25 岁以下的青年群体和 55 岁以上的老年群体花卉消费者比例也有所增加，有 24.18% 的人每月至少购买一次鲜花，15.96% 的人消费 6～12 次，花卉消费意愿显著增加。2020 年初《中国花卉园艺》发布的花卉消费调查结果显示，在购买花卉的主要用途方面，有 78.40% 的人鲜花用于日常家居装饰，40.85% 的人是在节日购买鲜花愉

悦自己；30.52%的人是节日购买馈赠亲友；11.97%的人是出于商务需要（见图5.2）；在花卉购买时间方面，有78.87%的人选择购买时间不固定，完全看心情和需要，其余的主要集中在春节、元旦、情人节、妇女节、教师节、七夕节等国内重要节日和各种纪念日购买。从消费金额分析，42.5%的消费者全年花卉产品消费金额在301～500元，37.0%的消费者全年花卉产品消费超过500元，消费金额在101～300元的消费群体占比为12.8%，仅7.7%的消费群体花卉产品年消费额度不超过100元。从以上一系列数据可以看出，我国花卉消费群体呈现中间大、两头小的橄榄型结构，"悦己型"花卉消费趋势明显，花卉消费品的属性已经向日常消费品本质迈进，"花卉走进千家万户"正逐步变为现实。与此同时，也要看到以上调查只能反映花卉爱好者花卉消费趋势变化，如果放到我国整体消费环境中，鲜花消费"悦己经济"还不够普遍，对于绝大多数消费者来说，仍处于鲜花消费习惯培养初期。公开数据显示，我国日常鲜花消费占比仅为5%，主要集中在生日、纪念日、情人节、母亲节等节日和婚礼、会议等场所，而日本、美国等发达国家鲜花日常消费占鲜花市场的30%～40%。由此可见，现阶段我国花卉消费场景已经趋于多样化，但整体日常花卉消费习惯仍在建立初期，未来国内的日常鲜花市场将有广阔的前景。

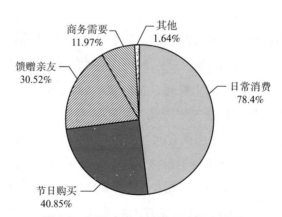

图5.2　2020年花卉消费用途调查结果

资料来源：《中国花卉园艺》。

三、鲜花电商时代到来大大刺激了花卉消费需求

(一)"互联网+"改变了花卉零售业态,刺激了花卉消费需求

我国花卉消费的传统渠道以花卉市场、花店为主,随着"互联网+"鲜花领域的广泛运用,花卉产业迎来新的发展空间,不仅改变了花卉传统流通渠道,也深深改变着花卉消费者的广度和消费频次。与传统流通渠道不同,鲜花电商的发展让花卉生产者和花卉经营者不断变革经营方式。劳作在生产基地的花农借用互联网平台开始直面消费者,要么通过淘宝、京东等第三方平台开展网络直销,要么在基地或者花市"直播带货"。花卉生产者进入零售领域让花卉产品展示在田间地头,大大提高了花卉观感上的新鲜度,能快速建立花卉与消费者间的亲和度,且花卉生产者专业知识储备更为丰富,花卉选择品类广泛,更能说服消费者购买。同时,网络销售大大减少了中间流通环节,改变了流通环节多造成的交易时间长、鲜花损耗严重和中间商层层加价的现状,让昔日花店里精美而价格高昂的鲜花从高高在上的礼品变成日常皆可消费的日用品,极大地刺激了花卉消费。实体花店则通过积极创新花卉产品和开拓花卉销售渠道求生,一方面积极打造"花店+自媒体""花店+场景体验""花店+沙龙"等丰富业态,通过打造差异化和个性化产品增加消费者的参与度和粉丝粘度,提高了消费者的购买频次,另一方面积极对接美团、饿了么等外卖平台销售礼品花卉,为消费者带来便利、时尚的购物体验。

(二) 花卉新零售模式推动花卉消费向广度和深度发展

2016年以来,我国鲜花电商市场规模发展迅速,2020年已达到720.6亿元,是2016年的4.26倍,年增长幅度在2018年最高达55.5%(见图5.3)。鲜花电商的快速发展主要得益于花卉经营主体的大量入局和经营业态的多样化发展:大量花店业主、花艺师、园艺达人通过在淘宝、微博、抖音、快手、微信视频号等平台进行短视频直播吸引了大量的消费者,让鲜花消费可亲、可行、可随时,鲜花园艺已成为热度仅次于珠宝、美妆、女装的直播热门。

《中国绿色时报》2021 年 1 月 26 日发表文章《消费新潮流花卉进万家——"十三五"我国花卉业发展》内容显示，2019 年，淘宝线上鲜花园艺类商家就超过 43 万家，售卖商品 3000 万种，年销售额 250 亿元，是 2017 年的 2.5 倍；2019 年前后，淘宝、京东、拼多多等互联网大厂上线自营鲜花业务，同时开通同城速配服务；美团、饿了么等外卖平台也纷纷推出鲜花绿植分类，利用服务和市场优势助力传统花卉销售渠道实现线下线上融合；专注花卉领域的鲜花头部电商 Flowerplus（花加）、野兽派、花点时间、爱尚鲜花、鲜花说、花礼网、花集网等平台相继上线，在短期内依靠渠道便利性、交易链条短等模式迅速打开了市场，通过定制消费、体验消费、文化消费等多种营销方式培养用户鲜花消费习惯；借助于互联网和物流仓储技术的提升，部分一线城市开始出现园艺中心、园艺驿站等新型花卉体验消费场所，如浙江虹越·园艺家、北京世纪奥桥园艺中心、浙江传化花园中心、杭州画境·青山湖花园中心、上海溢柯、广州友家园艺等，通过运用线上线下相结合的新商业模式成为花卉销售主力，很好地引导了花卉消费文化；2020 年 11 月开始，以盒马鲜生、叮咚买菜、每日优鲜为代表的生鲜品牌凭借供应链上的优势也加入鲜花赛道，鲜花电商已经进入蓬勃的发展期。花卉行业新的业态、新的营销方式不断涌现进一步刺激了花卉消费需求，推动着花卉业向品质消费时代迈进。

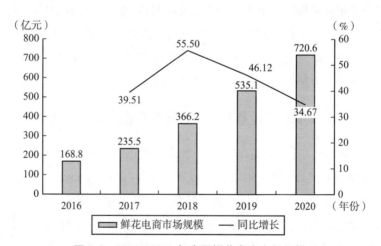

图 5.3 2016～2020 年我国鲜花电商市场规模

资料来源：前瞻产业院。

四、美丽中国建设将持续推动花卉需求品质化发展

2012 年 11 月 8 日，党的十八大报告中首次将"美丽中国"作为执政理念，纳入"十三五"规划，将生态文明建设放在突出地位，融入经济建设、政治建设、文化建设、社会建设各方面和全过程。环境之美是美丽中国建设的重要组成部分：2021 年底我国常住人口城镇化率达到 64.72%，新型城镇化建设要将功能完善、环境友好、生态文明作为首要原则，高品质园林绿化是新型城镇化建设的必然要求，会对花卉产业形成长期的、持续增加的需求；开展生态保护修复是贯彻落实生态文明建设战略的重要内容，生态保护修复要遵循"山水林田湖草生命共同体"的基本要求，各地因地制宜，打造"山青、水绿、林郁、田沃、湖美"生态环境的实现路径必然不同，但殊途同归，均需要花草树木的深度参与；随着国民经济的发展，旅游业已经成为拉动内需的重要引擎。据腾讯网发布《百年民生路系列研究——我国旅游市场总体情况与发展分析》内容，2010～2019 年期间国内旅游市场持续增长，国内旅游总收入年均复合增长率达到了 17.36%，其中休闲农业和乡村旅游的快速发展成为浓墨重彩的一笔，2019 年休闲农业接待游客 32 亿人次，占国内旅游人数的一半。休闲农业发展以综合休闲农场、乡村休闲农场、农家乐、观光休闲农场、山村民宿、亲子农庄、观光农庄、旅游小镇等经营模式为主，在景观打造过程中，花卉产品是主体要素。尽管 2020 年以来受新冠肺炎疫情影响休闲农业发展受阻，但随着后疫情时代的到来和新时代消费者对文旅景观的预期性需求越来越高，花卉景观的打造将更趋多样化、个性化和品质化，必将引领花卉需求的持续增长和花卉产品的品质化发展；美丽乡村建设是国家现代化建设的重要内容，是实施乡村振兴战略的重要任务，花卉产业是极具经济效益的朝阳产业、生态产业，既是解决"三农"问题、实现乡村振兴的重要抓手，也是点缀美丽乡村、改善人居环境必不可少的元素，将为产业发展提供不竭的动力。无论是园林绿化、生态修复、休闲旅游还是美丽乡村建设，花卉苗木均是为美丽赋能的重要载体，将推动市场

对各类花卉产品保持强劲需求，并呈现出多元化发展趋势，促使花卉产业不断创新迎合市场需求。

五、花卉需求层次仍然不高

从图 5.1 可以看出，我国花卉零售在 2019～2021 年迎来快速增长，一方面得益于城镇化和生态文明建设的快速推进，更深层次的原因还是家庭园艺消费的快速增长。新冠肺炎疫情的爆发让花卉线下销售遭受重创，催生了鲜花直播和短视频等新型销售方式，上千家鲜花直播电商在昆明斗南花卉市场通过抖音、点淘等平台直面终端消费者，或通过拍摄短视频向消费者科普植物知识、传授养花经验、介绍养护常识，或通过一物一拍方便消费者竞购，大大刺激了消费者对花卉的购买欲望，并成功提高花肥、培养基质、园艺工具等各种相关园艺用品的购买率，很多中小卖家通过直播或短视频实现"弯道超车"，大型花卉企业则通过提供相对标准化的高品质产品、良好的运输包装和售后服务打造品牌。花卉园艺直播、短视频等新型营销方式打破了花卉业"节日经济""纪念日礼品""美好祝福"的消费场景局限，让更多消费者有机会了解花卉，为花卉行业开发了大量潜在消费者。网红植物的打造更是催生了一个又一个爆品，将花卉的销售重点从节日消费引向日常消费，促使花卉企业提升产品质量、提高标准化程度、升级包装质量、完善售后服务。但是由于我国家庭园艺花卉消费时间不长，消费者对花卉的养护知识和花卉文化了解非常有限，对于花卉消费品类选择依据主要是社交平台推荐、销售主播介绍，尤其是新进入的消费者普遍将低价好养作为首选以便练手。可以说花卉消费需求大多仍处于商家"投喂"阶段，花卉消费品类偏好仍未形成，尤其是高品质花卉消费习惯培养需要较长时间，花卉预期性需求仍难实现，也给低端重复建设的花卉生产商留下了一定的市场红利和增长空间，不利于花卉供给端的改革和创新。

第三节　我国花卉产业相关支持性产业分析

一、花卉育种产业仍建立在国外品种的基础之上

（一）种球和种苗严重依赖进口

种源是花卉行业发展的首要基础和先决条件，堪称花卉行业的"芯片"。作为花卉产业发展最基本的生产资料，花卉品种的创新决定了花卉种植业发展的前景。由于历史原因我国花卉产业化发展的时间并不长，花卉育种技术多采用传统杂交，克隆、转基因等先进育种技术使用仍不广泛，花卉商业化品种培育缓慢，花卉育种长期处于国外垄断的局面。海关统计数据显示，2017 年以来我国花卉进口总额呈逐年下降趋势，进口额增幅远低于进出口额增幅（见表 5.9），尤其是种球和种苗的进口从正增长走向负增长，且降幅曲线比较陡峭，分别从 2017 年的 13.61% 和 60.8% 下降至 2020 年的 -15.22% 和 -23.66%（见表 5.10），但 2020 年的大幅下降主要受新冠肺炎疫情影响。长期以来我国种球和种苗的进口占比变化并不明显，一直占据着半壁江山，单独种球的进口占比已经超过 40%（见表 5.11）。据海关总署和中商产业研究院资料显示，我国 90% 以上的主流花卉品种是由海外进口的种苗、种球在国内繁育而成，草本花卉植物种子进口比重逐年上升，从 2018 年的 65% 上升至 2020 年第一季度的 89%，主要品类鲜切花的种苗严重依赖国外进口，如 2020 年我国新品种玫瑰交易量的 92% 来自国外，切花菊的 60% ~80% 的市场份额被国外品种占据。商业化品种花卉所需种苗、种球、种子高度依赖国外进口意味着我国不仅要支付高额的种苗进口费和专利费，严重削弱花卉出口竞争力，花卉产业现代化发展的自主性也大打折扣。云南作为我国花卉出口大省，多年来一直对进口花卉种子种苗免征进口税收，为"云花"走向世界助力，虽然出口规模大幅提升，但大宗花卉出口

附加值提升相对有限。实现花卉种业的自主发展是我国花卉产业现代化的必由之路。

表 5.9　　　　　　　2015～2020 年我国花卉进口贸易额变化情况

年度	进出口额（亿美元）	进口额（亿美元）	进出口额增幅（%）	进口额增幅（%）
2015	4.7	2.14	—	—
2016	5	2.15	3.81	0.47
2017	5.59	2.725	14.08	26.74
2018	5.98	2.86	6.98	4.95
2019	6.2	2.62	3.68	-8.39
2020	6.22	2.35	0.32	-10.31

资料来源：中国海关。

表 5.10　　　　　2015～2020 年我国各类花卉进口额增幅变化情况　　　单位：%

类别	进口额同比增幅					
	2015 年	2016 年	2017 年	2018 年	2019 年	2020 年
种球	10.42	9.96	13.61	-0.01	-2.4	-15.22
鲜切花	10.64	32.09	47.26	20.68	-2.23	18.62
盆花（景）和庭院植物	7.46	9.62	25.2	9.46	-20.38	-29.51
种苗	39.12	-51.68	60.8	-10.01	-19	-23.66
鲜切枝叶	36.34	-11.88	70.87	11.82	24.39	54.24
干切花	73.25	5.21	-7.83	-18.55	-23.33	11.55
苔藓地衣	171.35	-23.05	56.69	8.89	-15.42	-10.07

资料来源：中国花卉协会。

表 5.11　　2015～2020 年花卉各类别进口情况

类别	2015 年		2016 年		2017 年		2018 年		2019 年		2020 年	
	进口额（亿美元）	占比（%）	进口额（亿美元）	占比（%）	进口额（亿美元）	占比（%）	进口额（亿美元）	占比（%）	进口额（亿美元）	占比（%）	进口额（亿美元）	占比（%）
种球	0.913	42.64	1.003	46.67	1.140	41.73	1.139	39.84	1.112	42.48	0.943	41.69
盆花（景）和庭院植物	0.254	11.87	0.335	15.60	0.494	18.10	0.596	20.85	0.583	22.27	0.691	29.7
鲜切花	0.503	23.49	0.551	25.63	0.690	25.30	0.756	26.44	0.602	22.99	0.424	13.83
种苗	0.409	19.12	0.198	9.20	0.318	11.66	0.286	10.01	0.232	8.86	0.177	10.63
鲜切枝叶	0.028	1.30	0.025	1.14	0.042	1.53	0.047	1.63	0.058	2.22	0.089	2.84
干切花	0.039	1.83	0.041	1.92	0.038	1.41	0.031	1.09	0.024	0.92	0.027	0.69
苔藓地衣	0.007	0.31	0.005	0.24	0.008	0.28	0.008	0.29	0.007	0.27	0.003	0.62

资料来源：中国海关、中国花卉协会。

（二）花卉育种取得了显著成果

2018 年到 2020 年，我国种苗和种球的进口额已经实现三连降，花卉种苗国产化率逐年提升，花卉自主培育成绩喜人。《中国花卉报》相关文章显示，"十三五"期间，北京市选育花卉新品种 114 个，实施花卉地方标准 41 项；云南网官方账号发布文章内容显示，云南省到 2020 年已经自主培育花卉新品种 408 个，新品种自主研发数量居全国第一，占全国花卉新品种总数的 50% 以上；福建省林业局的数据显示，福建省在 2018 年到 2020 年期间共有 36 家育种单位向国家主管部门递交了 326 个花卉新品种权保护申请，有 83 个新品种获得了国家植物新品种权，分别是 2015 年至 2017 年 3 年间的 3.1 倍和 2.5 倍；据国家林业和草原局公示，浙江省高度重视植物新品种的培育，在一系列奖励政策的激励下，到 2021 年底全省获得授权的林业植物新品种已达 327，其中杜鹃花就达 104 个。从企业和科研机构层面来看，近年来，以锦苑、杨月季、虹之华等为代表的花卉龙头企业不断研发和推广花卉自主品种，打造花卉行业"芯片"，出现了越来越多的"中国创造"（见表 5.12），《中国花卉园艺》2020 年 10 月 11 日发表文章《切花·开拓花卉行业"中国芯"》内容显示，锦苑、杨月季、云南农科院花卉所、锦科、锦海、云秀等企业和机构积极研发玫瑰新品种，其中锦苑获得授权的玫瑰品种有 42 个，杨月季获得授权的品种有 38 个，云南农科院花卉所获得授权的品种有 35 个，在云南自主研发的 152 个蔷薇属新品种，已经 20 多个玫瑰自主品种进入 KIFA（昆明花拍中心）交易。

表 5.12　　　　　我国部分知名花卉企业和科研机构育种成果

	名称	育种成果
企业	昆明虹之华园艺有限公司	引进、收集、保留了当下国际上流行的菊花品种 2800 余个，中间育种材料、野生品种 3000 余个，建成了我国乃至亚洲最大的菊花种质资源库，积极与国内外科研机构和育种单位展开合作，自主研发菊花新品种 70 余个，获得国家授权 54 个

续表

	名称	育种成果
企业	杨月季	已经收集了蔷薇属 2000 多种，绣球花属 300 多种种质资源，累计申请自主研发月季新品种 43 个，39 个已获得授权，绣球有 15 个新品种已经获得授权，还获得了 4 项南半球植物繁殖方法发明专利
	云南锦苑花卉产业股份有限公司	拥有"研发 – 种苗培育 – 种植 – 采后处理 – 冷链物流 – 拍卖交易 – 国际国内营销网络"完整产业链的国家级农业产业化龙头企业，拥有花卉资源品种超过 5 万个，已申请自主知识产权花卉新品种百余个，其中获得授权的玫瑰品种有 42 个，是目前中国拥有鲜切花自主知识产权新品种最多的单位
科研机构	青州市科技研发型花卉龙头企业	山东花卉核心主产区青州市通过实施"科技兴花"工程，不断加大花卉创新研发投入，扶持发展科技研发型花卉龙头企业，自主研发的蝴蝶兰花卉新品种达 15 个，全市从事开展育种和快繁的花卉企业达到 60 多家
	云南农科院"国际花卉研究院"	"国际花卉研究院"与企业协同创新联合选育品种 100 余个，在培育具有自主知识产权花卉新品种方面，已有近 10 个香石竹和非洲菊自育新品种申报我国的植物新品种权保护，获得授权的玫瑰品种有 35 个
	广州花卉研究中心	20 多年来潜心钻研花卉科技，不断创新和发展花卉品种和花卉培养技术，培养花卉新品种 58 个
	南京农业大学	切花菊育种成果丰硕，通过和多家企业展开校企育种合作，培育新品种达 400 多个，其中有 48 个品种获植物新品种授权
	浙江农林大学	赵宏波教授领衔的花卉遗传育种团队致力于从事桂花、梅花、杜鹃、蜡梅等传统名花的资源保育和种质创新研究，先后选育并获得 17 个国家植物新品种权授权

资料来源：《昆明日报》《中国花卉园艺杂志》《中国新闻网》《齐鲁晚报》《中国网七彩云南》《广州日报》《中国绿色时报》《钱江晚报》资料整理。

（三）花卉新品市场化推广能力严重制约花卉育种产业发展

尽管花卉育种成果喜人，国内育种商业化推广却难以跟上研发的步伐。第一，国内花卉种业公司更注重销售而轻视育种，很多企业也并不具备自主研发的实力，虽然高等院校和科研机构开发的自主品种不断涌现，但缺乏市场化推广的资金和能力，同时新品种是否适应市场需求仍待考验，使得自主研发新品的市场化推广难以实现，知识产权难以实现市场化价值；第二，国外育种商在进行新品种推广时，除了品种支持，设施化栽培生产技术和设施设备支持也非常成熟，国内产业化环节的开发投入和成果转化全部需要企业自身创造完成，给自主品种研发企业带来巨大的生存压力和风险，降低了企业新品研发的积极性；第三，由于国内花卉产业化发展起步较晚，花卉品种研发严重滞后，市场转化能力低，国外新品种研发已经形成较大的先入者优势，品种更新能力突出。以品种更换和市场投放量最大的玫瑰为例，国外优秀育种商每年推向市场的新品种数量约80~100个，国内的自主产权品种仅5~10个，形成了巨大的规模优势，也使得花卉从业人员在面对国外育种商快速规模化上新的绝对优势面前普遍缺乏培育新品种的热情和信心；第四，本土企业独立进行花卉新品研发的能力有限，大量国际化育种商进入我国市场既能帮助我国花卉育种企业开发新品，也挤压了国内自主研发花卉的生存空间，尤其对处于产业发展初期的花卉育种环节形成巨大冲击。如2020年的新冠肺炎疫情导致荷兰等花卉贸易强国无法正常履行订单，疫情管控良好的中国市场成为救命稻草，大量种球过剩产能倾销至我国市场，进口种球价格比自主研发价格更低，搅乱了我国现有的种球贸易市场，也阻碍了国产种球繁育商业化之路。

总体来看，我国现代花卉种子产业仍建立在国外品种的基础之上。我国花卉产业优良的种植条件和巨大的市场增长空间吸引了大量国际花卉商进入我国市场，国际知名育种公司橙色多盟、喜乐达、保尔、先正达、丹麦PKM、意大利DIEM等积极抢占市场，与国内花卉企业打通新品种引进和授权生产的合作渠道，帮助国内生产商建立国际标准化母本园，实现国外新品在我国的本土化生产销售，进一步掌控花卉产业链上游。但是要做大做强我国花卉产业育种能力，必须不断引进新的花卉品种，保证足够的保有量，进而加大自育国产新品种选育推广力度，为后续的种苗研发和摆脱对国外品种的依赖打下基础。

二、花卉生产技术和标准相对落后

(一) 花卉生产专业化、规模化、集约化程度较低

当前，我国花卉经营主体呈现多样化特点，花卉龙头企业、中小型花卉

企业和农户全面发展，传统花卉种植模式逐渐向"龙头企业 + 花卉合作社 + 农合"的产供销模式转移，花卉企业规模化发展趋势明显。由于我国花卉产业发展起步晚，花卉生产企业基本上是从农户及国有苗圃生产基础上发展起来的。根据中国花卉协会相关资料，到 2020 年，我国花卉企业数虽然下降至 4.95 万家，但是花农数仍维持在约 160 万户，分散经营、小农经济为主体的生产格局仍未根本改变。设施农业和栽培技术水平仍相对落后，设施花卉面积仅占花卉种植面积的 8.7%，"大而全"或"小而全"的生产组织形式非常普遍，花卉产业链各环节专业化程度较低。从我国上市花卉企业业务范围看，极少数企业仅涉及育种或栽培某一花卉生产环节，通常既要负责引种、繁殖、品种改良、花卉生产，也要负责花卉推广和销售。尽管花卉上市公司花卉生产品类相对集中，专业化生产水平较高，但和我国花卉种植总面积比较规模非常有限，大多数花卉生产企业品类较为分散，既生产盆花也生产鲜切花，难以形成特色和拳头产品，更难以在栽培技术和花卉育种上有所突破。由于"龙头企业 + 花卉合作社 + 农合"的产供销模式仍没有大面积覆盖，大多数花农主要跟着市场变化和种植经验决定花卉种植品类，缺乏前瞻性和组织性，甚至还要将花卉生产和销售两手一起抓，无法仅专注于花卉生产环节。总体来看，与发达国家的花卉企业相比，我国花卉企业规模小而分散，花卉生产模式专业化、规模化和集约化程度处于较低水平，竞争力偏弱。

（二）花卉栽培技术相对落后

从种植模式上看，我国绝大多数花卉种植采用地栽模式，鲜花生产具有一定的周期性，从种植到采摘供应的周期至少要三个月，花卉产量稳定性不够，质量标准也受气候等因素影响难以统一。同时地栽的方式容易导致花卉生产期间产生病虫害，玫瑰、菊花、满天星、洋桔梗等重要出口品种在出口检疫中病虫害检出率较高，影响产品出口。欧盟、日本、美国等世界花卉主流消费市场对鲜切花和盆花进口病虫害管理规定和相关检验非常严格，我国花卉主要出口市场日本和韩国均要求进口花卉不得带土壤和活害虫，且必须出具官方"植物熏蒸证书"，对农药残留要求苛刻，我国地栽方式生产的花卉经常难以通过相关检验要求。花卉国际标准方面，我国花卉生产中存在标准体系不健全，标准先进性、实用性差等问题，与国外先进标准存在一定差距。如荷兰对鲜切花等产品有着严格的质量标准，除了要执行欧洲经济委员会（ECE）的常规标准外，还会对观赏期、运输特性等内在品质进行评价，并针对各种花卉采用不同的采收标准和质量等级标准，只有通过了质量检测与鉴定的鲜切花才能进入荷兰花卉拍卖市场。而荷兰、以色列的供应商种植者绝大多数采用基质栽培温室生产，不受天气影响，病虫害少，有机花卉生产方式非常普遍，花卉生产能力也极为稳定，因此推广应用花卉无土栽培是提高花卉产业国际市场竞争力、促进花卉产业品质升级的有效举措。

（三）无土栽培技术发展和推广应用面临"水土不服"

近年来，国内无土栽培推广和应用逐步加快，2020 年云南省发布《支持特色农产品加工和冷链物流建设政策措施》明确了无土栽培的发展方向，对于采用花卉无土栽培的种植者给予补贴和支持。由于无土栽培改变了传统农业依赖土壤的种植习惯，通过人工配制营养液给植物提供营养、水分和氧气，并应用人工技术调控种植环境，花卉生产实现了自动化、机械化和集约化，种植方式可复制性强，无土栽培的花卉具有品质一致性、环保性、高效性的特点，能显著提高土地利用率和亩产值。但是无土栽培的投资成本相当高昂，需要重建一套种植技术体系，对于普通花农来说，资金成本和时间成本均难以承受。与此同时，花卉种植基质的改变也意味着后续的水肥管理、小环境气候控制以及品种技术均要有相应的变化，采用无土种植技术体系也意味着要进口相应的设施和设备，本土又缺乏相关的技术人才，势必会面临水土不服的问题。高昂的生产成本、不健全的配套设施和不显著的经济效益使得无土栽培技术推广困难，目前我国无土栽培技术仍主要用在观光农业示范园以及科学研究上。因此，要简单照搬荷兰模式无土栽培和自动化温室的生产模式显然不符合我国花卉产业发展的基本现实，肯尼亚、厄瓜多尔、哥伦比亚等主要花卉贸易国也基本使用土栽模式，如何结合自身条件找到合适的种植方式，以适应国际市场标准无疑是摆在我国花卉产业发展面前的一道难题。

三、设施农业规模庞大，但发展层次较低

我国是一个农业大国，更是一个人口大国，人均土地资源非常匮乏，要发展现代化农业必须坚定不移地走"设施强农"之路。我国的设施农业较国外起步晚，发展势头迅猛，已经形成了世界上最大的设施农业体量，但我国设施农业发展层次较低，尤其是工厂化温室占比较低，国内设施农业在设施建设、技术研究、装备研发、资金投入等方面都与国外发达国家存在较大差距，据中国农业机械化信息网 2019 年 4 月发布的《我国设施农业的发展现状》资料显示，我国设施花卉面积 11.6 万公顷，占设施农业面积的 2.5%，占花卉种植面积的 8.7%，花卉设施农业发展仍刚刚起步。

（一）我国植物工厂应用和推广仍未起步

尽管近年来我国代表现代设施农业发展高级阶段的植物工厂发展势头迅猛，技术创新成果令人惊叹，但大多还处于试验阶段，植物工厂的普及和推广还有一段很长的路要走，与荷兰、以色列、日本等国差距巨大。目前，世界上"植物工厂"主要分为以日本为代表的精细化种植工厂和以荷兰为代表的大规模种植工厂两种类型。京东、中粮等一批中企都在引进"植物工厂"相关技术试验种植，如北京京东"植物工厂"的相关技术和设备都从日本三菱化学引进，包括种子、营养液等也均来自日本。尽管目前国内植物工厂软硬件技术水平已可以自给自足，如国内包括三安集团、陕西旭田、迈信智农、安徽昂科丰、农众物联、中环易达、京鹏科技、源鲜科技等企业均有植物工厂业务布局。中科院植物研究所和三安集团合资创办的中科三安已经可以提供较全面的植物工厂解决方案，安徽昂科丰光电科技有限公司（ANCORGREEN）作为中国科学技术大学先进技术研究院微电子与光电子产业共性技术平台的唯一孵化企业，能够为服务企业提供国内外领先的植物智能光照解决方案。但在系统控制精度和设备使用寿命方面与荷兰、日本的植物工厂相差甚远，在无土栽培、水肥一体化、人工补光等技术方面差距明显。在应用推广方面，相对于荷兰的"私人订制""植物工厂网络"和日本

的"进入寻常百姓家",我国植物工厂商业模式的摸索和实践,植物工厂的应用推广还有一段很长的路要走。

(二) 设施生产机械化率仍然较低

荷兰的设施农业发展是世界的领头羊,已经经历了机械化、装备化、自动化、物流化到智能化生产的发展历程,实现了依靠工业技术以及设施农业中栽培技术的农产品智能化生产,并通过计算机的信息化管理根据用户需求来管理生产。美国、日本、以色列、西班牙等国的设施农业也依据各自的环境和市场特性形成了独特的生产模式。美国擅长规模化生产,大型温室全球知名,日本注重栽培技术,以色列专注水肥使用技术,西班牙关心设施农业的效益性经营。我国设施农业整体机械化水平较低,设施生产所用工具主要包括基质搅拌、基质填充、播种、嫁接等生产资材的输送及灌溉等简陋工具,设施生产绝大部分采用人工作业模式。耕整地机械属于传统农业机械,耕地整地起垄等机械比较齐全,目前耕整地机械化作业水平已经达到了79%,相对较高;设施种植机械化方面,由于不同地域的土壤特性存在差异,尽管"十三五"以来我国在机械化移植上投入了大量的精力,我国蔬菜、花卉的种植培育过程主要依靠人工。南京中农富通农业规划科学研究所2020年发表的《设施农业机械化的发展现状及趋势》显示,我国设施种植机械化仅占21%;设施灌溉技术相对成熟,水肥一体化施肥机在设施生产里面应用越来越广泛,近年来人工作业比例在逐步减小;从温室环境控制机械化程度方面,随着我国各个省份农业产业园项目的大量建设,温室环境控制的一些设备技术已经广泛应用到温室中,但由于我国温室大棚占设施农业面积比重过高,且温室大棚技术简单,环境调控仅仅需要人工通风,拉低了整个环控的机械化作业水平,我国环控机械化作业水平仅占27%;采运是设施农业生产过程机械化的最大瓶颈点,由于我国农业生产专业化程度较低,蔬菜、花卉的柔嫩性限制了机械采摘,采收机械的运用仍局限于个别农产品,且后期果实的搬运也主要依赖人工,我国采运机械化水平仅有9.5%。综合耕整、种植、灌溉、环控、采运等环节,我国设施农业总体机械化水平为36.28%,设施农业相对发达的江苏省达53.44%。总体看来,我国塑料大棚的简陋结构和土壤地域差异极大限制了设施生产机械化水平。

四、冷链物流迅速增长，资源整合能力亟待提高

（一）冷链物流行业规模迅速增长，但发展不均情况突出

冷链物流是利用温控、保鲜等技术工艺和冷库、冷藏车、冷藏箱等设施设备，确保冷链产品始终处于规定温度环境下的专业物流，是保证冷链产品质量，减少损耗的一项系统性工程，主要用于农产品、水产品、花卉产品、加工食品和特殊商品的运输。随着经济全球化的不断演进，各国间农产品、冷链食品、水产品、花卉、药品、果蔬产品的贸易往来愈加频繁，促使全球冷链市场需求快速增长，各国消费者对易腐食品的需求激增也促使各国政府纷纷出台政策措施助推冷链物流业的发展。据国家发展和改革委员会资料显示，国外机构研究报告显示全球冷链物流市场规模已经从 2018 年的 1599.9 亿美元上涨至 2021 年的 3217.8 亿美元，预计 2028 年将达到 8429.1 亿美元，亚太地区将为未来 5～10 年全球市场规模持续扩大提供最强劲的驱动力，我国是这一地区增长最重要的贡献者。从国内看，随着经济的快速发展、农产品深加工的发展和人们生活水平提升引导的消费结构升级，消费者对食品的多样性、营养性、口感需求大幅提升，推动了生鲜电商市场的快速崛起，我国冷链物流行业迎来发展黄金期。华经产业研究院数据显示，我国冷链物流市场规模 2014 年为 1500 亿元，到 2021 年已经增长至 4117 亿元，2016 年和 2019 年出现了两个增幅小高峰，2019 年后同比增幅开始有所减缓（见图 5.4）。到 2020 年，我国冷库库容近 1.8 亿立方米，冷藏车保有量约 28.7 万辆，但人均冷库容量仅为 0.13 立方米，远低于荷兰 0.96、美国 0.49、日本 0.32、韩国和澳大利亚 0.28 的水平，我国人均冷链资源水平还有较大的成长空间。同时，我国冷库容量地域分布呈现出明显的东多西少的局面，华东地区冷库最大，全国占比达 41%，而西北和东北农产品主产地冷库容量总和与华中地区一致，仅有 13%（见图 5.5），初级农产品冷链运输容易"断链"。

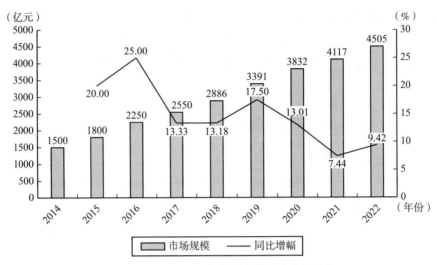

图5.4　2014～2022年我国冷链物流市场规模

资料来源：中物冷链委、中商产业研究院。

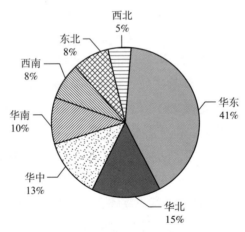

图5.5　2019年全国冷库容量地区分布情况

资料来源：国家发展改革委。

（二）冷链物流产业链短板明显

从产业链布局看，当前我国冷链物流前端后端设施仍不够完善：一是冷藏车等配套设施保有量少，中物联冷链委数据显示2021年我国冷藏车保有量为 34 万辆，同比增长 23.64%，较 2019 年的 21.47 万辆增加了 12.53 万辆，对应千人拥有量约 0.2 辆。根据中物联冷链委统计，2018 年美国冷藏车保有量达 58 万辆，对应千人保有量约 1.76 辆，日本冷藏车保有量约 25 万辆，对应千人保有量约 2 辆，在绝对额上我国与发达国家相比差距明显；二是我国农产品冷链运输率仍然较低，据艾媒咨询数据显示，美国的果蔬、肉类和水产品冷链流通率达 97% 以上，日本肉类 100% 采用冷链运输，其他农产品冷链运输也超过 90%，而我国果蔬冷链流通率为 35%、肉类为 57%，水产品为 69%。很多生鲜商品在运输中得不到规范的保温、保湿、冷藏，加大了流通损耗，我国肉类损耗率达 12%、果蔬损耗率约为 20% ~ 30%，而欧美日等发达国家依靠发达的冷链物的保障将农产品运输损耗率控制在 10% 以内，每年我国因冷链断链造成约 1200 万吨水果、1.3 亿吨蔬菜的腐损，影响粮食供给安全；三是我国物流信息化支撑力度不够，降低了物流、商流与信息流的连接、整合与交互能力。当前我国冷链物流行业以民营企业为主，信息化意识淡薄，装备水平偏低。在冷链信息化建设方面各自为战，操作规程、数据格式和标准规范五花八门，大多数冷链物流数据采集过程中还是存在大量手工采集方式，瞒报、漏报、误报等问题时有发生，使得我国冷链物流信息化建设难以实现全流程的精准管控，冷链企业也无法提供准确的产品溯源信息。

（三）冷链物流行业集中度低，资源整合能力亟待提高

随着冷链市场需求的激增，冷链物流经营主体蓬勃发展，大量经营相对灵活的民营企业进入冷链物流行业。据中物联冷链委数据显示，我国冷链物流行业民营企业数量占比为 72%，国营企业和合资企业占比均为 10%，现存续的冷链企业中小型企业数量占比高达 99.28%，中物联冷链委的会员企业中有只有不到 20% 的企业人数规模达到 500 人，超过一半的企业人数规模在 200 人以下，其中少于 50 人的企业数量占比达到了 27%，冷链物流行业规模小、分布散、经营主体杂的特征比较明显。尽管近年来我国冷链物流企业之间整合、并购、重组速度加快，在冷链仓储、运输、配送、装备制造等领域形成了一批龙头企业，2020 年全国冷链物流"百强企业"规模占市

场总规模接近20%，资源整合能力和市场竞争力相比较2019年的16.21%实现了显著提升，但与美国前五强冷链物流企业占63%市场份额的市场集中度比较，我国冷链市场集中度不足美国的1/3，也缺乏一个冷链物流巨头把冷链物流行业中的各种资源进行集中整合。在规模庞大的国内冷链物流市场规模下，全球排名前十的冷链物流企业仍没有我国的一席之地，总体来看，我国冷链行业处于企业规模小、竞争分散的阶段，行业资源整合能力亟待提高。

（四）国内冷链物流运营成本高

由于我国农产品规模化种植少，农产品流转需要经过农户、各级经销商、农贸市场、生鲜平台等中间环节，最后才到达消费者手中，与国外农产品规模化生产方式下从大农场直达用户的简洁供应链条相比，我国农产品运输规模化、组织化程度偏低，辗转流通环节过多，不仅提高了农产品损耗，也拉升了物流成本。同时，冷藏库和冷链设备的建设和配备成本远远高于普通物流，只有那些具备实力的龙头企业才有能力自建完整的冷链运输体系。全国范围内更多的冷链运输服务来自零散的供应商，配送缺乏标准化，难以把控供应链质量，导致产品损耗率居高不下，产品回溯费时费力，无形中提高了冷链物流的整体成本。《农民日报》发表文章内容显示，目前，我国生鲜农产品物流成本占总成本的30%至40%，损耗率达10%至15%。与此同时，我国冷链物流作业过程中自动化智能化分拣、搬运、装卸等设施设备应用不足，大量的人工作业制约了冷链作业的专业化和整体效率的提升。

和普通生鲜农产品不同，花卉属于特殊的鲜活植物产品，具有易凋亡、易腐烂等特点，其运输讲究时效性、专业性和保鲜性。因此花卉物流要求保持全程冷链，即花卉采摘后，从花卉收购、储藏、运输、销售的各个环节都处于相对恒定的低温环境中，以保证花卉鲜活的品质和降低污染损耗，鲜花冷链运输装卸、运输、落地配送和信息时效成本均比较高昂。由于我国冷链物流行业发展仍不平衡，产业链短板明显，且主要集中于生鲜食品的运输。冷链物流相关产业政策推动也要优先保障冷鲜食品的运输，冷链资源相对有限，同时国内也缺乏专业的花卉物流企业和货代公司，一些鲜花种植地没有配备分级包装车间及冷库，因此我国花卉运输冷链"断链"现象时有发生。艾瑞咨询资料显示，目前鲜花在我国物流运输中的损耗大约在30%，长途运输中的损耗略高一些，而一些发达国家损耗率仅仅只有2%左右。随着近年来冷链行业监管规范、冷链产业资源投入力度持续增强等利好，冷链领域全产业链将加快向数字化、智能化和体系化升级，也将给花卉出口提供良好的冷链物流网络，提升我国花卉出口竞争力。

五、花卉销售渠道趋于多样化，但缺乏专门机构为花卉出口服务

（一）缺乏专门的组织为花卉规模化出口提供服务

在荷兰、以色列和哥伦比亚，花卉销售均高度组织化和专业化。花卉协会在产业发展规划、技术标准推广和国际市场销售中均扮演着重要的角色。荷兰花卉销售全部由荷兰鲜花拍卖市场负责，种植商只需要负责生产，荷兰约80%的鲜花是通过拍卖形式卖出，全球有60%的鲜花由荷兰鲜花拍卖市场卖出，打造了全球最大的和高效的鲜花交易中心。哥伦比亚花卉出口商协会代表了哥伦比亚75%花卉出口商的利益，为花卉出口提供了周到、细致的服务，从推进各类认证计划满足国际市场标准、提供花卉种植技术改进和培训到组织国际花卉展促进花卉出口。以色列政府出资成立了最大的农产品出口公司阿古瑞斯柯代理本国花卉的出口，并建立了从花卉采摘、预处理、分级包装到销往国际市场全流程的出口服务体系。相比较这些国家的花卉协会或花卉出口组织，我国花卉协会的主要任务是制定实施全国花卉产业发展规划、推广花卉文化、开展花卉行业培训、发布和宣传花卉行业发展政策，并为行业发展提供咨询信息等。花卉销售主要由企业和花农自己负责，花卉协会可以提供一些销售渠道对接、质量标准规范指导、进口国花卉需求趋势和进口政策解释等，并没有作为一个主体参与到花卉销售和出口中去。由于我国花卉企业以中小型企业为主体，花卉生产标准化和规模化程度不高，花卉生产品质难以达到国际市场需求，也难以适应进口国检验标准和要求，因

此我国花卉出口主要集中在龙头企业和外商投资、合资企业。花卉出口高度依赖企业自身的销售渠道和国际市场拓展能力，也使得我国花卉企业难以专注于花卉生产和技术提升，专业化发展受限影响花卉出口竞争力的形成。

（二）花卉品质标准化助力花卉出口，跨境电商开拓花卉出口新渠道

目前，我国花卉产品交易方式主要分为线下和线上，线上市场处于发展初级红利期，线下市场仍是销售主力渠道。批发交易是线下市场的"灵魂"，各级花卉拍卖中心和各地大小不一的花卉市场是花卉批发的主阵地，如昆明国际花卉拍卖交易中心自 2001 年组建完成以来，已经发展成为亚洲鲜切花交易量最大的产地型花卉拍卖市场。作为一个基于互联网的花卉交易和服务平台，昆明国际花卉拍卖交易中心官网资料显示，当前交易中心为全国范围内 2.5 万个花卉生产者会员、30 万花农和 3100 多个产地批发商会员提供花卉交易服务，日交易量达 300 万 ~ 350 万枝，高峰日交易规模已突破 700 万枝。交易的鲜花不仅进入到了全国各大、中城市，还出口到泰国、日本、新加坡、中国香港、俄罗斯、澳大利亚等 50 多个国家和地区。交易的鲜切花品种主要涵盖玫瑰、非洲菊、满天星、康乃馨、洋桔梗、绣球等四十多个具有明确质量标准的品类。昆明斗南花卉市场主要通过对手交易（买家和卖家面对面完成交易）的方式进行批发销售，更适用于缺乏统一标准、依靠买家主观判断的诸多杂草花。由于新冠肺炎疫情影响，线上交易成为花卉销售的重要渠道，既有连接花农和全国各地采购商的垂直电商平台，也有花农和网红的直播带货，生鲜电商和团购 APP 也涉足花卉销售领域。在国内花卉线上销售如火如荼的同时，花卉跨境电商聚焦于永生花、花卉香精等深加工产品，但出口规模非常有限。

总体来说，我国花卉销售缺乏组织性和规模性，尽管海关、花卉协会等机构和组织在花卉流通、花卉检验检疫、花卉生产等环节给予一定的指导建议，国内仍然缺乏专门的组织将花农生产、花卉运输、花卉销售等资源整合起来，花卉销售以企业的自发行为为主，缺乏行业内部协调和规划，不利于提升花卉的国际竞争力。

六、花卉全产业链延伸，花卉文化传播有力推进

近年来，随着花卉消费从节庆消费、集体消费向日常消费、家庭消费转变，花卉投资开始从传统花卉种植业向花卉全产业链延伸，以花卉为主题的园艺休闲农业、特色小镇蓬勃发展。花卉创意设计、花卉生产体验项目、花卉科普教育、花卉园艺课堂、美食养生产品制作等花卉特色体验项目层出不穷，改变了花卉产品相对单一、产业链过度聚焦于花卉生产和观光等附加值较低的基础产业的现状，不断围绕花卉"吃、玩、住、购"休闲农业的发展方向延长产业链，不断挖掘与展示"花卉产业文化"内涵，培养消费者从观花、爱花到护花、养花的消费文化。与此同时，各类花卉园艺博览会也不遗余力地推广花卉文化：中国花卉协会主办的中国国际花卉园艺展览是亚洲最大的花卉展会之一，已成功举办了 23 届，为国内外花卉产业的交流、贸易与持续健康发展搭建了合作平台；始办于 1987 年的中国花卉博览会作为花卉界的"奥林匹克"，始终将展示我国花卉业丰硕成果、传播我国源远流长的花卉文化、促进中外花卉产业交流与合作作为主要目的，对国内外合作交流、引导生产、普及消费等方面起着巨大的推动作用；各花卉主产区也密切结合本地花卉产业发展特色，积极举办很多的特色花木博览会，如中国（夏溪）花木节、中国花卉交易大会、郑州国际花卉园艺展览会、萧山花木节、沭阳花木节、中原花木交易博览会等，几乎覆盖了有一定花卉生产规模的省市，最大程度地向民众普及花卉知识、弘扬花文化、引导花卉消费。随着花卉文化的进一步传播，我国花卉消费额和消费品位必将进一步提升，有力促进花卉行业的健康发展。

第四节　我国花卉产业企业战略、结构和同业竞争分析

"天眼查"数据显示，面对高速发展的中国花卉市场，过去 10 年，我国企业命名或经营范围包含"花卉"的新注册企业数持续上升，年度注册

增速保持在 15% 左右。截止到 2021 年 12 月我国经营状态为在业、存续、迁入、迁出的鲜花相关企业达 40.7 万余家，其中 75% 的企业为个体工商户，近 9 成相关企业注册资本在 100 万人民币以内。中国花卉协会统计数据显示我国花卉企业总数近年来有所下降，大中型花卉企业的集约化和专业化程度有所提升，涌现了一批知名的花卉龙头企业，涉足育种、栽培、设施农业、贸易等领域。但是，总体来看，我国花卉行业经营主体仍以农户和中小型企业为主，规模化企业所占比例不高，大量投资布局在花卉生产领域，花卉上下游产业链涉及较少。

一、大量外资企业进入我国带来了更为充分的市场竞争环境

由于国内企业育种能力有限，花卉产业发展所需的种球、种苗高度依赖进口，造成国内花卉产品生产同质化比较严重。但国内庞大的花卉市场规模给低端花卉经营主体的生存带来了足够的市场红利，因此农户和中小型企业既没有花卉研发的技术基础，也缺乏研发投入的市场激励，严重限制了花卉产业的集约化生产和新品种研发，国内花卉行业始终处于相对较低的竞争层次。随着大量外资企业看中我国市场巨大的增长空间和良好的花卉资源禀赋，一批国际知名花卉企业携带技术和资本入局我国花卉产业，并重点投资花卉上下游高附加值产业链。一方面通过技术合作形成知识外溢，提高我国花卉企业的管理和创新水平，另一方面外资利用其雄厚的资本、创新的技术、先进的管理经验不断蚕食我国花卉市场，并牢牢占据花卉产业链顶端，倒逼我国花卉产业必须不断消化吸收国外企业的先进经验，走自主化创新的道路，摆脱当前被动的发展局面。《中国花卉园艺》资料显示，目前，我国花卉行业外商投资企业达 1.4 万余家，且进入中国市场的步伐还在加快，大量外资企业的入局对我国花卉产业产生了明显的"鲶鱼效应"，为国内花卉企业带来了充分竞争的市场环境。同时我国政府不断加大政策扶持力度，支持龙头花卉企业技术研发和创新，改善花卉产业被动发展和低端发展的局面。长期来看，充分的市场竞争和不断细分改善的产业链布局必将促使我国花卉产业进一步向专业化、标准化和规模化靠拢，也为我国花卉企业走向国

际市场不断积蓄力量。

二、花卉企业经营战略随着花卉产业发展有所变化

花卉产业规模的快速增长为国内花卉企业快速发展带来了红利。随着经营规模的扩大，龙头花卉企业的经营理念也经历了一系列转变。比如创立于2000年的虹越花卉股份有限公司是"全国十佳花木种植企业"，也是"浙江省高新技术企业"和"浙江省农业龙头企业"，发展初期虹越花卉专注于推广来自全球的全新花卉种苗，主要为种植者提供种子种苗，资材及种植技术相关的服务。2010年后企业增加花卉消费品零售和消费者服务，专注于创新园艺空间，分享花园生活。到2020年，企业发展愿景已经调整为"让花园无处不在"，依据已经建立的完整供应链体系优势向生态化平台化方向转变，愈加重视增加用户服务的终端体系、植物新品种保护、品牌商家培育、品牌商家合作等。企业经营战略更注重资源整合和创新能力，不断提高企业附加值和全球化能力。虹越花卉经营战略的转变是我国龙头花卉企业发展的缩影。国际知名花卉大量进驻我国也给民族花卉企业带来了强大的示范效益和竞争压力，一味专注于在花卉种苗推广、种植等环节始终让我国花卉产业受制于产业链顶端强国，产业利润无法有效增长，必须将育种研发、品质提升、品牌建设作为企业发展的目标才能实现自主发展，有效提升国际竞争力。

第五节　政府政策和机会

一、政府政策

（一）政策红利高位推动花卉产业快速发展

近十年来，花卉产业以其独特的生态效益、社会效益和经济效益获得了

国家和各地政府的高度重视。国家层面上，出台了一系列政策确定了我国花卉产业发展战略、产业布局和建设重点，明确了花卉产业作为国家特色农产品、绿色富民产品、优势特色种养业的重要地位，推动了外资和龙头企业参与花卉产业发展，提高了花卉产业发展的活力，为花卉产业规范化发展和高质量发展奠定了基础。地方政府层面更是结合地方产业特色，制定了各类《苗木花卉产业发展总体规划》和《关于加快苗木花卉产业发展的意见》等扶持政策。2018年1月2日，《中共中央国务院关于实施乡村振兴战略的意见》印发，对实施乡村振兴战略的具体工作进行了全面部署，提出要"提升农业发展质量，培育乡村发展新动能"；2018年3月5日，国务院总理李克强在政府工作报告中强调要推进农业供给侧结构性改革，加快建设现代农业产业园和特色农产品优势区；《乡村振兴战略规划（2018～2022年)》指出要加快农业转型升级，壮大特色优势产业并构建农业对外开放新格局；2021年2月《中共中央国务院关于全面推进乡村振兴加快农业农村现代化的意见》明确要加快推进农业现代化，立足县域特色形成优势特色产业集群；2022年2月《中共中央国务院关于做好2022年全面推进乡村振兴重点工作的意见》指出要大力发展县域范围内比较优势明显、带动农业农村能力强、就业容量大的产业。从文件来看，乡村振兴战略的推进涉及农业、农村和农民的方方面面，而农业现代化和产业升级是实现乡村振兴全范围系统工程的基础。花卉产业作为国家特色农产品、绿色富民产品、优势特色种养业，无疑是生态文明建设和乡村振兴的重要抓手，花卉行业不断加码的政策红利对引导花卉行业规范化发展、全面提升行业竞争力是提供了政策保障（见表5.13)。

表5.13　　　　　　　　我国促进花卉产业发展的相关政策一览

时间	政策规划	核心内容
2013年2月	国家林业局《全国花卉产业发展规划（2011～2020年)》	明确提出了新时期我国花卉产业发展的指导思想、基本原则和发展目标，确定了全国花卉产业发展战略、产业布局和建设重点，提出了实施《规划》的主要政策和保障措施

续表

时间	政策规划	核心内容
2013 年	推进生态文明建设规划纲要（2013～2020 年）	发挥林业生态、经济、社会综合效益，绿化美化乡村环境，促进农民就业增收，维护农村社会稳定
2017 年 12 月	农业部《特色农产品区域布局规划（2013～2020 年）》	花卉产业被列为特色农产品，重点发展：（1）研发新品种和申请专利。（2）加强鲜切花的保鲜、盆栽花卉的栽培与繁殖等关键技术研发。（3）引进国外先进种球繁育、产后加工保鲜、质量及病毒检测等技术，以及温室成套设备和采后处理生产工艺线等。（4）建立和完善鲜切花行业标准。（5）加强市场体系建设，建立发达的花卉供销网络
2018 年 1 月	《国家农业科技园区发展规划（2018～2025 年）》	坚持以创新为动力，加速现代产业组织方式进入农业领域，推动园区内粮食、蔬菜、花卉、林果、农产品加工等传统产业不断发展壮大，实现产业升级和结构调整
2019 年 3 月	《国家林业和草原局关于促进林草产业高质量发展的指导意见》	推动花卉产业提质增效。坚持规模适度、突出品质、注重特色，促进花卉基地建设，创建一批示范基地，培育特色优势产业集群。加强优良品种选育推广，健全标准体系，推行标准化生产，调整品种结构，培育主导产品。发展精深加工，搞好产销衔接，增强带动能力
2019 年 3 月	《关于促进森林康养产业发展的意见》	积极推进森林康养文化体系建设，深入挖掘中医药健康养生文化、森林文化、花卉文化、膳食文化、民俗文化以及乡土文化
2019 年 8 月	《国家林业和草原局关于推进种苗事业高质量发展意见》	扶持建设一批种质资源保存库、良种繁育基地、保障性苗圃、线上线下苗木交易市场，以及种苗龙头企业和种苗知名品牌。全国种质资源保护利用制度基本建立，我国种苗事业迈入高质量发展的新阶段
2020 年 2 月	《农业农村部关于 2020 年乡村产业工作要点》	积极发展乡村休闲旅游，增添乡村产业发展亮点，集中资源，集合力量，引导各地建设特色粮、油、薯、果、菜、茶、菌、中药材、养殖、林特花卉苗木等种养基地
2020 年 6 月	农业农村部关于加快推进设施种植机械化发展的意见	加快推广适宜机械化生产的新品种和新技术新模式，建立设施蔬菜、花卉、果树、中药材主要品种的生产全程机械化技术装备体系和社会化服务体系

续表

时间	政策规划	核心内容
2020 年 12 月	国家发展和改革委员会《鼓励外商投资产业目录（2020年版)》	鼓励外资参与花卉生产与苗圃基地的建设和经营
2021 年 5 月	《国务院办公厅关于科学绿化的指导意见》	科学发展特色经济林果、花卉苗木、林下经济等绿色富民产业
2021 年 9 月	农业农村部乡村产业发展司《全国乡村重点产业指导目录（2021 年版)》	花卉种植产业被列入优势特色种养业

资料来源：网络资料整理。

（二）政策高位推动冷链物流高质量发展，为花卉物流瓶颈提供解决方案

新冠肺炎疫情的蔓延和消费升级的双重作用使得冷链物流在百姓生活中扮演越来越重要的角色，冷链运输成为疫苗、果蔬、肉类、乳制品、速冻食品、药品、花卉等易腐产品和特殊商品的"生命线"。2018 年以来，国家相关部门明显加大了对冷链物流产业的政策支持力度，覆盖了冷链物流规划布局、冷链物流基础设施建设、冷链物流骨干网络建设、骨干冷链物流基地建设、冷链设施装备改善、冷链运输监管体系等冷链物流全产业链，积极推动冷链物流的高质量发展（见表 5.14）。《"十四五"冷链物流发展规划》是一份指导我国"十四五"期间冷链物流高质量发展的国家行动指南，首次提出要建设我国现代冷链物流体系及总体布局方案，加大力度建设国家骨干冷链物流基地、产销冷链集配中心和两端冷链物流设施补短板工程，构建"四横四纵"的国家冷链物流骨干通道网络布局，打造针对不同冷链产品的分类优化冷链物流服务体系，提供涵盖企业、技术、统计、标准、教育和人才的冷链物流保障体系，设计衔接国家卫生健康委、市场监管总局等部门相关工作部署的冷链物流监管体系。这对于补齐我国冷链物流短板，打造专业化、规模化、现代化的现代冷链物流体系提供了顶层设计方案，必将推动冷

链产品运输进入新的发展格局，也必将给花卉产业的冷链运输和品质提升带来充分的保障。

表 5. 14　　　　　　　2018～2021 我国冷链物流行业政策一览

时间	政策名称	部门	支持产业发展内容
2018. 5	《关于开展 2018 年流通领域现代供应链体系建设的通知》	财政部商务部	打造跨区域全国性物流枢纽，形成集交易、分拨、仓储、冷链物流、电子商务等多功能于一体的流通服务中心；聚焦重点行业领域，提高供应链协同化水平，弥补冷链"短板"，鼓励生鲜农产品的供销合作、农超对接，培育一批综合性冷链服务企业
2019. 1	《关于坚持农业农村优先发展做好"三农"工作的若干意见》	中共中央，国务院	统筹农产品产地、集散地、销地批发市场建设，加强农产品物流骨干网络和冷链物流体系建设
2019. 3	《关于推动物流高质量发展　促进形成强大国内市场的意见》	国家发展改革委	加强农产品物流骨干网络和冷链物流体系建设；探索开行国内冷链货运班列和"点对点"铁路冷链运输；鼓励企业研发使用适应生鲜农产品网络销售的可重复使用的冷藏箱或保冷袋，提升配送效率
2019. 5	《关于推动农商互联完善农产品供应链的通知》	商务部财政部	支持农产品流通企业或新型农业经营主体推广现代冷链物流管理理念、标准和技术，建设具有集中采购和跨区域配送能力的农产品冷链物流集散中心，建立覆盖农产品加工、运输、储存、销售等环节的全程冷链物流体系
2019. 8	《关于加快发展流通促进商业消费的意见》	国务院	加快发展农产品冷链物流，完善农产品流通体系
	《关于抓好"三农"领域重点工作确保如期实现全面小康的意见》	中共中央国务院	支持家庭农场、农民合作社建设产地分拣包装、冷藏保鲜、仓储运输、初加工等设施。加大对新型农业经营主体农产品仓储保鲜冷链设施建设的支持
2020. 4	《关于开展首批国家骨干冷链物流基地建设工作的通知》	国家发展改革委	通过中央预算内投资等渠道，对首批国家骨干冷链物流基地范围内符合条件的项目建设予以支持，推动提高基地的冷链综合服务能力。支持范围包括：公共服务型冷库、配套基础设施以及其他相关设施

时间	政策名称	部门	支持产业发展内容
2020.4	《关于加快农产品仓储保鲜冷链设施建设的实施意见》	农业农村部	依托家庭农场、农民合作社开展农产品仓储保鲜冷链设施建设，2020年，重点在全国16个省（区、市）的鲜活农产品主产区、特色农产品优势区和贫困地区开展仓储保鲜冷链设施建设
2020.5	《关于进一步降低物流成本的实施意见》	国家发展改革委、交通运输部	布局建设一批国家骨干冷链物流基地，有针对性补齐城乡冷链物流设施短板，整合冷链物流以及农产品生产、流通资源，提高冷链物流规模化、集约化、组织化、网络化水平，降低冷链物流成本
2020.6	《关于进一步加强农产品仓储保鲜冷链设施建设工作的通知》	农业农村部	发布农产品仓储保鲜冷链信息采集服务工作规范
2021.8	《商贸物流高质量发展专项行动计划（2021～2025)》	商务部、国家发展改革委等9部门	加强冷链物流规划，布局建设一批国家骨干冷链物流基地，支持大型农产品批发市场、进出口口岸等建设改造冷冻冷藏仓储设施，推广应用移动冷库、恒温冷藏车、冷藏箱等新型冷链设施设备。改善末端冷链设施装备，提高城乡冷链设施网络覆盖水平。鼓励有条件的企业发展冷链物流智能监控与追溯平台，建立全程冷链配送系统
2021.12	《"十四五"冷链物流发展规划》	国务院	夯实农产品产地冷链物流基础，完善设施布局和服务网络，创新组织模式；提高冷链运输服务质量，大力发展运输一体化和多式联运工程；完善销地冷链物流网络，健全分拨配送体系；优化冷链物流全品类服务，推进冷链物流全流程创新；强化冷链物流全方位支撑，加强冷链物流全链条监管
2022.4	《关于加快推进冷链物流运输高质量发展的实施意见》	交通运输部铁路局民航局邮政局国铁集团	着力完善冷链运输基础设施，提升技术装备水平，创新运输服务模式，健全冷链运输监管体系，推进冷链运输畅通高效、智慧便捷、安全规范发展

资料来源：网络资料整理。

（三）耕地"非农化、非粮化"政策对花卉产业发展用地提出挑战

值得注意的是，2020 年 9 月，国务院办公厅印发《关于坚决制止耕地"非农化"行为的通知》，对耕地用途加强监管，明确提出禁止占用永久基本农田种植苗木、草皮等用于绿化装饰以及其他破坏耕作层的植物。2020 年 11 月，国务院办公厅又印发《关于防止耕地"非粮化"稳定粮食生产的意见》，提出要严格控制耕地转为林地、园地等其他类型农用地，并明确耕地利用优先顺序，永久基本农田重点用于发展粮食生产，一般耕地主要用于粮食和棉、油、糖、蔬菜等农产品及饲草饲料生产，只有确保小麦、水稻和玉米三类主粮的种植面积后，才能种植棉花、大豆、花生或其他杂粮和经济作物。加强永久基本农田保护、坚决遏制耕地"非农化"、严格管控耕地"非粮化"是农业农村部切实稳定粮食生产，牢牢守住耕地红线和国家粮食安全生命线，各地政府也纷纷出台了相关政策严禁"非农化"、严控"非粮化"问题。

由于历史原因，我国花卉种植会占用农业和生态用地。由于花卉种植规模化和专业化程度仍然不高，花卉种植小而全的生产方式比较普遍，普通花农往往在自己的农田上种植鲜花，不少花卉生产企业也通过大量租用农田的方式进行种植，即使是温室设施花卉种植也会有部分使用农田。虽然食用花卉种植比重不低，2020 年占花卉种植面积的 19%，但 80% 以上的花卉是"非粮化"，永久基本农田严禁种植苗木等破坏耕作层的植物。"退林还耕"政策将对花卉行业的发展带来较大的影响，也就意味着我国不少占用农田的花卉种植将要恢复到主粮的耕作。由于全国各花卉主产区的地貌特征不一，部分地方种粮成本较高，从经济效益的角度来说恢复粮食耕种不划算，但从保护国家粮食安全的角度来看意义重大。因此尽管各地会因地制宜避免因非农化非粮化对花卉产业采取一刀切处置，给予花卉经营主体整改的过渡期，也会进一步加强对花卉产业的统筹，但退林还耕计划一定程度会影响花卉产业土地供给。从长远来看，花卉产业发展必须在产业化、专业化、集约化发展道路上走得更远，才能够和国家耕地使用政策相向而行。

二、机会

（一）消费升级将为花卉产业发展提供广阔的市场空间

按国家统计局的标准我国中产阶级人数已经达到 1.09 亿人，大众的消费结构和消费倾向已经发生新变化，中产阶级消费升级将是未来经济发展的大主题，会给花卉产业带来巨大的市场机会。人均收入的提高带来了消费升级理念的更新，使得花卉需求在一定程度上已成为追求品质的需求，2015 年以来家庭园艺市场步入快速增长期，也成为新冠肺炎疫情以来拉动花卉产业消费的主动力。据国际相关组织报告统计数据，到 2030 年，花卉需求会有 200% ~ 300% 的增长，每年大概有 10% ~ 15% 的增长。在快节奏的生活方式和激烈的竞争压力下，花卉能够为人们提供低廉有效的治愈方式，促进花卉消费向悦己型转变，提高了花卉的消费频率和消费金额。2022 年 1 月 1 日中国美术学院协会会员陈正达出版的一本名为《视觉治愈》的书籍引发了社会层面对于"视觉治愈"的讨论，鲜花是新时代青年的治愈良方，相比较艺术品收藏和展览等高花费治愈方式，花卉消费在时间、精力、财力上的优势显而易见，性价比和可获得性将使鲜花成为有效缓解生活和工作压力的不二之选。除此以外，花卉能够很好地美化生活空间、陶冶人们的生活情操，寄托人们美好的祝福和愿望，其美丽属性必将吸引更多的消费者"观花、爱花、护花、养花"。"美丽经济"与人们追求美好生活的愿景高度契合，在助力乡村振兴方面具有天然优势，必将成为消费升级的"急先锋"。花卉产业是解决"三农"问题的重要抓手，是推动生态文明建设的重要组成部分，作为"美丽经济"的重要媒介，花卉产业能够引领"美丽经济"走出一条社会效益、经济效益、生态效益三赢的绿色崛起之路，引导花卉会成为持久性的消费需求，为花卉产业发展提供广阔的市场空间，也为花卉国际竞争力的提升提供强力后盾。

（二）RCEP 协议为我国花卉扩大对东南亚出口带来新机遇

2020 年 11 月 15 日，东盟 10 国和中国、日本、韩国、澳大利亚、新西兰共 15 个亚太国家正式签署了《区域全面经济伙伴关系协定》（RCEP），2022 年 1 月 1 日，《区域全面经济伙伴关系协定》（RCEP）正式生效。15 个成员国之间高达 90% 以上的货物贸易实现零关税，货品以低关税或者零关税在各国流转，极大降低了区域间自由贸易的成本，为区域内各国货物贸易自由化便利化带来新机遇。除了关税减免、投资贸易便利化等直接"红利"，也有利于东亚地区产业价值链的重构。在 RCEP 成员国中，不少都是传统的农产品贸易大国，随着这些国家更深地参与到全球价值链，吸引了大量国际投资，促进了相关国家经济发展和人们生活水平的提高，也带来了强劲的鲜花消费需求。由于越南等农产品贸易大国花卉种植业起步相较于我国更晚，种苗高度依赖进口，同时缺乏核心种植技术，花卉产业本土化进程相对缓慢，我国近年来种苗产业发展迅速，花卉种植技术也有效提升，与东南亚国家形成了产业互补。花卉、果蔬等农产品在东盟"10 + 1"协定下已经实现零关税，RCEP 制度下"区域累积原产地规则"和"背对背原产地证明"两项规则很大程度提高了产品在 RCEP 区域内市场销售以及物流运输的灵活性，经核准出口商制度允许出口商自行出具原产地声明，充分利用 RCEP 贸易便利化规则，深挖贸易合作潜力，必将扩大花卉行业对成员国的吸引力、辐射力和影响力。

（三）新冠肺炎疫情影响全球花卉竞争格局

新冠肺炎疫情爆发以来，全球花卉需求数量骤减，主要花卉生产国遭受重创。2020 年荷兰花卉拍卖市场大量花卉被销毁，大量种球种苗出口订单取消，高度依靠欧洲市场的肯尼亚、厄瓜多尔、埃塞俄比亚和专注美洲市场的哥伦比亚、厄瓜多尔等国均未能幸免，大量花卉商店和企业倒闭，花卉业内机构采取了大量措施减少损失，为疫情后行情蓄力。我国花卉产业受益于国内良好的疫情控制最先回暖，鲜花电商的快速发展为花卉生产提供了更为广泛而持久的花卉需求，巨大的市场潜力也让国际知名花卉企业纷纷加速开拓中国市场的步伐，为我国花卉行业发展带来先进的育种技术和管理经验，也有效改善了我国花卉产业链的布局，为我国花卉产业国际竞争力的提升孕育了良好的环境。此外，当前全球主要发达国家经济滞胀趋势明显，会在未来一段时间极大地影响消费者的消费习惯，花卉产品重返必需品消费清单仍将面临严峻考验，而我国花卉产品有巨大的国内消费市场为后盾，产业发展极具活力，两相比较下，也为我国花卉产业发展赢得了一定的时间窗口，有利于提高我国花卉产业的国际影响力。

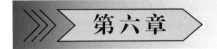

第六章

基于钻石模型的我国花卉产业
出口竞争力分析

本章基于我国花卉产业进出口数据和联合国商品贸易统计数据库全球花卉进出口数据，对我国花卉出口竞争力进行测度，并在第五章对我国花卉产业生产要素、需求条件、相关支持性产业、企业战略结构和同业竞争、政府政策和机会等四大要素和两大变数的分析基础上，阐明各要素之间相互影响、相互增强的关系，进一步厘清我国花卉产业出口竞争力的现状，为后续对策提供基本依据。

第一节　我国花卉产业出口竞争力测度

当前，关于出口竞争力测度的研究主要集中在出口规模和出口质量两个维度。本研究将主要从出口规模的维度分析我国花卉产业出口竞争力，包括国际市场份额（IMS）、显性比较优势（RCA）指数和贸易竞争力（TC）指数、显示性竞争比较优势（CA）指数和净出口显示性比较优势（NERCA）指数。由于数据统计标准不一，联合国商品贸易统计数据库中我国花卉出口额与中国海关统计的花卉出口额并不一致，对一国所有产品出口额的统计也有较大差异，为更好地对我国花卉出口竞争力与世界上其他国家进行横向比较，本章节采用联合国商品贸易统计数据库的统计数据，其中花卉统计范围包括树木和其他活的植物，球茎、根茎、切花和观赏树叶等。

一、国际市场份额（IMS）

国际市场份额指的是一国某产业的出口在国际市场上的占有率，是一个绝对指标，能够直观反映某产业出口竞争力整体情况。一种产品在国际市场上的份额越大，说明其国际竞争力越强。国际市场份额表示如下：

$$MS_{ij} = \frac{X_{ij}}{X_{iw}} \times 100\%$$

式中，MS_{ij}表示 j 国 i 产品的国际市场份额，X_{ij} 和 X_{iw} 表示 j 国 i 产品的出口额和世界 i 产品的出口总额。国际市场份额越高，那一国某产品的国际竞争力更强，相反，则说明国际竞争力较弱。根据表6.1所示，2016年到2020年期间，我国花卉出口总额在全球花卉出口中一直排在十名开外，其中2020年比往年前进一名至第十一位，排位的进步与我国比世界其他花卉生产国较好控制住疫情有一定的关系。

表6.1　　　　　　　2016～2020年全球花卉出口国前15名排名　　　　单位：亿美元

排序	国家（地区）	2016年出口额	国家（地区）	2017年出口额	国家（地区）	2018年出口额	国家（地区）	2019年出口额	国家（地区）	2020年出口额
1	荷兰	95.24	荷兰	100.18	荷兰	107.44	荷兰	106.51	荷兰	109.51
2	哥伦比亚	13.28	哥伦比亚	14.17	哥伦比亚	14.78	哥伦比亚	14.96	哥伦比亚	14.31
3	德国	10.16	德国	10.27	德国	11.29	德国	10.75	德国	10.83
4	意大利	8.38	意大利	9.42	意大利	10.46	意大利	10.07	意大利	10.34
5	厄瓜多尔	8.07	厄瓜多尔	8.25	厄瓜多尔	8.59	厄瓜多尔	8.87	厄瓜多尔	8.46
6	肯尼亚	5.56	肯尼亚	5.96	肯尼亚	6.26	肯尼亚	6.44	肯尼亚	6.35

排序	国家（地区）	2016 年出口额	国家（地区）	2017 年出口额	国家（地区）	2018 年出口额	国家（地区）	2019 年出口额	国家（地区）	2020 年出口额
7	比利时	5.28	比利时	5.29	比利时	5.55	比利时	5.45	比利时	5.50
8	丹麦	4.73	丹麦	4.85	丹麦	4.92	西班牙	4.81	西班牙	5.05
9	美国	4.27	美国	4.47	西班牙	4.87	加拿大	4.77	加拿大	4.98
10	加拿大	3.66	西班牙	4.04	美国	4.60	丹麦	4.76	丹麦	4.88
11	西班牙	3.63	加拿大	3.92	加拿大	4.24	美国	4.56	中国	4.73
12	中国	3.30	中国	3.38	中国	3.80	中国	4.32	美国	4.28
13	亚洲中国台湾其他	1.94	亚洲其他	2.04	波兰	2.26	波兰	2.55	波兰	2.60
14	法国	1.54	法国	1.65	亚洲其他	2.18	埃塞俄比亚	2.27	埃塞俄比亚	2.17
15	以色列	1.48	以色列	1.48	法国	1.96	亚洲其他	2.25	亚洲其他	1.97
全球		193.15	全球	204.10	全球	219.37	全球	221.84	全球	222.81

注：表格中，中国指中国大陆，不含港澳台；亚洲其他指中国台湾。
资料来源：联合国商品贸易统计数据库（UN Comtrade Database）。

2016 年到 2018 年，我国花卉出口额占全球花卉出口额比重分别为 1.71%、1.66% 和 1.73%，2019 年到 2020 年这一数据有所提升，达到 1.95% 和 1.92%，仍然没有突破 2% 的国际市场份额（见表 6.2），与历年排名第十位的各国差距也没有明显缩小，要冲进前十仍非易事，如果将我国居世界首位的花卉种植面积考虑进来，我国花卉国际竞争力明显处于较低水平。

表 6.2　　　　2016～2020 年各国花卉出口额占全球花卉出口额比重　　　单位：%

排序	国家（地区）	2016 年占比	国家（地区）	2017 年占比	国家（地区）	2018 年占比	国家（地区）	2019 年占比	国家（地区）	2020 年占比
1	荷兰	49.31	荷兰	49.08	荷兰	48.98	荷兰	48.01	荷兰	49.15
2	哥伦比亚	6.88	哥伦比亚	6.94	哥伦比亚	6.74	哥伦比亚	6.74	哥伦比亚	6.42
3	德国	5.26	德国	5.03	德国	5.15	德国	4.85	德国	4.86
4	意大利	4.34	意大利	4.62	意大利	4.77	意大利	4.54	意大利	4.64
5	厄瓜多尔	4.18	厄瓜多尔	4.04	厄瓜多尔	3.91	厄瓜多尔	4.00	厄瓜多尔	3.80
6	肯尼亚	2.88	肯尼亚	2.92	肯尼亚	2.85	肯尼亚	2.90	肯尼亚	2.85
7	比利时	2.73	比利时	2.59	比利时	2.53	比利时	2.46	比利时	2.47
8	丹麦	2.45	丹麦	2.38	丹麦	2.24	西班牙	2.17	西班牙	2.27
9	美国	2.21	美国	2.19	西班牙	2.22	加拿大	2.15	加拿大	2.23
10	加拿大	1.90	西班牙	1.98	美国	2.10	丹麦	2.14	丹麦	2.19
11	西班牙	1.88	加拿大	1.92	加拿大	1.93	美国	2.06	中国	2.12
12	中国	1.71	中国	1.66	中国	1.73	中国	1.95	美国	1.92
13	亚洲其他	1.01	亚洲其他	1.00	波兰	1.03	波兰	1.15	波兰	1.16
14	法国	0.80	法国	0.81	亚洲其他	0.99	埃塞俄比亚	1.02	埃塞俄比亚	0.98
15	以色列	0.77	以色列	0.72	法国	0.89	亚洲其他	1.01	亚洲其他	0.88
合计		88.29	合计	87.89	合计	88.06	合计	87.15	合计	87.95

注：表格中，中国指中国大陆，不含港澳台；亚洲其他指中国台湾。
资料来源：根据联合国商品贸易统计数据库计算结果。

二、显性比较优势（RCA）指数

显性比较优势指数通过比较一国某产业出口占该国总出口的比率与世界

贸易中该产业占总出口的份额，衡量该国某产业出口与世界平均出口水平间的比较优势，从而体现该国某产业的国际竞争力水平。一般而言，RCA 值接近 1 表示中性的相对比较利益，既无相对优势也不存在比较劣势；RCA 值大于 1，表示该商品在国家中的出口比重大于在世界的出口比重，则该国的此产品在国际市场上具有比较优势，具有一定的国际竞争力；RCA 值小于 1，则表示在国际市场上不具有比较优势，国际竞争力相对较弱。用公式表示为：

$$RCA_{ij} = \frac{X_{ij}/X_{tj}}{X_{iw}/X_{tw}} \times 100\%$$

式中，X_{ij} 表示国家 j 出口产品 i 的出口值，X_{tj} 表示国家 j 的总出口值；X_{iw} 表示世界出口产品 i 的出口值，X_{tw} 表示世界总出口值。本书中，X_{ij} 表示我国花卉产品的出口值，X_{tj} 表示我国所有商品出口总值；X_{iw} 表示世界花卉产品出口值，X_{tw} 表示世界出口总值。表 6.3 是 2016～2020 年我国花卉产业显性比较优势指数，从表中数据可以看出我国显性比较优势指数一直处于（0.13，0.15）的区间，2019 年的显性比较优势指数 0.1481，为近五年来最高值，远低于 RCA 中性值 1 的水平。从 RCA 来看，我国花卉产业在国际市场上不具有比较优势，国际竞争力较弱。显示性比较优势指数从商品的进出口贸易的结果来间接地测定比较优势，比国际市场份额能更好反映我国花卉出口竞争力情况。但同时，需要考虑我国巨大的内需市场，能够较好地消化花卉产业的巨大产能。

表 6.3　2016～2020 年我国（不含港澳台）花卉出口显性比较优势指数

单位：亿美元

年份	X_{ij}	X_{tj}	X_{ij}/X_{tj}	X_{iw}	X_{tw}	X_{iw}/X_{tw}	RCA_{ij}
2016	3.30	20976.37	0.0002	193.1532	160393.55	0.0012	0.1306
2017	3.38	22633.71	0.0001	204.1032	177425.92	0.0012	0.1300
2018	3.80	24942.30	0.0002	219.3656	195460.06	0.0011	0.1357
2019	4.32	24985.70	0.0002	221.8450	190045.55	0.0012	0.1481
2020	4.73	25906.01	0.0002	222.8056	176451.80	0.0013	0.1445

资料来源：根据联合国商品贸易统计数据库数据和 WTO 全球贸易统计数据计算结果。

三、贸易竞争力（TC）指数

是指一国某产品的进出口差额占进出口总额的比重。贸易竞争力指数将进口和出口两个因素都考虑在内，通过衡量贸易竞争力指数的大小来判断该国某产品在国际市场是否具有竞争优势。当 TC >0 且 TC 值越大，竞争优势越强，反之，该种产品在国际市场处于竞争劣势。用公式表示为：

$$TC = \frac{(X_{it} - M_{it})}{(X_{it} + M_{it})}$$

式中，X、M 分别表示出口额和进口额，i 表示某一国家或某一产业、某一产品，X_{it} 表示我国花卉产业出口额，M_{it} 表示我国花卉产业进口额。当 TC 取值为（−1，−0.6）时有极大的竞争劣势，取值为（−0.6，−0.3）时有较大竞争劣势，取值为（−0.3，0）时有微弱竞争劣势，取值为（0，0.3）时有微弱竞争优势，取值为（0.3，0.6）时有较强竞争优势，取值为（0.6，1）时有极强竞争优势。表6.4是根据联合国商品贸易统计数据库数据整理结果，数据显示我国花卉产业贸易竞争力指数在 2020 年微超 0.3，达到了 0.32，具备了一定的贸易竞争优势。但根据表 6.5 我国海关总署统计数据显示我国贸易竞争力指数一直处于（0，0.3）的区间，2020 年的贸易竞争力指数为 0.24，也达到近年来最高，主要是由于新冠肺炎疫情影响，我国花卉产业复苏相较于国外市场较早，抓住了一定的时间窗口，但仍然位于 0.3 以下。尽管表 6.4 和表 6.5 对于 2020 年数据结果显示了处于不同阶段的竞争优势，但结合前面国际市场份额和显性比较优势来看，我国花卉产业国际竞争优势仍然比较微弱。

表6.4　　2016～2020 年我国（不含港澳台）花卉进出口额及贸易竞争力指数1

单位：亿美元

年份	进出口总额	M_{it}	X_{it}	进出口差额	贸易竞争力指数
2016	5.56	2.26	3.3	1.04	0.14
2017	6.19	2.81	3.38	0.57	0.03

年份	进出口总额	M_{it}	X_{it}	进出口差额	贸易竞争力指数
2018	6.73	2.93	3.8	0.87	0.04
2019	7.02	2.70	4.32	1.62	0.15
2020	7.17	2.44	4.73	2.29	0.24

资料来源：根据联合国商品贸易统计数据库数据整理结果。

表6.5　2016～2020年我国（不含港澳台）花卉进出口额及贸易竞争力指数2

单位：亿美元

年份	进出口总额	M_{it}	X_{it}	进出口差额	贸易竞争力指数
2016	5	2.15	2.85	0.7	0.19
2017	5.59	2.72	2.87	0.15	0.09
2018	5.98	2.86	3.12	0.26	0.13
2019	6.2	2.62	3.58	0.96	0.23
2020	6.22	2.35	3.87	1.52	0.32

资料来源：海关总署、中国花卉协会。

四、显示性竞争比较优势（CA）指数

与显性比较优势指数相比较，显示性竞争比较优势指数考虑了某产业或产品的进口的影响，即从出口的比较优势中减去该产业进口的比较优势，从而得到该国某产业的真正竞争优势。如果 CA > 0，说明该国某产业具有比较优势；若 CA < 0，则说明该国某产业不具有比较优势，该指数越高，产业国际竞争力越强，反之，国际竞争力越弱。

$$CA_{ij} = RCA_{ij} - \frac{M_{ij}/M_{tj}}{M_{iw}/M_{tw}}$$

式中，M_{ij} 表示我国花卉的进口额，M_{tj} 表示我国在 t 时期的总进口额，M_{iw} 表示花卉在世界市场的总进口，M_{tw} 表示世界市场在 t 时期的总进口。表6.6 计算结果显示，考虑花卉进口因素，我国花卉产业显示性竞争比较优势

指数略高于 0，其中 2017 年 CA 值为负数，整体波动不明显，具备微弱的国际竞争力。

表6.6　　2016～2020 年我国（不含港澳台）花卉显示性竞争比较优势指数

单位：亿美元

年份	M_{tj}	M_{ij}	M_{iw}	M_{tw}	RCA_{ij}	CA_{ij}
2016	15879.26	2.15	183.1520	162064.54	0.1306	0.0108
2017	18437.93	2.72	193.4953	179767.86	0.1300	−0.0071
2018	21357.48	2.86	206.7998	198187.78	0.1357	0.0074
2019	20784.09	2.62	201.9599	193375.25	0.1481	0.0274
2020	20659.62	2.35	205.0739	178786.04	0.1445	0.0453

资料来源：根据海关总署、联合国商品贸易统计数据库数据和 WTO 全球贸易统计数据计算结果。

五、净出口显示性比较优势（NERCA）指数

净出口显示性比较优势指数用一国某一产业出口在总出口中的比例与该国该产业进口在总进口中的比例之差来表示该产业的贸易竞争优势。该指数剔除了产业内贸易或者分工的影响，反映了进口和出口两个方面的影响，比 RCA 指数更能判断产业国际竞争力情况。当 NERCA >0 表示存在竞争优势，反之表示存在竞争劣势，指数值等于 0 表示贸易自我平衡。

$$NERCA_{ij} = \frac{X_{ij}}{Y_i} - \frac{M_{ij}}{N_i}$$

式中，X_{ij} 表示我国花卉的出口值，Y_i 表示我全部商品的总出口值；M_{ij} 表示我国花卉的进口值，N_i 表示我国全部商品的总进口值。根据表 6.7 计算结果来看，2016 年我国花卉净出口显示性比较优势指数为 0，2017 年到 2018 年为负数，2019 年转为正数，且 2020 年相比 2019 年有明显的提升，但总体来看我国花卉产业的 NERCA 指数无限接近于 0，说明我国花卉产业处于贸易自我平衡状态。

表 6.7　　2016～2020 年我国（不含港澳台）花卉净出口显示性比较优势指数

年份	N_i	M_{ij}	X_{ij}	Y_i	$NERCA_{ij}$
2016	15879.26	2.15	2.85	20976.37	0.000000
2017	18437.93	2.72	2.87	22633.71	−0.000021
2018	21357.48	2.86	3.12	24942.30	−0.000009
2019	20784.09	2.62	3.58	24985.70	0.000017
2020	20659.62	2.35	3.87	25906.01	0.000036

资料来源：根据海关总署数据计算结果。

六、世界主要花卉净出口国出口竞争力比较

在对我国花卉产业国际市场份额、显性比较优势指数和贸易竞争力指数计算和分析基础上，为了更好地说明我国花卉出口竞争力情况，本研究对全球排名靠前的花卉净出口国的出口竞争力规模指数进行了测度，并进行横向比较。德国、美国花卉进出口贸易逆差明显，在此不纳入比较范围。结果显示：荷兰、以色列、比利时、丹麦、意大利等发达国家花卉出口具有明显优势；哥伦比亚、厄瓜多尔、肯尼亚和埃塞俄比亚等发展中国家的花卉出口在该国扮演着非常重要的角色，在国际市场上竞争优势明显。而中国花卉出口的显示性比较优势指数在表中排名最低，整体还处于弱势地位，但 2019 年到 2020 年，我国显示性比较优势指数呈现快速上升趋势（见表 6.8），说明长远来看，我国花卉产业竞争力具有极大的增长空间，目前仍然远远落后于荷兰、以色列等花卉生产强国以及哥伦比亚、厄瓜多尔、肯尼亚等高度出口依赖型国家，仍需苦练内功。

表 6.8　　　　　　2016～2020 年世界主要花卉净出口国 RCA 指数

年份	荷兰	哥伦比亚	意大利	厄瓜多尔	肯尼亚	以色列	比利时	丹麦	埃塞俄比亚
2016	16.95	35.65	1.51	40.03	81.31	2.04	1.62	4.16	2.46
2017	15.81	31.27	1.55	36.02	86.37	2.01	1.49	3.99	2.73

续表

年份	荷兰	哥伦比亚	意大利	厄瓜多尔	肯尼亚	以色列	比利时	丹麦	埃塞俄比亚
2018	16.61	32.12	1.73	36.13	94.03	2.23	1.56	4.12	5.95
2019	15.39	31.56	1.56	33.10	91.96	2.07	1.46	3.60	70.43
2020	15.28	35.45	1.60	31.96	81.13	1.81	1.43	3.50	66.00

资料来源：根据联合国商品贸易统计数据库数据整理结果。

前文 TC 公式所示，贸易竞争力指数可以消除通货膨胀、经济膨胀等宏观总量方面的影响，并且比值介于 −1 到 +1 之间，在不同国家之间具有可比性。表 6.9 整理计算了世界主要花卉净出口国的竞争力指数。结果显示：世界主要花卉净出口国的竞争力存在明显差异，其中荷兰、以色列、哥伦比亚、厄瓜多尔和肯尼亚花卉贸易竞争力指数均大于 0.6，具有极强的竞争优势，2019 年以来埃塞俄比亚花卉出口净额大幅上升，也呈现强大的竞争力，意大利、丹麦和比利时的竞争力指数和我国整体水平旗鼓相当，意大利略有优势。参考主要花卉净出口国出口竞争力状况，我国花卉出口具有一定的竞争力，但竞争力基础仍不稳固。

表 6.9　　　　　　2016～2020 年世界主要花卉净出口国 TC 指数

年份	荷兰	哥伦比亚	意大利	厄瓜多尔	肯尼亚	以色列	比利时	丹麦	埃塞俄比亚
2016	0.62	0.95	0.17	0.96	0.98	0.81	0.17	0.22	0.40
2017	0.62	0.95	0.19	0.96	0.98	0.80	0.18	0.19	0.35
2018	0.62	0.95	0.26	0.95	0.98	0.79	0.21	0.15	0.48
2019	0.63	0.95	0.39	0.95	0.98	0.77	0.19	0.14	0.98
2020	0.62	0.95	0.32	0.95	0.98	0.67	0.16	0.09	0.98

资料来源：根据联合国商品贸易统计数据库数据整理结果。

前文 CA 公式所示，显示性竞争比较优势指数考虑了产业进口的影响，更能体现一国某产业的真正竞争优势。表 6.10 整理计算了世界主要花卉净出口国的显示性竞争比较优势指数。结果显示：由于哥伦比亚、厄瓜多尔和肯尼亚、埃塞俄比亚等国花卉进口数量非常有限，CA 指数相较于 RCA 指数变动不大；荷兰、以色列的 CA 指数弱低于 RCA 指数，仍然显示出强大的比较优势和国际竞争力；丹麦、意大利和比利时的花卉进口数量相对较多，降幅非常明显，参考主要花卉净出口国 RCA 和 CA 指数的降幅，基于 RCA 指数的我国花卉产业出口竞争力进一步萎缩。

表 6.10　　　　　2016～2020 年世界主要花卉净出口国 CA 指数

年份	荷兰	哥伦比亚	意大利	厄瓜多尔	肯尼亚	以色列	比利时	丹麦	埃塞俄比亚
2016	13.030	35.031	0.204	39.185	80.927	1.814	0.754	1.006	2.266
2017	11.985	30.559	0.246	35.139	86.027	1.776	0.658	0.697	2.575
2018	12.904	31.431	0.562	35.242	93.688	1.989	0.791	0.754	5.752
2019	11.740	30.913	0.664	32.190	91.725	1.774	0.631	0.146	70.265
2020	11.522	34.684	0.340	30.914	80.782	1.619	0.559	0.022	65.757

资料来源：根据联合国商品贸易统计数据库和 WTO 数据整理结果。

前文 NERCA 公式所示，净出口显示性比较优势指数进一步反映了进口对出口竞争力的影响。表 6.11 整理计算了世界主要花卉净出口国的净出口显示性比较优势指数。结果显示：肯尼亚的 NERCA 最高，2019 年达到了 0.11，说明相比较其他国家，肯尼亚的花卉进口额比较其出口额几乎可忽略，在国民经济中有着极为重要的地位，在规模上极具国际竞争力，其次是 2019 年后的埃塞俄比亚、哥伦比亚、厄瓜多尔，花卉出口竞争力也非常明显，荷兰 NERCA 指数在 0.015 波动幅度很小，其余花卉净出口国也远高于我国，比较看来我国花卉贸易总体存在明显的自我平衡特征。

表 6.11 2016～2020 年世界主要花卉净出口国 NERCA 指数

年份	荷兰	哥伦比亚	意大利	厄瓜多尔	肯尼亚	以色列	比利时	丹麦	埃塞俄比亚
2016	0.015	0.042	0.0003	0.047	0.097	0.002	0.0006	0.002	0.003
2017	0.014	0.037	0.0005	0.042	0.103	0.002	0.0006	0.002	0.0030
2018	0.014	0.035	0.0007	0.039	0.1031	0.002	0.0006	0.001	0.006
2019	0.014	0.037	0.0009	0.039	0.1100	0.002	0.0006	0.001	0.084
2020	0.015	0.045	0.0008	0.040	0.105	0.002	0.0005	-0.0003	0.086

资料来源：根据联合国商品贸易统计数据库数据整理结果。

通过以上计算结果和分析，可以看出，尽管我国已经是世界上最大的贸易国，在很多商品品类的出口上都占有比较重要的地位，但当前花卉产品并非我国重要出口商品，花卉产业发展仍以满足内需为主、出口为辅，在全球范围内出口的规模竞争力存在明显的劣势。相较于我国花卉种植面积全球第一、花卉种类齐全、花卉市场总量逐年增加的现状，花卉出口全球影响力比较弱，市场占比不足 2%。作为世界各国农业中唯一不受农产品配额限制的农产品，在全球经济发展的大趋势和人们不断追求低碳、环保、美好生活的背景下，花卉产业规模仍将快速增长，作为兼具生态性、美丽性、效益性的农产品，也将更多地成为我国"三农"问题、生态文明建设、乡村振兴的重要抓手。随着大量知名花卉企业进入我国市场，我国花卉产业也应充分吸收"知识外溢"，用科技创新和标准化引领花卉产业发展，提升我国花卉出口竞争力，反哺花卉产业的持续健康发展。

第二节　基于钻石模型的我国花卉出口竞争力分析

一个国家在某个行业取得国际成功的可能性是该国生产要素、需求条件、相关支持性行业以及企业战略、结构和同业竞争四个方面综合作用的结果。迈克尔·波特认为，这四个要素组成的"钻石"要同时存在才能有效

地影响和促进竞争力的发展，并且认为当某些行业或行业内部门的钻石条件
处于最佳状态时，该国企业取得成功的可能性最大。因此，钻石理论是一个
互相促进增强的系统，任何一个要素的作用发挥程度取决于其他要素的状
况。比如良好的需求条件会让企业处于舒适无压力的状态，致使企业容易满
足于现状，缺乏创新动力和激情，进而影响产品革新和竞争力，而政府政策
对四要素的任何一个都可以产生积极或者消极的影响。下面就我国花卉产业
四要素和两大变数的相互作用进行分析。

一、生产要素与其他三要素之间的相互促进与制约

我国拥有丰富的植物资源、多样的气候环境、相对充裕的花卉从业人
员，给世界主流商业化花卉提供了良好的生产条件，也为建立完整的花卉产
业打下了良好的基础。基于充裕的初级生产要素，我国花卉产业在经济发展
的浪潮中一路狂奔了四十余年，当前已经建立了七大各具特色的花卉主产
区，形成了多元化花卉产业结构，拥有门类齐全的产品体系，国内花卉市场
规模不断扩大，在国际市场也占有一席之地。但是建立在初级生产要素基础
上的竞争力无法持久，相比国内快速增长的种植规模和销售规模，多年来我
国花卉出口国际市场份额停滞不前，长期在2%以内上下波动，说明花卉产
业国际竞争力基础并不稳固。首先，充裕的初级生产要素降低了花卉生产的
进入门槛，为低水平重复建设和"小而全"的花卉生产模式提供了赖以生
存的土壤，国内花卉产业发展环境缺乏充分的高质量竞争，规模以上的大型
花卉示范企业寥寥，尤其缺乏具有国际竞争力的花卉龙头企业，使得花卉产
业集约化、规模化和标准化发展之路相对缓慢；其次，低水平的花卉生产模
式拉低了供给端花卉产品的质量，影响花卉消费层次的提升，进而无法给花
卉产业创新带来足够的动力；最后由于花卉生产以中小型花卉企业和花农为
主，这一类花卉经营主体主要根据市场需求选择花卉种植品类，既缺乏创新
的动能，也不具备相应的资金和技术研发力量。单纯依靠少量规模企业在科
研和创新上进行持续性的人力和资本投入，很难在全产业链布局，进一步影
响花卉育种、花卉栽培设施、花卉保鲜、花卉物流等产业的高质量发展，使

得相关和支持产业难以形成竞争优势，也无法支持花卉出口形成国际竞争优势。

近年来，我国智慧农业、生物育种科学、农药化肥、农艺和园艺教育等新专业陆续在院校开设，经过一定培育周期后相关人才将奔赴花卉上下游产业链，花卉科研机构、科研项目进一步聚焦花卉育种、生产和物流等领域并形成了比较完整的农业科技创新体系，复杂设施农业取得了明显发展，已经建立了四通八达的综合式立体交通网络，国际货运航线不断开拓，数字经济发展如火如荼，高级生产要素规模和质量正在稳步提升，将有力提升花卉行业出口竞争力。

二、需求条件与其他三要素之间的相互促进与制约

我国观花、喜花、爱花文化由来已久，历史上唐宋期间民间花卉消费文化也比较昌盛，在朝代的更迭和百年近代屈辱史的影响下，我国花卉消费文化一度面临消失。20 世纪 80 年代花卉才实现产业化发展，前期由于人民生活水平和消费能力有限，花卉消费以集团消费和祝福消费为主。随着我国全面建成小康社会，人们更加追求生活的多样化和品质化，非生活必需品消费逐渐增多，花卉作为美化空间、释放工作生活压力的主要载体之一，因其容易承受的价格逐渐进入千家万户。尤其是"互联网＋"的发展，给花卉产业触达更多的用户提供了便利的平台，休闲农业、花卉特色小镇、花卉交易博览会的大力发展也培养了更为浓厚的花卉消费文化。电商直播、垂直型鲜花电商、园艺中心等花卉销售新业态的发展进一步丰富了更好触达消费者的渠道，花卉消费广度、深度和品质需求大为提升。但是当前我国花卉消费爱好群体规模仍较小，花卉消费频率和金额离同等收入国家平均水平差距明显，绝大部分花卉消费靠供给端的引导和宣传。花卉消费具有喂养型和被动型特征，消费者难以提出预期性需求，为花卉企业发展提供了相对舒适的需求环境，降低了花卉企业创新研发和打造高质量标准产品的动力，也抑制了花卉和相关支持产业对高级生产要素的有效需求，进而影响花卉园林专业高层次人才培养和专业研究机构的发展动力。同时适应于满足国内低层次花卉

需求也使得国内花卉企业缺乏你追我赶、勇于创新的竞争环境，使得行业内部难以产生"明星示范效益"，这种国内市场竞争的不充分使得企业难以形成可以延伸到海外市场的竞争优势。

随着诺誓（ROSEONLY）、爱尚鲜花、花加、野兽派、花点时间、花里等互联网知名高端鲜花品牌的异军突起，高端定制鲜花不断迎合消费者个性化需求，并通过社交网络渠道形成持续发酵效应，"鲜花盲盒"和"每周一花"等订阅模式打破传统鲜花的节日消费窘境，与国内知名品牌跨界合作增加与用户建立共鸣，发布花卉科普和养护知识短视频提升消费者购买欲望，网络直播建立与消费者的亲密互动等。随着新兴品牌在鲜花消费方式上不断深耕，对花卉供应链、产品和服务的不断升级，必将进一步引领花卉消费文化向广度和深度发展，提升我国花卉消费的需求和消费层级，进而对花卉产业高质量发展形成驱动。

三、相关支持性产业与其他三要素之间的相互促进与制约

当前，我国花卉育种成果已经取得了明显进步，但商业化推广品种仍然不多，花卉大宗商品的种球、种苗严重依赖国外进口，以土栽为主的方式难以满足花卉进口国在植物检验检疫、溯源方面的严苛要求，花卉生产设施化程度仍然较低，冷链物流面临时有断链的窘境，同时缺乏面向国际市场的高度组织化的销售渠道。相关支持性产业缺乏竞争力已经对我国花卉供给端造成了较大影响，一方面难以开发创新型商业化花卉品种满足客户日益成熟的消费需求，只能被动紧跟国外花卉种商的步伐进行生产，很难进行品质超越，另一方面花卉品质受种植过程标准化程度低和运输过程全程冷链保障差的影响，消费者关于电商鲜花消费的投诉不断增多，极大影响消费者对花卉的消费信心和消费频次，进一步削弱国内花卉品牌化能力。花卉供应链整体运营效率低下已经严重制约花卉产业规模化发展，进一步制约了花卉产业在高级要素方面的投资能力和意愿，不利于形成良性的行业竞争环境，也不利于我国花卉行业国际竞争力的提升。

"十三五"以来，我国农业基础设施建设明显改善，设施农业发展已经

成为我国农业现代化的重要建设任务，在设施建设、技术研究、装备研发、资金投入等方面投入显著增加；种业安全问题已经成为影响国家安全的共识，我国政府高度重视种业安全问题，将在加强农业种质资源保护和利用、大力支持育种基础性研究以及重点育种项目、优化种业科技创新体系、支持各类人才资源要素向种子企业快速集聚等方面促进育、繁、推一体化发展；近年来我国在冷链物流行业发展的相关政策逐年加码，为行业发展保驾护航，国务院 2021 年印发《"十四五"冷链物流发展规划》提出快速推动冷链物流高质量发展，一系列关联行业和辅助行业在高级生产要素方面投资上的加码将会逐步扩溢到花卉行业中来，进而形成极具优势的关联行业集群，有助于花卉行业取得国际竞争的有利地位。

四、企业战略、结构和同业竞争与其他三要素之间的相互促进与制约

企业发展战略会极大影响企业在市场上的表现。当前，我国花卉企业经营主要面向国内市场，具备花卉出口条件的花卉企业占比较低，加上国内花卉市场正处于高速增长期，大量花卉经营主体涌入。"企查查"（企业工商信息查询平台）数据显示，过去十年我国鲜花相关企业注册量整体呈上升趋势，并在 2019 年达到顶峰，当年新增 9.32 万家，2020 年到 2021 年虽然增长率有所下降，但仍分别有 7.78 万家和 6.09 万家企业进入花卉行业，截至 2022 年 1 月 10 日，全国范围内共有 41 万家鲜花相关企业，绝大多数为中小型花卉企业。目前国内一批花卉龙头企业已经实现了经营战略的转变，以国际化标准引领企业发展，深耕花卉供应链运营效率，完成了全球化布局，但由于大量中小型花卉企业缺乏专业化运作能力，也没有资金和技术投入研发，国内花卉产业仍没有出现极具国际竞争力的明星企业，培育高级生产要素能力有限。同时少量的花卉龙头企业在供给端引导大众花卉消费的辐射面有限，在购买相关支持性产业的商品和服务时，尽管有更高的标准和要求，但毕竟规模不够，难以对广泛的相关支持性产业形成标准指导。

同时，也要看到大量国际知名花卉企业进入我国市场，已经改善了我国

花卉产业链布局结构，提高了花卉产业充分竞争水平，对相关支持性产业服务标准提升提出了要求，也带来了更为先进的经营理念。随着花卉产业的进一步发展，花卉企业经营战略的转变和更为充分的行业竞争环境也将效促进高级生产要素培育、花卉消费层次提升以及相关支持性产业的高质量发展，进而形成相互增强的钻石体系，提高我国花卉产业的国际竞争力。

五、政府政策和机会对我国花卉钻石体系的作用

在市场经济环境下，市场作为调节资源配置的主要手段不可避免会造成市场失灵，而政府可以通过政策引导，创造有利于产业发展的环境。对于花卉产业发展，我国政府出台了一系列政策，涉及花卉产业提质增效、扶持花卉龙头企业、保护种质资源、完善花卉质量标准、种球繁育、产业布局、冷链物流、花卉文化传播、鼓励外资入局花卉产业等方面，几乎覆盖了花卉全产业链。政府还高度重视发展花卉高级生产要素，在高校新增生物育种技术、设施农业、智慧农业、园艺与农艺等相关专业，为花卉产业高质量发展培养和输送产业各环节高级人才，进而为花卉产业竞争力持续提升打下坚实的基础。同时，政府关于耕地"非农化""非粮化"政策必会对占用农田尤其是永久性基本农田种植的花卉进行清退，各地区必须加强对花卉产业的统筹，降低低端重复建设水平，倒逼花卉生产逐步向设施农业转型，花卉产业走向专业化、规模化和集约化。政府采购一直是我国花卉产业的消费主力，通过扮演挑剔的消费者向花卉企业提出苛刻而前卫的预期性需求，激发花卉企业的创新动力，推动花卉企业以国际质量标准引导发展。政府还通过鼓励外资参与花卉生产与苗圃基地的建设和经营，吸引大量国际知名花卉企业来投资，为国内企业带来先进的经营理念，并形成正向知识外溢效益，改善国内花卉行业的竞争环境，为在充分竞争环境中产生"明星花卉企业"营造良好的氛围，助力四大要素相互作用，增强"花卉钻石"价值。

从机会角度看，居民消费水平不断升级会持续引发花卉消费需求向广度和深度延伸，为花卉产业发展带来巨大的增长空间；RCEP协议的签订大大降低了区域间自由贸易的成本，花卉产品在东盟"10 + 1"协定下已经实现

零关税，我国花卉产业与东南亚国家既存在竞争也有产业互补，为我国花卉扩大对东南亚的辐射力和影响力带来了新机遇；数字经济和鲜花电商的快速发展也加快提升我国花卉产业品质化、标准化和品牌化的能力，有利于激发相关支持性产业不断提升供给和服务能力，从而促进我国花卉产业国际竞争力的提升。

第三节 结 论

总体来看，我国花卉产业发展前景广阔，支持产业高质量发展的上下游产业链健全，但钻石体系上的四大要素对我国形成具有国际竞争力的花卉产业的支持力度仍然不足：交通网络和信息化建设等基础设施建设基础较好，但针对花卉产业的专业运输渠道建设不足，全程冷链覆盖面不广，智慧农业、生物育种等支持现代花卉产业发展的高级生产要素培育仍在起步阶段；国内花卉消费普及化程度和日常化属性大有提升，但花卉消费层次仍处于供给端引导性消费，并未形成预期性的需求，快速增长的消费水平让低端建设的花卉经营者有了一定的市场空间，但不能有效激发花卉行业的创新动力；建立了健全的花卉产业链，但相关支持性产业发展不均，布局在育种、设施农业、专业化销售的国内企业数量不足，实力也相对薄弱，限制了花卉行业上下游产业链形成优势关联行业集群；我国花卉产业化起步较晚，由于缺乏核心技术，花卉企业经营和发展理念相对于国际市场仍显落后，"进口种球/苗—出口鲜花"是大多数花卉出口企业的核心经营模式，大量中小企业间的低端竞争也难以培育具有国际竞争力的明星企业。因此，当前支持我国花卉产业发展的四大要素还不能很好地增强花卉国际竞争力（见图6.1），如果仅仅依靠国内生产要素、需求条件、现有产业发展基础和竞争环境，即使在政府和机会两大变数的正向作用下，要提升我国花卉产业国际竞争力也面临重重困难，可能使得我国花卉产业在低端产业链上呈闭环发展态势。

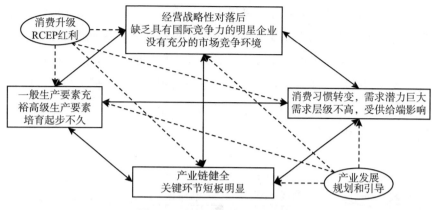

图 6.1　中国花卉产业钻石模型

由于花卉产业链顶端有荷兰、以色列等花卉强国把控，生产环节有哥伦比亚、厄瓜多尔、肯尼亚等国形成了"先发者优势"，育种和栽培技术优势、规模化生产优势、标准化高质量发展优势、具全球影响力的品牌优势都不在我国，要改变现有国际花卉市场的竞争格局非常困难。在全球经济发展过程中，各国之间经济依赖更加明显，进而相互作用并影响国家竞争优势，因此在现有的"钻石体系"中添加第三个变量"跨国公司的经济活动"，形成国际化钻石模型，有利于改变现有生产要素、市场需求、相关和支持产业链、企业战略和竞争四大要素发展态势，进而影响国家竞争优势。

跨国公司的经济活动对我国花卉产业"钻石模型"带来极大的变化（见图 6.2）：在生产要素上，跨国企业依靠其品牌和规模优势更容易获得生产要素，资源的稀缺性要求我国花卉企业必须不断提高生产要素的利用效率，同时不断培育高级生产要素，可以通过与国际知名花企和花卉科研机构的合作，有计划地派出骨干科技人员交流和学习；国外先进的花卉培育、花艺设计和品牌化管理理念的进入，可以丰富花卉供给端，为消费者提供更多的选择，拉升花卉消费层级，进而使国内花卉企业不断增强高品质、个性化花卉供给能力；要有效利用国外资本加强对花卉相关支持性产业的合理布局，改变现有花卉产业链"枣核型"布局结构，提高设施农业、花卉育种、冷链物流等关键环节的竞争力，提升关联产业集群的支持力度；国际龙头花卉企业的入局，既给国内企业带来极大的竞争压力，也能带来先进经营理念和先进的技术，政府一方面要增加对国内龙头花卉企业开展科研和品牌化经营的支持力度，另一方面利用政策引导行业内良好的竞争秩序，既能提高外商投资的知识外溢效益，也要避免外资花企利用技术和规模优势对国内企业形成绞杀，引导花卉行业健康竞争和创新发展，为四大要素更好地补强"花卉钻石"提供外力。

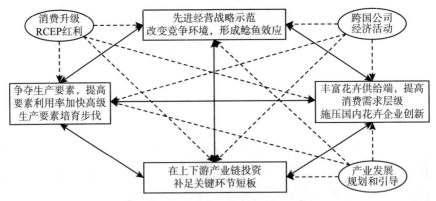

图 6.2　中国花卉产业国际化钻石模型

第七章

花卉出口的国内外实践与启示

20 世纪 90 年代以前，世界花卉生产和消费的核心均在发达国家。90 年代后，部分发展中国家的花卉产业发展迅速，花卉种植面积的增长主要集中在以中国为首的亚太地区、以哥伦比亚、厄瓜多尔为主的南美地区和以肯尼亚、埃塞俄比亚为主的非洲地区，近年来东南亚部分国家的花卉产业发展也非常迅速。全球花卉消费和贸易地理方向与花卉生产区域分布有所区别，其中荷兰占据着全球花卉市场一半的市场份额，以色列以很少的种植面积在全球花卉出口中占据一定的优势，哥伦比亚、厄瓜多尔占比也超过 10%。在这些国家中，荷兰和以色列土地面积、气候环境等初级生产要素处于劣势，南美洲和非洲等国的育种研发能力和现代生物技术发展基础比较薄弱，却都成为世界主要的花卉出口国，在提升花卉出口竞争力方面积累了许多切实可行的宝贵经验。中国花卉种植面积虽然规模庞大，高居世界第一，但花卉出口表现长期低迷，国际市场份额占比保持在 2% 以内，几乎是全球所有主要花卉生产国中出口额占花卉总产值最低的国家。与此同时，国内花卉种植区域分布广泛，七大花卉主产区各具特色，但花卉出口在不同地区表现高度不平衡，云南、福建、江苏、浙江、广西等省区市结合本地的资源禀赋和产业基础，积极探索花卉出口的发展路径，取得了花卉出口的丰硕成果，积累了一些可供复制、容易操作的丰富经验。

纵观全球花卉强国花卉出口的成果，各国都结合各自的特点找到了合适的发展道路，成为花卉出口的统领者，对我国花卉出口竞争力的提升有着重要的借鉴意义。因此，要想高质量提升我国花卉出口竞争力，必须借鉴国内外先进经验，选择适合我国花卉产业的发展路径。在经验借鉴上，本章选择荷兰、以色列、哥伦比亚这三个国家，分别梳理了这些国家在促进花卉出口方面的成功做法，在国内选取云南、福建等省份，分析其在花卉出口中的先进经验。

第一节　国外花卉出口强国的先进经验

一、荷兰

荷兰是世界上著名的低地国家，四分之一的土地海拔不到一米，18%的国土是人工填海造出来的，国土面积狭小，仅有 4.15 万平方公里，约等于 2.5 个北京。荷兰可用的耕地、草地和牧场面积仅 200 万公顷，耕地面积不足我国的 5%，1700 万人口中仅 4% 是农民，但荷兰却是名副其实的农产品出口大国，农业的出口率和土地生产率都高居世界第一，蔬菜、乳品、猪肉、马铃薯等出口居世界首位，荷兰也是世界上最大的花卉生产和出口国，拥有"鲜花王国"的美称，是欧洲的后花园、郁金香的世界。荷兰生产的花卉 75% 出口到世界 130 个国家与地区，在国际市场上，荷兰球茎花卉出口量占世界总出口量的 80%，鲜切花占 60%，盆花占 50%，整体出口总额占全球一半以上。其中郁金香作为荷兰的国花，其种球出口占据 90% 以上的国际市场，创造了小国大农业的生产奇迹①。

（一）基于资源禀赋扬长避短，大力发展设施农业

腾讯网网络资料显示，从自然条件上来看，荷兰可耕地面积少，地势低洼导致土壤比较潮湿，全国仅有 50% 的土地高于海平面 1 米以上，另外一

---

① 商务部.《对外投资合作国别（地区）指南：荷兰》。

半土地中有27%低于海平面。温带海洋性气候区使得荷兰常年光照不足，缺乏植物生长所需的热量，土壤易盐碱（渍）化，对于发展农业形成严重制约。但与此同时，荷兰地势平坦，降水非常丰富，周边几个国家都拥有强大的工业实力，使得荷兰拥有更多发展农业的优良条件。荷兰政府认真分析了本国的资源禀赋和欧洲产业现状后，将农业定位为本国产业发展的重点，且优先发展鲜花种植业。由于地理条件和气候的限制，荷兰从一开始就摒弃了传统的农产品生产模式，避免常规种植受气候条件制约严重的缺点，高度重视现代化设施农业建设，通过建设植物工厂实现农产品生产的规模化、高效化和标准化，植物工厂成为荷兰最具工业特点的现代化农业，其中三分之二用于花卉栽培。

荷兰玻璃温室面积达到1.1万公顷，占世界温室面积总面积的25%[①]，鲜花生产基本是在现代化自控温室中，利用电力对温室进行智能补光，提供热量和照明，花卉种植使用基质栽培而非传统地栽模式，植物放置在栽培床上，从基质搅拌、定植、栽培、施肥、灌溉等全部实现机械化，温室内的温度、湿度、光照、作物生长情况、二氧化碳供给、环境等全部由计算机控制，完全摆脱自然气候和气候变化等条件束缚，实现了全年均衡生产的现代化农业生产经营方式。基质栽培温室生产使得花卉生产周期短、花卉产出率高、花卉品质高度标准化，每天都能以稳定的产量供应市场，大大提高了土地的生产率，实现了以有限的土地创造了全球范围内首屈一指的经济效益，也给世界花卉生产带来了全新的理念。

（二）建立了高度专业化的花卉产业集群

在荷兰，新品种研发与培育、花卉园艺设计、花卉营销与推广管理、花卉物流、花卉科研教育、花卉生产技术提供商（温室设施、供暖设备、灌溉装备）等行业都和花卉种植一样，经历了长期的发展。目前，荷兰已经建立了完善的集研发、培育、种植、管理、销售于一体的产业集群，集群内部各相关产业高度专业化。

[①] 温室技术助力荷兰做强农业［N］.人民日报，2015-05-01。

在研发培育环节，荷兰有不同类型、研究归属不同的花卉研究机构，各研究机构相互间分工合作，如荷兰国家研究所和瓦格宁根（Wageningen）的国际植物研究中心主要从事应用型的基础理论研究，丰帝师大学、瓦格宁根大学、荷兰大学等众多知名高校开设的食品与花卉管理、花卉园艺专业、花卉园艺营销专业、景观园林专业、高等农业教育、生物性植物保护等专业几乎涵盖花卉产业各环节，研发方面主要从事花卉遗传、生理生化的科研工作，且与花卉生产企业和花卉贸易公司开展广泛的合作，许多的花卉生产公司也有自己的研究所专门从事育种、栽培技术、资源引进和开发，整个研发体系分工明确，高度协作。

在花卉生产环节，荷兰花卉种植者并非传统意义的农民，花卉种植几乎都以企业经营的方式进行，且高度运用先进的科研技术。为提高生产的效率，荷兰花卉生产高度专业化，每一户花农通常只栽培一种花卉或者某一种花卉的某个品种，保证所有生产环节的严格标准化，不仅提高了产品的质量，有利于实施温室的机械化自动化控制，而且帮助花卉种植者不断提高对某一品类花卉生产的专业技能，反哺花卉生产向更精准化发展。

花卉生产技术提供商密切跟踪花卉种植者的迫切需求，研制了一大批先进的花卉生产、收获、包装、保鲜等实用机械，提高了花卉生产的专业化、机械化和标准化管理，为降本增效、提升市场竞争力提供有力支持。

在花卉物流环节，由于鲜花属于易腐产品，荷兰有专业的花卉物流公司为花卉保鲜、储运提供全程冷链运输，并不断致力于充分运用荷兰高度发达的海、陆、空运输网络提高运输效率、不断加大在保鲜、储运、冷藏等方面的科技支持力度、尽可能缩短流通环节来加强对鲜花的运输与管理。

在花卉销售环节，荷兰拥有世界上最大的花卉拍卖行，拍卖市场是花卉种植者以会员形式组成的合作社，花卉种植者仅需致力于生产，将销售全部交给拍卖市场（VBN），与此同时，荷兰鲜花拍卖协会（The Dutch Association of Flower Auctions）在鲜花行业信息共享、供应链合作、市场交流、政策法规影响等方面提供平台。在荷兰，研发、育种、种植、拍卖、技术供应、花卉贸易、物流服务等产业紧密相连，产业集群形成了明显的外部经济效益，成为荷兰花卉产业最核心的竞争力。

（三）坚持科技引领，走可持续园艺发展道路

随着频繁的人类活动对环境的破坏日益加重，气候变化已成为人类社会发展面临的巨大挑战，走可持续发展是大势所趋。受限于本国气候条件和气候变化给全球带来的挑战，荷兰从一开始就坚持走可持续园艺发展道路，在农业和园艺业发展中不断融入高科技、创新和有机的元素：

首先，围绕尽力使用天然能源和最大化能源利用的目标，不断更新迭代温室技术。低地文化传播（上海）官方账号"荷兰在线 NLO"资料显示，荷兰在 19 世纪中叶就开始就在韦斯特兰地区建造温室，大力发展农业设施。到 20 世纪中叶，一种小尖顶的连栋玻璃温室的出现解决了常年光照不足的问题，极大地推动了荷兰温室园艺的发展。21 世纪荷兰又推出了封闭式温室和半封闭式温室的技术创新，可以帮助种植者精准调控生产环境提高产量，技术创新包括采用单片大面积漫反射玻璃增加太阳能的入射量，封闭或减少温室开口降低虫害水平，利用地下水储存热能以避免使用气体加热系统等。通过对通风设施、热能循环等温室内每一个元素进行不遗余力的改良，实现温室产能和能源利用的最大化。

腾讯、网易、"荷兰在线 NLO"相关资料显示，节能照明也是荷兰温室园艺业的重要课题，瓦赫宁根大学（Wageningen University）和昕诺飞（Signify，前飞利浦照明）等企业合作设计出一种应用于温室园艺的高效 LED 照明系统，能够显著提高温室培育的花卉产量并大量降低碳排放，荷兰温室通过建立热电联供系统可以产出足够的电力，实现了产能大于耗能，大大降低了温室产业的能源和燃气消耗，2020 年起新建温室达到二氧化碳净零排放。

荷兰的科技创新还表现在从种子到种植到采摘的几乎所有环节，荷兰的"食品谷"（Food Valley）聚集了大量的国际顶级的跨国食品公司、科研院所和 15000 名活跃在食品和与之相关专业发展研究的技术人员，为荷兰"智慧农业"提供了源源不断的科技创新功能，如研发了大量术业有专攻的采摘机器人，能根据不同花卉的特点进行采摘，合理修剪枝叶，有效提高花卉产量。

荷兰还利用数字技术建立了大量数字基础设施，花卉种植者可以利用传

感器、无人机等收集土壤数据并提供数据分析，帮助花农在最佳时机洒水施肥，利用物联网技术将花卉生产全环节的数据进行整合，帮助机器人进一步改善性能，同时实现高产、保护生物多样性、恢复土壤质量和减少二氧化碳排放等产业可持续发展目标。

《农资与市场》杂志相关资料显示，在植物种植过程中，荷兰始终坚持减少甚至不用化学品，规定种植者谨慎使用化肥、化学杀虫剂等产品，在使用前必须先尝试替代方式，如种植特定种类的作物，使用杀虫灯、黄板等。另外，荷兰温室生产非常重视病虫害防范，利用大数据检测，通过自动化操作提前干预，防止花卉生产过程中发生病变；荷兰政府还与超市、荷兰农业和园艺组织联合会等机构合作，共同推广有机农产品，将可持续发展理念贯穿到花卉生产的全过程。

（四）高度重视市场化和品牌化建设

1. 花卉拍卖市场为花卉销售提供专业化和市场化的全链条服务

私营家庭农场是荷兰农业的主体和活力细胞。由于荷兰农场需要和全世界农业生产者竞争，面对激烈的国际市场竞争，以市场需求为导向专注于集约化、规模化和专业化发展是提高农业生产效率、降低生产成本、提高产品质量的最佳途径。荷兰单个农场的规模普遍比较大，按欧盟定义的9级农场经济规模单位来衡量，基本位于8级到9级之间，为追求经济利益最大化，私营家庭农场往往根据市场需求、消费者喜好来生产产品。由于荷兰内需市场极为有限，花卉的生产必须以出口为导向，因此为了最大程度提高产品出口竞争力，荷兰农场往往专门生产一种花卉，甚至是一种花卉的一个品种，为机械化和优质高产打下基础，在高度细分的市场赢得竞争优势。同时为提高市场竞争力和定价权，荷兰农场基本都加入了合作社，拍卖市场就是花卉种植者以会员形式组成的合作社，荷兰的大部分花卉进入流通市场主要是通过拍卖方式完成交易。拍卖市场一头连着荷兰农场，花农生产的绝大多数产品均按照拍卖市场的要求送到市场进行拍卖，另一头连接着大型批发商和贸易公司，在全国七大拍卖市场注册登记后获得席位，竞拍花卉并销往全球各地。花卉拍卖市场对花卉产品的加工、保鲜、包装、检疫、通关、运输、结算等服务环节实现了一体化和一条龙服务，大大缩短了花卉的交易和上市时间，确保了鲜花在当天晚上或第二天出现在世界各地的花店里，不仅提高了效率，而且降低了交易成本和风险。目前荷兰花卉拍卖市场不仅销售荷兰自产的鲜花，来自肯尼亚、厄瓜多尔、埃塞俄比亚等国的大量鲜花也通过荷兰花卉市场销往全球，是名副其实的世界园艺交易核心枢纽。

2. 通过品牌建设加强花卉核心竞争力

荷兰非常重视农产品品牌打造。由于荷兰农场生产高度专业化，单个农场生产的产品比较单一，为对单一产品的质量改进、科技开发、深度加工和市场营销提供专业化服务，荷兰还成立了大量的单品种专业合作社，集中精力为固定的对象提供专业的服务，其他商业组织很难介入，有力保障了花农的利益，也十分有利于单一产品的品牌化建设，在品牌定位、品牌规划、品牌形象、品牌推广上达到统一。荷兰温室企业生产的产品都有产品品牌、注册商标和生产厂家等信息，便于形成品牌标识和培养消费者忠诚度。荷兰发达的农业物流系统堪称世界之最，通过良好的交通基础设施、可靠的运输部门、有效的分拨系统、完善的配套服务为花卉产品销往世界各地提供了重要保障，成为荷兰花卉品牌化塑造的重要一环。荷兰知名的园艺种植系统和设备开发企业普瑞瓦（Priva）公司、瑟通（Certhon）公司、科迪马（Code-ma）公司、流星系统（Meteor Systems）公司、维瑟园艺系统（VISSER）公司等不断加大对温室结构、外部材料、内部技术的创新，供热和冷却系统、灌溉系统、气候控制系统、栽种机器人、移动式培育苗床、园艺计算机系统、上盆系统、分级捆束机及冷藏库等系统和设备的开发及生产，领导着世界潮流，品牌化的支持系统和设备为花卉品牌化发展提供了技术背书。

（五）强化发展高质量种子，占据花卉产业链顶端

种业是整个农业产业链的起点，具有高技术含量、高附加值的特点。荷兰花卉行业取得的举世瞩目的成就与其高度发达的种业息息相关。荷兰花卉公司在新花卉品种培育上舍得投入巨额资金，比如荷兰国花郁金香，花农会根据季节分配大片的花田专门根据市场需求培育种类繁多的球茎，新培育的郁金香球茎需要 5~10 年才能开花，开花后其商业价值还是未知。尽管培育新球茎的时间成本和资金成本十分高昂，但一旦新花卉品种得到了市场的认可，其商业价值和盈利则十分可观。"农业种植网"相关资料显示，荷兰全国有 7 个研究中心，专门从事花卉品种的研究，平均每年能推出 800 至 1000 个新花卉品种，育成了大批的郁金香、风信子、水仙、唐菖蒲及球根鸢尾的新品种。目前全球 10 大种子公司，荷兰家族企业瑞克斯旺、安莎和比久占得三席。为分担种子开发的成本和风险，提高种子开发的成功率，荷兰种子公司还非常重视本土企业之间以及和国际其他种业公司开展育种合作，如荷兰瑞克斯旺、安莎与法国威马、日本龙井等几家种苗公司联合组建的科因生物技术公司，其研发水平足以和孟山都和先正达三分天下。荷兰非常重视植物资源保护和新品种选育，尽管本国的农业种资源并不丰富，但荷兰种业公司积极利用现代的分子育种、转基因等育种技术对植物品种进行有效的改良和选育，在育种、繁种、检验、精选、加工、包装、试种、育苗等环节高度专业化。荷兰花卉园艺业也一直在与育种企业紧密合作，共同培育抗病性更强、产量更高、品类多样的花卉种子，使得荷兰成为世界种业领域的佼佼者。同时，为保障育种者的权益，维护育种者积极性，荷兰政府建立了严格的知识产权壁垒，要求购买种子的生产者不仅为种球种苗付费，也要向育种者支付专利费并得到特许，才能够销售这种花卉，这种机制有力地保障了育种者的利益，为育种行业的健康发展提供了制度保障。作为种业的先驱者和有力推动者，荷兰花卉行业牢牢站在产业链顶端，赢得了大量的市场利润。

（六）政府部门提供有力支持

花卉行业作为荷兰的支柱产业，其发展得到了政府的高度重视和大力支持。第一，降低花卉生产企业的税收负担。中国花卉网和《常州日报》资料显示，荷兰政策规定对直接从事花卉生产的公司，花卉产品的增值税由 17.5% 降到 6%；第二，对花卉生产企业提供能源和研发补助。由于荷兰花卉生产均在植物工厂进行，需要大量资金投资栽培设备和节能设备，政府预算中每年会拨付一定的金额补助花卉生产公司建造节能设备，因质量控制、新品种培育而产生的巨额成本政府也会给予适当补助，同时降低花卉业公司的能源使用费用；第三，为花卉产业发展建立完善的人才培养体系。科技的进步、产业的发展最终离不开人才。荷兰政府十分重视农业教育科研和推广系统，将其看作荷兰农业发展的三大支柱。荷兰知名高校设置的专业种类涵盖了花卉行业产业链的所有环节，大量科研机构和知名花卉生产企业集中在"食品谷"形成了科技产业集聚，高校和企业之间搭建了完善的合作渠道，农业教育体系已经发展得十分完善，为花卉产业发展各环节培养了大量的技术人才，也为农民培养企业经营管理的能力。荷兰的农民素养普遍都很高，极具企业家精神，大多数农民都能讲流利的英语，能够跟上世界农业科技发展的步伐。第四，成立了强大的农业行政管理机构，对农业实行一体化行政管理。在荷兰，农业部是中央政府直接管理农业的行政机构，职能涵盖了从农产品生产到农产品消费的全过程，包括农产品的生产、加工、营销、国际贸易，农业生产资料的供应及农业资源环境保护，农业教育科研推广，农业技术服务、农产品质量监督，农业政策以及对农民的财政支持等，主要管理职能是制定行业政策、法规（比如农产品质量法案），同时授权众多官方和非官方的花卉协会对花卉行业进行间接管理，保证管理和服务的灵活性。如荷兰种植协会是荷兰植物种子种苗行业的一个分组织，其主要责任是帮助协会成员与政府和国内外市场进行沟通，并为成员应对政府机构制定的新政策，同时提供国际间种苗业有影响力的信息和知识交流，并负责领导国际无性繁殖观赏植物及果树种苗育种者共同体（CIOPORA），欧洲种子协会（ESA），国际种子协会（ISF），欧洲种子协会（EUPlant）等种苗国际分支机构。

（七）积极参与全球竞争为荷兰花卉产业发展提供足够空间

荷兰花卉产业的发展和成功不仅仅是因为其从开始阶段就走高效农业发展的道路，创造了常规农业难以企及的高生产率，也得益于荷兰早期就将产业定位为出口型，积极开拓全球市场。首先，荷兰拥有世界上最成熟、发达的消费市场。荷兰鲜花出口主要面向欧洲市场，人均消费鲜花金额较高的国家基本都来自欧洲。比如德国是欧洲市场鲜花消费量最大的国家，荷兰人均鲜切花消费量每年达 150 支，法国和意大利爱花的程度可以和喜欢奢侈品相媲美，英国的年人均鲜花消费量也达到 50 支。成熟而极具消费能力的欧洲市场为荷兰花卉产业的规模化和专业化发展提供了高品质的有效需求，为荷兰花卉发展进入良性循环提供了必要的环境。其次，荷兰种球、种苗出口精准瞄准新兴国家市场。荷兰拥有世界最先进的种球、种苗生产技术，中国、东南亚国家、拉美等新兴国家发展花卉产业必然要从荷兰进口大量的种苗和种球，销售利润和专利费也非常可观；与此同时，荷兰还非常注重技术输出，凭借其在园艺产业上先进的技术和完备的管理经验，荷兰花卉企业积极在全球范围内进行投资，利用东道国廉价的生产要素和优良的种植环境等区位优势进行花卉生产并出口到其他国家，积极开拓全球市场。

二、以色列

据网易新闻《世界农业案例》《中国花卉园艺》杂志和网络资料显示，以色列国土面积67%是沙漠覆盖，淡水奇缺，农产品生产自然条件比较恶劣，但是以色列却在贫瘠的土地和干旱的气候条件下以 5% 的农业人口发展成农产品出口大国，将自己的瓜果蔬菜和花卉出口到奉行最高品质标准的欧盟市场，本身就是人类历史上创造的一个伟大奇迹。以色列全国花卉企业（公司）2400 家，每年生产鲜切花 15 亿支以上，玫瑰占近 70%，其次是康乃馨，百合花等。

（一）精准定位农业发展方向

以色列之所以能够依靠极其匮乏的自然资源发展成为全球领先的现代农业，拥有鲜花、种苗四大出口国的席位，其根本原因是在发展之初，便确立了精准的市场定位：第一结合本国耕地面积太少的实际情况，舍弃了传统发展粮食作物的路线，转而进口粮食，将农业发展定位为种植效益较好的经济作物，其中花卉和蔬菜是最为重要的商品品类，同时基于国内市场规模有限的现实，花卉产业主要面对国外市场；第二，综合分析以色列所处地理环境，出口市场定位为欧洲市场。不仅仅因为欧洲是世界上花卉消费和花卉贸易的中心，也因为以色列距离欧洲较近，鲜花出口的空运时间可以控制在3~4个小时，获得了天然的距离优势。同时，以色列气候与欧洲花卉生产大国荷兰存在一定的互补，荷兰花卉生产高峰期在夏季，冬季是花卉生产淡季，而以色列冬季气候较暖，依靠充足的阳光能够让花卉很好地生长，深秋10月到第二年的4月份，以色列生产的花卉可以获得错峰的市场良机；第三，因地制宜形成了科学的生产布局。以色列的北部海拔较高，气候偏冷，南部半干旱地区缺雨且阳光充沛，中部平原和中部丘陵气候资源也各不相同，以色列花卉行业对不同地区的气候资源加以利用，因地制宜发展不同品类的花卉，帮助以色列花卉快速建立市场优势。

（二）最大程度利用科技提高花卉种植技术

针对恶劣的自然条件，以色列高度重视科技在产业发展中的实际应用。由于农业发展耗水量极大，以色列面临可耕地面积严重受限、降水稀少、蒸发量高等不利条件，从发展农业最初，以色列农业部门就高度重视科技创新。以色列花卉70%以上通过温室种植，采用无土栽培技术，基质多为戈兰高地的火山岩，通过计算机系统调控技术，智能化地满足各种花卉不同生长期对水分和养分的需要；研发滴灌技术，建立了丰富的管道体系，管道上分布了大量滴水器，滴水器周围按照一定距离和深度安装数支电子张力计及散热传感器并与计算机相连接。计算机根据程序设定的土壤含水量数值及张力计、散热传感器显示的数据，来决定灌溉水量多少及灌溉土壤体积，以确保供水量与花卉耗水量相等，最大限度地减少了水分向根系活动层以外的渗漏损失，也满足了对花卉作物的精准浇灌；滴灌技术同样运用到肥料的输送，通过将高浓度液体肥料置于贮存罐内，由计算机根据花卉的需要自动提取，与灌溉水一起施入花卉根部，极大地提高了水分和肥料的利用效益，保证了营养液、水分合理及时的供应，严格的生产管理过程提高了栽培鲜花的质量，基本避免出现病虫害。

（三）长期坚持投入大量资金到生物技术相关产业

以色列不仅依靠科技研发拥有先进的种植技术，还高度重视生物技术的发展。以色列政府长期坚持投入大量资金促进生物技术的研发，致力于不断培育与推出花卉新品种。以色列的花卉生产企业和花卉种苗研发机构，长期追踪国内外市场的需求变化，不断向市场推出新品种，维持花卉出口地位。第一，根据世界花卉竞争格局变化错位发展新品类。随着发展中国家逐步加大花卉种植面积，世界花卉生产格局发生了一定的变化，传统花卉的供给和市场价格变化给传统花卉生产国带来冲击，固守传统花卉品类极易陷入花卉红海。以色列积极从国外引进野生花卉和新品种花卉资源，经过驯化、栽培和改良繁育，由推广部门推向市场。通过"此降彼升"调节传统花卉和新种类花卉的生产比重，目前新培育的品种占花卉总产量的比例已经超过65%，极大维持了花卉产业利润；另一方面，利用生物技术对传统花卉品类种苗进行改良，提高传统花卉的生产质量。如为抢占欧洲市场冬春季节缺花的市场先机，以色列加大投入积极利用生物技术为传统花卉"创造新技能"，通过育种改良使得玫瑰、康乃馨及百合等花卉在冬季也能在温室中茂盛生长，并兼具颜色鲜艳、清香迷人、花期超长、不易凋谢和抗病毒、耐旱、便于运输等优点，以色列优良的花卉种苗畅销欧洲市场和日本市场。

（四）花卉生产模式高度专业化、规模化、产业化

以色列花卉温室种植比例虽然很高，但单个花卉种植园的面积总体偏小。尽管花卉种植专家能依靠丰富的经验和先进的农业生产设施在面积有限的温室种植品质极高、种类繁多的鲜花，但"小而全"生产模式显然难以让以色列花卉在激烈的国际市场竞争中获得优势，专业化生产才能实现规模经济效益。以色列的花卉企业大多根据自身条件和特点集中生产1~2种花卉，生产的专业化能让企业很快积累该类产品的生产技能和改良研发能力，为保证产品质量奠定坚实的基础，从而形成单品类的规模化和产业化，方便花卉的周年生产、产品分级、包装、运输和质量监管，有效地参与国际竞争。如丹兹格尔种苗公司专注生产和繁育满天星和紫菀种苗，拉黑石区

（以色列最大的月季种植基地）重点发展月季，谢米香石竹种苗公司单一发展香石竹种苗。以色列花卉产业化发展还有另一个表现，尽管以色列针对欧洲市场冬季重要节假日实现了错位发展，但受限于地理环境、气候和高人工，以色列花卉种植成本仍然偏高。为降低生产成本，以色列利用掌控的种植技术和终端销售渠道将花卉产业进行全球化布局，利用肯尼亚、埃塞俄比亚等非洲国家廉价的初级生产要素种植花卉，做到花卉产品持续、稳定的供应能力。

（五）健全高效的花卉产品出口服务体系和技术推广服务体系

以色列建立了非常简洁而高效的花卉出口流通渠道。为帮助本国花卉种植者便利地出口花卉，以色列政府出资成立了最大的农产品出口公司阿古瑞斯柯（Agrexco），代理出口的花卉产品占总出口额的 95% 以上。公司在以色列最大的特拉维夫机场建立了大型冷藏库，确保出口花卉产品在上飞机之前处于冷链闭环管理，分布在全国各地的花卉包装商每天清晨将花卉种植者预处理的鲜花进行统一的分级包装，再运送到花卉出口公司。从花卉采摘、预处理、分级包装到出口商将花卉送往国际市场，整个流通链条非常高效。以色列农业和乡村发展部专设了农业技术推广服务局，从事农业技术推广的工作人员超过 800 人，均由政府提供相关支持费用，专门负责向花卉种植者和经营商提供技术推广服务，通过上门服务，在农场、田间、果园对农业经营者的具体生产条件进行分析，同时通过实验站开放日技术传授服务、推广单位每周指定一天咨询日等方式，帮助花卉种植者和经营者掌握新技术，为花卉产业发展提供源源不断的技术支持。

三、哥伦比亚

哥伦比亚有举世闻名的"四宝"，绿宝石、咖啡、黄金和鲜花。鲜花在哥伦比亚国民经济中占有重要的地位，迄今其花卉产业化历程已经长达半个多世纪，成长为南美花卉生产和出口的巨头，是继荷兰之后的世界第二大花卉出口国，全球市场份额达 17%。哥伦比亚农业和农村发展部统计数据显示，2018 年哥伦比亚花卉种植面积 8391 公顷，每年哥伦比亚向全球出口的鲜花价值约为 13.5 亿美元，花卉出口品类含玫瑰、康乃馨、百合、绣球等 1000 多种，出口至上百个国家和地区。其中美国约 80%的鲜花都从哥伦比亚进口，日本市场的康乃馨 60%来自哥伦比亚，哥伦比亚鲜花在加拿大、俄罗斯、英国和其他欧洲国家也占据一定的市场。

（一）充分利用资源禀赋条件发展花卉产业

哥伦比亚发展花卉业具有得天独厚的条件，在地理位置、气候条件、土地适宜性和劳动力资源等方面均具有明显的优势。哥伦比亚鲜切花生长地主要分布在哥伦比亚中部山地昆迪纳马卡省（70.0%），以及安蒂奥基亚（28.1%），属亚热带气候，常年温暖如春，日照时间长，昼夜温差大，土壤肥沃，拥有丰富的水资源和低成本劳动力，为多种花卉的生长提供了良好的自然条件，是世界上最理想的花卉生产地之一。优越的自然条件使得哥伦比亚花卉生产投资壁垒大大降低，尽管哥伦比亚温室栽培占花卉种植面积的 90%左右，但四季如春的气候既不需要调节温度和湿度的控制设备，也没有风雪和冰雹等自然灾害的影响，只需要建造简单的生产设施就可以生产高质量的花卉。哥伦比亚的设施花卉以最简单的塑料大棚为主，一般仅需在高约 5 米的钢架上铺设普通塑料薄膜，投资成本低，吸引了大量具有远见的企业家投身花卉行业，促进花卉行业的快速发展。同时，作为发展中国家，哥伦比亚劳动力成本较低，由于花卉生产设施简单易操作，农场工人稍加培训即可上岗从事花卉生产，花卉种植商提供了涵盖教育、房屋、健康关爱、子女福利等一系列员工关爱计划，吸引更多廉价劳动力进入花卉行业，为花卉行业发展提供了足够的人口红利。哥伦比亚位于南美洲大陆顶端，其优越的地理位置使得哥伦比亚离花卉消费大国美国的航空运输时间在 3.5 个小时，进出大西洋进而打通欧洲市场也非常便利，构建了良好的贸易条件，哥伦比亚大力发展航空运输和海洋运输，为美国市场和欧洲市场建立了便捷的运输通道。通过积极利用自身资源优势并深挖资源红利，哥伦比亚花卉在国际市场天生具有竞争优势。

（二）花卉产业发展高度围绕核心消费市场需求

哥伦比亚花卉产业发展初期就以出口为主，生产的 95% 的鲜花都用来出口，美国、欧盟和日本都是其重要的出口市场，美国占比近 80%，约 9% 出口到欧盟，3% 左右出口到日本，俄罗斯也是哥伦比亚花卉重要出口国。由于主要目的国市场普遍经济高度发达，花卉消费需求前卫，而哥伦比亚花卉产业发展初期育种能力低下，为抢占国际市场，哥伦比亚密切关注国际市场花卉消费趋势，对于热度较高的鲜花品类，积极引进种苗种植，不断丰富花卉出口品类，如绒球菊花、单头香石竹、翠菊、非洲菊、六出花、马蹄莲等，单头香石竹的出口额早在 1998 年就位列世界第二，热带和珍奇花卉已经成为哥伦比亚出口量最大的花卉种类，花卉品类多元化发展为哥伦比亚进一步打开国际市场奠定了基础。花卉种植者还善于根据欧美市场主流节日对花卉的需求有计划地安排花卉的种植，抓住商机扩大出口，针对不同地区对花卉需求偏好的不同，花卉种植者对销往不同地区的鲜花进行了不同的处理，如欧洲人喜欢购买含苞待放的丁香，所以凡销往欧洲的丁香都要提前剪枝。而美国人喜欢艳丽怒放的丁香，于是他们运往美国的丁香都是剪下后先浸在紫色或绿色的苯胺水中，经冷处理后才发运。对于不同国家对花茎长短各有偏好的现状进行按需生产，为满足中国消费者新、奇、特的消费需求，哥伦比亚还专门面向中国市场推出鲜花"盲盒"，围绕全球消费格局积极推进市场多元化。近年来全球消费市场发生了一定的变化，以中国为首的亚太地区经济发展强劲，花卉需求持续增长，而欧美市场花卉价格和花卉需求规模增长乏力，哥伦比亚积极拓展花卉市场空间，不断推进市场多元化，当前中国已经逐渐成为哥伦比亚最大花卉出口国之一，在新冠肺炎疫情期间更是成为哥伦比亚花卉出口的一大亮点。

（三）以专业化生产和科学管理提高花卉竞争优势

虽然哥伦比亚花卉拥有丰富的低成本劳动力资源，大小不一的花卉农场有 200 多个，但哥伦比亚花卉生产模式却有着高度的专业化、规模化和科学管理特征。在哥伦比亚，50% 以上的出口花卉由面积在 50.6 公顷以上的大型温室栽培农场生产，剩下的一半由面积在 20 公顷的小农场和 20~50.6 公顷的中型农场出口，每个农场出口的花卉种类一般达 10 余个。为了提高花卉生产品质和生产效率，每个农场的 3/4 以上栽培用地重点生产 2~3 种鲜花，如玫瑰、月季、康乃馨、菊花等，其余会种植一些特种花材和填充花材，在花束中作为辅助材料使用。适度规模化和专业化的生产保证了出口花卉产品的标准化和花卉供给的多样化。与此同时，哥伦比亚花卉产业链形成了明确而细致的分工，种苗引进与改良、花卉种植、生产管理、花卉采摘与分级、加工处理、保鲜冷藏和装箱储运等环节高度集约化，有一套高效的流程系统。为进一步提高哥伦比亚花卉在世界市场的竞争力，哥伦比亚还不断加强花卉生产管理的科学性，在提升单位面积产量上苦下功夫。哥伦比亚花卉农业设施简单，但对花卉生产过程进行网格化管理，每 6 公顷花卉种植区配备一名园艺师，每公顷土地配备 3 名技术师，施肥、灌溉普遍采用管道喷灌或微型滴灌，保证了肥料使用数量和使用间隔的标准化。哥伦比亚还定期对土壤进行取样并送至美国权威部门测定，分析土壤养分状态并针对性地配置配料配方，对生产的植株状态进行密切跟踪防止出现病虫害，已经出现病虫害的植株均采用销毁等生物防治方式，避免使用化学农药。哥伦比亚的农场一般还配有一个设备比较先进的组织培养实验室，为农场从荷兰、法国等引进种苗、种球后进行苗木繁殖提供良好的条件。同时，哥伦比亚花卉种植者在种植前普遍对土壤进行 100℃ 的蒸汽杀菌消毒处理，极大地提高了单位种植面积的产出率。

（四）哥伦比亚花卉出口商协会为花卉出口提供了周到、细致的服务

哥伦比亚花卉出口商协会（Asocolflores）成立于 1973 年，是哥伦比亚花卉参与国际市场的重要组织，也为花卉从业者与政府间沟通搭建了重要平台，全国 75% 花卉出口商是协会成员，致力于提升花卉产业的外销利益，最大限度地改善产业和环境的认证标准，并关注花卉业的可持续性发展和花卉种植者工作环境的改善，在提升哥伦比亚花卉出口竞争力方面居功至伟。第一，积极推进各类认证计划以满足进口国市场标准。早在 1996 年，哥伦比亚花卉出口商协会就倡导实施绿色花卉认证制度（Florverde 认证），倡导

花卉种植者承担社会责任，积极遵循花卉无公害化生产和环境可持续化发展的相关标准，以保证哥伦比亚生产的花卉能够顺利应对美欧市场对花卉进口的相关要求并得到国际市场的认可。该项目实施多年来，Florverde 认证的花卉产品都达到了较高的环境和社会标准要求，其标准已被绝大多数花卉生产企业采用，部分企业已经得到国际认证公司 SGS 的认证，Florverde 认证标识也已成为国际知名的可持续花卉生产标识之一，得到了各花卉进口国的高度认可。目前，哥伦比亚 40% 以上出口花卉贴有 Florverde 花卉可持续认证章，还获得了全球良好农业规范（Global G. A. P.）和雨林联盟（Rainforest Alliance）等知名认证。第二，为花卉种植者提供技术改进和培训。2004年，在对本国可行的花卉栽培技术供求状况进行调研分析后，哥伦比亚花卉出口商协会成立了哥伦比亚花卉改革中心，对花卉种植者遇到的各类花卉栽培技术问题如害虫防治和综合治理、土壤施肥、采后处理、水培花卉循环系统建设等给予资金资助和技术研发，对国内研发能力有限的领域，积极联系美国花卉资助组织（AFE）和国际切花种植者协会（ICFG）联合资助美国一些大学开展生物防治、病虫害治理、花卉生产养分供给、花卉种植环境和采后处理等课题的研究。还定期开展技术培训，不断提高本国花卉生产技术人员的技术素质和业务水平，帮助解决花卉栽培各类技术问题。第三，组织国际花卉展促进花卉出口。从 1991 年至今，哥伦比亚每年都要举办国际花卉展，目前已经成为哥伦比亚规模最大的花卉贸易盛会，为花卉生产商、贸易商、种球种苗供应商、资材供应商、国际花卉物流公司搭建了技术交流平台、贸易来往平台、供应链搭建平台，同时不遗余力地输出哥伦比亚花卉文化，极大促进了花卉贸易的发展。哥伦比亚不仅有花卉出口商协会，还有花卉种植者协会（有 240 个成员，90% 为花卉种植者），其内部专门设立了员工社会保障监管小组，与地方花卉种植者协会共同负责监督全国范围内花卉员工的社会保障问题。

（五）积极推进与美国的花卉合作

哥伦比亚生产的花卉 75% 出口至美国，占美国花卉进口的 80%。哥伦比亚在美国市场的成功不仅仅是因为从哥伦比亚到美国迈阿密飞机航程在

3.5 小时左右的优越地理位置，也不限于哥伦比亚针对美国市场消费者喜好生产品质优良的花卉，也在于哥伦比亚与美国花卉业建立了强大的合作伙伴关系。作为双方花卉贸易最大的合作伙伴，哥伦比亚和美国都从巨大的花卉贸易额中受益。美国从哥伦比亚进口的花卉销往美国消费者手中会形成巨额的增加值，这些增加值在花卉产业链的各个环节进行分配，贸易商、物流公司、批发商、零售商、花卉市场等，美国迈阿密地区建立了 150 多个花卉进口经销公司，迈阿密三个大型国际机场处理的货物接近 80% 是花卉。哥、美两国航空公司每年因花卉运输赚得大量运费，哥伦比亚主要航线的货运业务主要飞往美国，美国花卉批发商的货物 60% 以上来自哥伦比亚的农场，美国大量为花卉产业链提供包装、温室生产设施、货运设施、杀虫剂等服务行业的发展高度依赖哥伦比亚花卉产业，在利益上实现了深度捆绑。为实现共同目标，美国和哥伦比亚的花卉行业协会之间建立了一些联盟，致力于促进花卉市场渠道完善和花卉消费提升。同时，哥伦比亚花卉出口商协会通过和 AFE（美国花卉捐赠基金）和 ICFG（希尔斯纪念基金）联合投资花卉科研和发展，启动了大量花卉栽培研发项目，为哥伦比亚花卉栽培解决技术瓶颈。为发展和巩固在美国花卉市场的地位，哥伦比亚花卉出口商协会每年会向美国国会以及行政办公室提供哥伦比亚花卉出口业务情况，以及哥伦比亚关于社会和环境的计划信息，同时在哥伦比亚驻华盛顿的合法顾问的协助下向美国政府进行游说，帮助双方就"哥美双方花卉贸易是互惠互利的合作关系"达成共识，并共同迎接花卉产业发展的机遇和挑战。

第二节　国内花卉出口的生动实践

从我国花卉出口额占世界花卉出口额比重看，花卉产业的国际影响力和出口竞争优势还远未形成，但国内快速发展的经济、规模庞大的消费市场和蓬勃的花卉需求给了花卉产业足够的生存空间。花卉种植面积、花卉产值和花卉消费额呈稳步增长态势，云南、福建、浙江、江苏、上海等地花卉产业发展形成了断层优势。《中国花卉园艺》相关资料显示，多年来花卉出口量排名前五的省区市占据了80%以上的出口额，最高接近90%，在国际市场开拓上积累了丰富的经验，并制定了一些各具特色的措施。

一、云南

云南具有发展花卉产业得天独厚的条件，是世界上最适合鲜花种植的地区之一，与南美的哥伦比亚和东非的肯尼亚齐名。从20世纪80年代以来，云南省就将花卉产业作为发展重心。多年来在云南省政府的积极推动和政策扶持下，云南省花卉产业发展势头强劲，各类花卉尤其是鲜切花的产量和销量在我国牢牢占据市场首位。《21世纪经济报道》相关资料显示，云南鲜切花在国内市场份额高达70%。鲜切花出口量和出口额也居全国第一，出口市场包括亚洲、欧洲、美洲、大洋洲等国家和地区。花卉产业已经成为云南省重要支柱产业之一，也是重要的出口创汇产业。

（一）政策高位推动，充分利用自然资源禀赋发展花卉产业

云南地处高原山地丘陵地带，亚热带季风气候带来了丰沛的雨水和充足的光照，四季温暖如春，温度和湿度适宜，尤其适合喜阳喜湿植物的生长，世界上主流的花卉交易品种都能在云南找到适宜的生长地并实现规模化生产。云南还是全国植物种类最多的省份，是名副其实的"植物王国"，热带、亚热带、温带、寒温带等植物类型都有分布，丰富的植物种类为花卉新优品种的培育提供了足够的资源，花卉种植资源禀赋极其优异。早在"九五"规划中，云南省就基于本省资源禀赋情况，将生物资源开发工程列为四大支持产业之一，而花卉是生物资源开发工程的重心，因此不断加强花卉基地生产布局和基地基础设施建设，出台了《云南省政府关于加快花卉产业发展的意见》《关于加强花卉出口工作的意见》等文件，紧紧抓住我国加入世界贸易组织（WTO）的契机，支持花卉产业国内、国外两头发展。21世纪初云南花卉占领全国40%以上的鲜切花市场，并开始规模化进入东南亚、东亚市场。为推进花卉产业升级，云南省相继出台《关于促进花卉产业升级的意见》《云南省花卉产业发展条例》《云南省高原特色现代农业产

业发展规划（2016～2020年）》《花卉产业三年行动计划》产业支持政策
等，在供给侧高位推进云南花卉产业的升级发展。中国花卉协会相关资料显
示，到2020年，云南花卉种植面积达190.1万亩，近五年来年均增长
9.4%，花卉单位面积综合产值年均增长15%，鲜切花和盆栽花的总产量分
别年均增长9.8%和27.6%，花卉总产值达830亿元，是2010年的4倍，
花卉生产面积理性扩张的前提下实现了花卉产值的快速提升。云南鲜切花和
盆花国内市场占有率超75%，鲜切花生产面积和产量居全球第一，昆明斗
南花卉交易市场是亚洲第一、世界第二大鲜花交易市场，在全国和亚洲地区
拥有产品定价权和市场话语权。2020年在新冠肺炎疫情影响下，花卉行业
经营效益整体低迷，世界花卉行业遭受重创，云南的各项指标依旧保持稳定
增长态势，2021年云南省鲜切花出口额5.2亿元，同比增长3.9%，位居我
国各省市第一。

**（二）花卉生产布局的优化和产品结构多元化为"云花"出口提供
品种支撑**

随着花卉产业发展中市场优胜劣汰机制的作用和2019年5月《云南省
人民政府关于创建"一县一业"示范县加快打造世界一流"绿色食品牌"
的指导意见》的实施，云南花卉产业生产布局进一步优化，花卉核心产区
规模化和品牌化程度不断提高，新兴产区呈现爆发式增长。昆明和玉溪两地
鲜切花产量占全省约75%，花卉综合总产值贡献率达51%，产业发展重心
地位更为稳固，楚雄和红河等新兴花卉产区增幅分别达44.5%和35%，云
南花卉种植形成了鲜切花、盆栽花、花卉制种和球根类花卉等特色鲜明的产
业区域（见表7.1）。总体来看，云南花卉的生产区域、生产规模和供应量
有了显著提升，适宜的生产区域划分和规模化生产模式又提升了花卉的产量
和品质。究其原因，政府的产业规划指导和政策激励功不可没，也有国际知
名花卉生产企业来云南投资建立现代化和规模化的花卉生产和出口基地的带
动作用。另一方面，花卉市场的消费需求变化和不同花卉品类效益的差异，
也促使云南形成了鲜切花、盆花、园林观赏植物、加工食用花卉、种用花卉
五大种类全面发展的多元化产品发展新格局。为满足国内外消费者对新奇优

特花卉品种不断增长的需求，云南省积极调整花卉生产品类，逐渐从单一化向多样化转变。不仅积极推进自主研发，利用花卉基因宝库资源优势开发培育新型花卉品种，还积极引进国外新的花卉品种推广种植以满足市场需求。《中国青年报》2022 年 2 月《"云南的春天"正销往全国》内容显示，到2020 年，云南自主培育花卉新品种 400 余个、引进推广新品种 600 余个，推广种植面积达到 5 万亩以上，新品种引进及自主研发数量居全国第一，还形成了以大理、楚雄、保山和昆明为主的地方特色花卉种植区，高山杜鹃、秋海棠、特色兰花、滇丁香、角蒿、云南山茶、杜鹃、报春花等多种云南特有野生花卉成功驯化并实现商品化生产，为"云花"走向世界提供了品种支撑。

表 7.1　　　　　　　　　　云南省花卉种植区域布局情况

花卉种类	地区
鲜切花	昆明市（呈贡县、官渡区、嵩明县、安宁市）、玉溪市（红塔区、通海县、江川县）、曲靖市、楚雄州以及红河州靠近昆明、交通便利、生产基础较好的县（市、区）
盆栽花	昆明市、玉溪市、曲靖市、普洱市地区和西双版纳州为重点
花卉制种	昆明市、玉溪市、曲靖市、红河州为主
球根类花卉	丽江和迪庆为主

资料来源：网络资料整理。

（三）积极推进花卉产业的国际、国内合作，促进花卉产业聚集和规模发展

由于云南地处西南，经济发展起步较晚，是后发展和欠发达地区，农业科技应用水平与农业产业化水平相对较低，仅依靠本省的力量难以实现赶超式发展。依靠得天独厚的自然条件和产业政策红利创造的良好投资环境，云南花卉产业以积极开放的姿态吸引了众多国内外花卉生产名企进驻云南花卉产业园区。广东、上海、北京、中国台湾等国内省区市在云南投资建设了大量花卉生产基地，来自荷兰、以色列、日本、新加坡、韩国等国知名花卉生

产企业也以独资和合资的方式建立了花卉生产和出口基地。从政府到民间层面，国际间的花卉产业合作都在加强。

1. 民间层面的花卉合作不断加强

天眼查数据显示，截止到 2022 年，云南外商投资的花卉园艺企业有 1300 余家，主要经营范围集中在花卉的种植、园艺产品种植技术与开发等，其中不乏世界五百强企业。如英国太古集团 2007 年在云南投资了 2 亿人民币建立独资生产基地和营销公司，利用先进的栽培技术和管理经验培育和生产优质高产的花卉产品，并全部销往日本和中东市场；荷兰安祖花公司 2006 年进入云南专门种植红掌和蝴蝶兰，将云南作为面向南亚东南亚的"辐射中心"，并将培育的种苗出口到日本、泰国、韩国等其他亚洲国家和地区；英国海盛 2007 年入驻云南省花卉示范园区后专注于康乃馨、六出花等花卉品种的种植、加工、销售，一半左右的花卉出口至日本，还通过与荷兰、丹麦、日本等国的顶尖育种商合作实现了年产 2 亿多枝种苗的生产规模，部分出口至荷兰、日本及美国等高端市场。大量外资企业进驻云南花卉产业园不仅带来了实际投资，更是带来了全世界最先进的生产栽培技术、种植模式、农业设施和管理理念，加快了云南花卉产业化发展的步伐，使得云南花卉产业成为外向型高原特色农业的典型代表。花卉产业积极引进外资大大提升了云南花卉的国际化程度，并形成了产业聚力，进而吸引大量花卉育种商进入，实现产业链提升。

2. 政府层面的国际合作不断推进

为提高云南花卉产业现代化发展，早在 2000 年，云南省政府就和以色列合作组建了"中以花卉培训中心"，为云南花卉产业开展技术培训和品种及技术引进服务。多年来，云南和以色列政府层面的合作非常紧密而活跃，从以色列引进了节水灌溉、温室大棚、育种、肥料、精准农业、无土栽培等大批现代农业技术，双方还成功举办了六届中国云南—以色列创新合作论坛，搭建了云南省与以色列的农业交流平台，致力于推进花卉行业的新技术推广。云南省驻以色列（特拉维夫）商务代表处积极促成保山市、楚雄州、昭通市、普洱市与以色列约阿夫地区、塔玛市、阿富拉市、耶胡德市等地建立了友城关系，云南大学和特拉维夫大学、云南农业大学与希伯来大学也建立了合作体系，在现代农业科研方面积极合作；云南花卉产业积极争取联合国国贸中心（ITC）、荷兰、以色列等国家从资金到技术的支持，为云南花卉业规模化、品质化创造了条件；与此同时，云南省农科院花卉研究所将科研人员送至荷兰、英国等国进行中长期培养并引进相关国家的科研人员到所里进行系统交流培训从而提升鲜花育种及管理水平，为"云花"的创新发展积累科技动能。

（四）花卉自主育种和知识产权保护协同发展

育种是花卉行业发展的起源，是花卉产业核心竞争力所在，高居花卉产业链顶端。我国花卉产业总体仍处于世界花卉产业链的低端，由于花卉产业具有生态性、高效性和产业联动强的天然优势，花卉产业发展也与促进"三农"发展、乡村振兴国家战略高度契合，随着花卉消费市场的快速增长，我国花卉产业升级条件日趋成熟。云南省作为我国花卉产业发展的代表，近年来投入大量资金支持花卉育种研发，利用其生物多样性的优势，打造世界花卉育种"天堂"。《中国青年报》相关新闻显示，云南省新品种引进及自主研发数量居全国第一，鲜切花知识产权全国第一，已经建立了全国领先的花卉种业创新体系。月季、玫瑰、绣球、非洲菊等鲜切花自育新品从无到有，从有到优，在颜色、抗虫性、品质、环境适应性方面不断改良，鲜花种苗自给率增长了4倍。野生特色花卉开发利用及花卉新品种选育卓有成效，成功研发并推广高山杜鹃、特色兰花、云南山茶花、滇丁香等商业品种，实现从"0到1"的技术创新。花卉品种、技术、标准等科技成果在我国西南、华东、华北、华中等花卉生产区及马来西亚、越南等国推广应用，部分花卉新品种已在欧盟注册、推广，实现了花卉新品种由输入向输出的历史性突破。

为给云南自育花卉品种提供良好的发展环境，保障花卉新品种研发企业和机构的核心利益，云南省高度重视花卉知识产权保护，出台了《云南省园艺植物新品种注册保护条例》《云南省园艺植物新品种注册登记办法》《云南省花卉产业发展条例》和《云南省林木种子条例》等地方保护条例，鼓励花卉企业积极培育、引进和使用植物新品种。近年来，云南花卉龙头企业的发展理念已经从卖产品转向品牌化发展，不断打造自主品牌和申请自主知识产权，在国际花卉展等面向全球的花卉展销平台上不再专注于卖产品，而是通过自主培育的花卉新品种打造品牌影响力，集中力量宣传花卉品牌与企业形象，以期实现企业全球化发展。除了对花卉新品种自主知识产权的重视，不少企业还专注于生产具有自主知识产权的保鲜花工艺品，建立了从原料种植到工艺产品加工和花卉装饰工程的完整生产和质量控制体系，为进一步打开国内和国际市场构建了新局面。

（五）"云花"走向国际市场的销售通道多元化

1. 斗南花卉交易市场为花卉出海提供传统渠道

昆明斗南花卉市场，是亚洲第一、世界第二大鲜花交易市场，也是全国乃至亚洲鲜切花的"风向标"和"晴雨表"。1984 年，呈贡良种场场长化忠义在自己家的田里种植唐菖蒲并在昆明尚义街成功销售，为斗南村民指引了一条美丽的脱贫之路，1998 年昆明斗南花卉市场建立，自此斗南鲜花市场步入快速发展的道路。2002 年在斗南国内首个国际花卉拍卖交易中心落下拍卖交易的"第一锤"，斗南鲜花拉开了面向世界花卉市场盛开的序幕。当地政府更是通过政策帮扶、成立行业协会、举办花卉博览会、建立花卉小镇、金融支持、大数据赋能等举措，促进斗南花卉高质量发展。斗南作为"亚洲花都"白天是盆花、干花、绿植交易的海洋，每天晚上 117 个大类、1600 多个品种的 2000 多万枝鲜切花通过斗南花卉市场完成交易，并连夜通过航空、冷链运输等方式运往国内外。由于传统交易模式缺乏对花卉品质标准化的认知，花卉品质参差不齐，这种销售渠道更多面向国内市场，能够对国外出口的相对有限。

2. 昆明国际花卉拍卖交易中心为花卉拍卖出口提供品质标准化"量尺"

作为亚洲第一、世界第二的花卉拍卖中心，昆明国际花卉拍卖交易中心是学习荷兰"鲜花拍卖市场"交易模式结出的硕果，首次在我国引入了国际花卉标准的关键指标，将鲜切花感官品质与内在品质相结合，在标准中给出了鲜切花产品质量分级指标，设置了采后处理与检测要求等条款，通过严格的品质分级进行产品定价，透明公开，用市场这只看不见的手解决花卉生产标准化的问题，形成了"好花卖好价"的市场格局，引导花农向市场提供优质产品，也提高了行业的产权意识。昆明国际花卉拍卖交易中心鲜花拍卖采用"降价式拍卖"，大大提高了鲜花销售的效率。同时拍卖市场还构建了从花田到市场的一条龙运作模式，从花卉采摘后的专业运输、鲜花运抵拍卖中心后的严格检验和评级、鲜花评级后的分类存放和待拍管理、花卉拍卖后的货位分布均有规范的流程，为鲜花及时运往国外市场解决了流通节点，为拍卖市场鲜切花销往东南亚和欧盟地区提供了坚实的保障。

2018 年，昆明斗南花卉协会编制完成并发布了《切花质量采收、加工与包装》《切花质量月季》《切花质量非洲菊》《切花质量康乃馨》4 项团体标准，从花卉采收时机、采收时间、采收要求、质量控制提出了更加严格的要求，为斗南花市拍卖节省了大量竞拍环节成本。斗南制定了一套完整的《斗南花卉共享集货中心采后处理技术规范》，深入到种植源头建立完整的采后处理标准和规范，打造"斗南严选"品牌实现产品溢价。云南丰岛花卉有限公司通过制定实施生产管理标准、产品病虫害综合防治管理标准、ISO 9001 质量管理体系，将标准化和质量提升贯穿到产品生产的全过程，生产的盆栽菊花和菊花鲜切花大量出口至日本和韩国等市场，是应用标准提升"云花"国际竞争力的生动实践。

3. 借助"互联网 +"打造花卉深加工品牌，借力跨境电商平台走向海外市场

云南花卉产业的转型升级不仅表现在花卉产业布局、花卉育种、花卉生产专业化、规模化和标准化，也包含在花卉深加工产品端发力，不断延伸花卉产业链。云南的永生花产业走在我国花卉深加工的前列，国内主要永生花品牌基本来自于云南，花材也取自于云南，尤其是全国知名鲜花电商平台，如诺誓（ROSEONLY）、野兽派、花点时间、爱尚鲜花等 70% 以上的花源来自于云南，云南也是较早引进日本永生花生产技术和生产设备的省份。丰富而廉价的花材、便利的市场和运输条件、省内规模化的产业集聚和广阔的国内外市场发展空间给云南永生花产业蓬勃发展提供了良好的条件。意识到永生花消费市场背后的巨大商机，不少拥有敏锐市场嗅觉的本土企业将永生花

作为开拓国内外市场的核心主打产品，既能利用本土产品的核心竞争优势，又能够与国内其他省市形成错位发展，规避不必要的竞争和内耗。这些企业通过调研世界主要永生花生产状况，积极整合当地工厂资源，扩大产品品类覆盖，打造自有优势，利用阿里巴巴国际站和亚马逊等跨境电商平台积极拓展海外市场。通过深耕产品质量、规范行业标准，紧紧把握国际市场消费趋势，同时通过技术攻关改进包装来解决永生花产品长途运输过程中易碎的难题，不断提高客户体验，并基于平台交易数据分析，坚持以市场需求为导向，不断推出国外流行的颜色、款式产品，拓展产品的精度广度。目前云南永生花已经顺利打开国际市场，出口到日本、加拿大、荷兰、丹麦、美国、澳大利亚、迪拜、印度、俄罗斯等市场。

（六）云南省政府为"云花"走向国际市场打通产业链节点

当前，云南花卉产业已经建立了从育种、繁育、种植、初级和深加工、运输、销售、花卉文化推广等完整的产业链，其产业化、规模化、市场化发展离不开省政府的大力支持。从育种和繁殖来看，除了给花卉生产企业以资助、补贴和税收优惠外，还大力发展各类花卉育种研究机构，为花卉产业发展培育人才。云南省农科院花卉研究所、国际花卉产业创新研究院、国家观赏工程技术研究中心、农业农村部花卉育种技术杰出人才团队、国家科技创新领军人才、云南农业大学等花卉科研机构研发实力全国领先，并和企业积极合作培育花卉新品，云南省农科院花卉所建设的全新机制的"国际花卉研究院"吸引了美国、荷兰、德国、法国、以色列、日本等10余家世界级育种科研单位和企业，及国内科技企业、科研机构、高校等30余家单位与研究院共同合作开展新品培育、测试和成果转化，积极利用国内外花卉科技资源与云南花卉产业的无缝连接，为花卉新品培育和繁殖提供了坚实的基础。在花卉种植方面，云南省积极规划引导，减少各地花卉产业的无序发展，"一县一业"政策的实施有力推动省内花卉生产布局不断优化。在花卉销售和运输环节，打造了亚洲第一大花卉交易市场和花卉拍卖中心，不断规范花卉品质标准，优化交易流程，为花卉产业打开了通往世界市场的门。为解决鲜切花出口保鲜和减少物流折损问题，云南省在花卉通关环节不断进行政策创新，打造"云花出口绿色通道"：实行 7 ∗ 24 小时通关保障承诺，优化整合鲜切花卉监管流程，前移检疫监管，压缩抽样检测时间，加快出证放行速度，并定期向企业通报国外花卉进口检验检疫最新标准，助力"云花"绚丽海外。"一带一路"倡议的提出，以及云南自贸试验区和跨境电商平台的建设和发展，为云南花卉提供了更为开放和合作共享的国际贸易环境，为"云花"走稳、走深国际化市场之路创造了有利条件。1995 年开始创办的中国昆明国际花卉展，目前已经成功举办了 21 届，为花卉绿植、种子种苗、花卉资材、设施设备、花卉加工、花卉服务等全产业链提供了展示与交易的平台，为云花展示、品牌推广和国际影响力提升提供了重要的平台。

二、福建

20 世纪 90 年代开始，福建省花卉产业发展驶入快车道，花卉种植面积、花卉产值和出口创汇额成倍增长，形成了一批花卉重点县和花卉生产企业。1997 年，福建省出台了《关于加快发展农业产业化的意见》把花卉列为重点特色农产品，为福建花卉的规范化和品质化发展插上了翅膀，花卉业已经成为福建农业的支柱产业之一和重点出口创汇行业。《中国花卉园艺》资料显示，多年来福建省花卉出口量仅次于云南，是我国第二大花卉出口大省，2019 年福建省花卉出口量甚至略超云南，成为当年我国花卉出口量最多的省份。作为全国出口花卉重点产区，福建省盆栽花卉的出口极具优势，已经连续 9 年保持全国第一。

（一）全省花卉生产布局合理，特色花卉资源丰富

福建省是我国森林覆盖率最高的省份，地势起伏变化，典型的亚热带季风气候使得福建常年温暖湿润，是许多花卉的理想家园。本着"以'特'取胜，以'质'兴盛"的产业发展理念，福建省因地制宜，形成了各具特色的花卉产业布局，福州、泉州、厦门以鲜切花生产为主，漳州、龙岩、福州的盆栽植物产业集群优势明显，漳州、泉州、福州专注发展观赏苗木与草坪。在具体花卉生产品种上，漳州、福州的水仙花和福州、宁德的茉莉花等

特色花卉国内知名，其中漳州市花卉种植面积和产值均列福建首位，拥有
"中国兰花之乡""中国水仙花之乡""中国榕树盆景之乡"和"中国花木
之乡"的美誉，大大提高了漳州花卉的知名度，为漳州花卉国内外销售提
供了品质背书和良好的品牌印象。丰富的差异化和特色化花卉品类为福建省
花卉出口提供了多样化的选择，花卉产品远销韩国、日本、欧美、新加坡、
泰国、西班牙、加拿大70多个国家和地区。其中漳州市是福建花卉出口的
主要产地，据福建省林业局数据显示，2021年漳州市花卉出口达1亿美元，
占福建省出口额的73.59%。

（二）为花卉产业发展提供了多样化的产业政策支持

为扶持花卉产业的快速化、规范化和品质化发展，多年来福建省出台了
各种鼓励政策。1997年，福建就将花卉产业列入全省八大农业主导产业之
一。2004年《关于加快林业发展建设绿色海峡西岸的决定》将种苗和花卉
基地建设作为加快福建省资源培育的重要任务，重点发展水仙花、兰花、杜
鹃花、多肉植物、棕榈科植物、榕树盆景等六大花卉拳头产品，要求积极扩
大花卉种植面积。2012年《福建省花卉产业发展规划（2011～2020年）》
将健全花卉生产经营体系、花卉研发创新体系、花卉市场流通体系、花卉消
费环境体系、花卉产业组织体系作为六个主要任务，以国际标准、国内一
流、福建特色为基本目标，坚持花卉外向型高端发展方向，积极推进标准化
花卉产品出口基地建设开拓国际市场，完善花卉产品出口配套服务、构筑花
卉出口绿色通道。2017年，出台《关于加快农业七大优势特色产业发展的
意见》，要求全面提升花卉苗木等7大优势特色产业的发展水平和竞争力，
力争花卉苗木产业全产业链产值在2020年达到1003亿元。《福建省花卉苗
木千亿元产业实施方案》要求抓好花卉产业重点区域和重点项目，通过供
给侧结构性改革引导花卉苗木企业（花农）以市场为导向，加快产业结构
调整，走差异化和特色化经营道路，同时要着力抓好花卉苗木品种创新、产
品创新、技术创新，积极调整优化产业结构，培育各地特色优势产品提升优
化第一产业，加快发展花卉苗木精深加工业做大做强第二产业，积极发展花
卉苗木休闲旅游、展览展销等第三产业，构架更为完善的花卉产业链。2019

年出台《福建省人民政府关于扶持花卉苗木产业发展的意见》，划拨专项资金用于花卉苗木品种引进和研发创新，给花卉苗木生产机械和设备设施研发和建设提供补贴，加大金融信贷支持力度，大力支持花卉苗木种质资源收集保存与利用、品种选育，标准化生产、冷藏贮运、精深加工等产业化关键技术研发，强化产销对接和社会化服务，进一步健全市场流通网络。福建省级财政每年安排资金支持建设花卉生产设施、推广花卉设施种植保险，在全国率先提出全产业链推进花卉苗木产业发展。一系列政策的出台，为福建花卉产业的规范化和高质量发展提供了全面的政策引导和支持，为花卉产业出口打下了坚实的基础。

（三）重视闽台花卉产业交流融合发展和国际合作

依托天然的对台地理优势，福建省积极先试先行，不断拓展闽台合作交流平台。近年来，已经建立了漳州漳浦、漳平永福、莆田仙游、三明清流、福州福清、泉州惠安等6个国家级台湾农民创业园，吸引了大批台湾农业企业来闽投资兴业，其中不乏大中型花卉研发与生产企业，六大台创园均建立了各有特色的花卉产业园。据福州新闻网报道，为吸引更多的台湾农业企业，福建台创园按照"集聚发展、优化产业、典型示范"的要求，制定了专项扶持政策，加强园区基础设施建设、实施贷款贴息、电价减收、专项补助等办法，吸引台胞入园创业。截止到2018年已累计吸引624家台资企业入园，引进台资11.7亿美元，推动了特色产业向优势区域集聚发展，初步形成"一园一特色、一区一产业"发展格局。如漳浦台创业园兰花大世界项目计划形成了兰花生产区、服务配套区、国际兰展区等区域，建成的国际兰展馆集兰花展示、交易、文化于一体，首批签约入驻的兰花企业达13家，协议入驻兰花育种企业5家。清流台创园也积极推进国兰品牌建设和加强兰花品种研发，引进的台资森源兰蕙生物科技公司专门从事国兰杂交育种、组培、栽种、销售等业务，清流成为海峡两岸最大的国兰组培繁育基地。台资花卉企业的大量入驻不仅带来了技术，也通过产业聚集辐射带动了福建当地多家企业参与，闽台花卉行业的融合发展为福建花卉行业的出口进一步充实了力量，已经成为两岸农业融合发展的样板。同时，福建省大力支持花卉苗木企事业单位参加国际花卉（园艺）专业展会，加大花卉苗木优良品种、先进技术和现代化设施设备引进，不断提高花卉生产标准化和专业化能力，丰富花卉生产品种，扩大花卉苗木出口。

第三节　国内外花卉出口的启示

逐渐优化的花卉生产布局、门类齐全的花卉产品体系、不断延长完善的花卉产业链为我国花卉产业高质量发展建立了稳固的产业基础，也为花卉出口竞争力的提升提供了坚实的后盾。努力将我国从一个花卉生产大国打造成世界知名的花卉出口强国，要求我们必须结合我国花卉产业发展的实际情况，探索符合我国花卉产业出口竞争力高质量提升的路径。根据荷兰、以色列、哥伦比亚等花卉生产强国和我国国内云南、福建等花卉出口强省的具体做法和典型案例，分析其发展过程的主要经验启示具有重要的借鉴意义。

一、科学的花卉生产布局和产业定位是花卉出口的基石

从国际上主要花卉出口国样板案例来看，其花卉出口之所以能够大比例地占据国际花卉市场，一个重要原因是因地制宜的花卉生产布局和清晰的产业发展定位。荷兰、以色列和哥伦比亚的花卉产业从发展之初就切实考虑了本国资源禀赋情况，如荷兰可耕地面积少且土壤潮湿，常年光照不足，地势平坦，雨量丰富，不适宜发展传统的农业种植模式，而是全国范围内采用规模化的现代化农业设施生产花卉；以色列自然资源贫乏，气候干旱，发展传统粮食生产难以满足本国人口粮食需求，不符合本国国情，以色列将花卉和蔬菜作为重点发展的农产品，针对以色列北部偏冷、南部半干旱、中部平原和中部丘陵气候资源各不相同的特点因地制宜地种植不同品类的花卉迎合市场需求；哥伦比亚充分利用了本国昆迪纳马卡省、安蒂奥基亚四季如春、土地肥沃、日照充足的特点，将全国 98.1% 的花卉生产布局于此，根据绝佳的资源禀赋建造简单的塑料大棚发展设施花卉；我国的云南省和福建省也基

于地理和气候条件、花卉生产历史人文条件和市场化选择形成了各具特色的花卉生产区域。

从花卉产业发展定位来看,由于荷兰、以色列和哥伦比亚国内市场规模非常有限,均把发展方向定位为满足国际市场的需求,荷兰以高度的专业化和标准化提升花卉生产品质和花卉流通效率,致力于满足全球100多个国家和地区的花卉消费需求;以色列依据地理优势将目标市场定位于欧洲市场,欧洲市场冬季寒冷休耕,而以色列南部沙漠阳光充足、气候干燥、拥有发达的咸水灌溉技术适宜生产花卉等农产品,反季节生产很好地满足欧洲市场的需求,给以色列花卉种植企业带来丰厚的利润;哥伦比亚在集中供应美国市场之余也积极拓展欧洲和日本市场,不断根据其主流消费市场的节假日需求、新品花卉消费偏好、日常花卉消费习惯调整花卉种植结构,丰富花卉品类,积极发展种植技术、保鲜技术和物流渠道满足主流市场检疫和品质标准。我国国内花卉消费市场规模庞大,尽管云南和福建的花卉生产主要面对国内消费者,但两地均将花卉产业国际化作为发展方向,不断提升产业链各环节的发展水平迎合国际主流花卉市场的消费需求,并积极利用一带一路倡议,RCEP协定等进一步开拓东南亚等市场,加强本地花卉的出口水平和国际影响力。

我国幅员辽阔,花卉种植面积全球第一,全国范围内花卉生产布局已经形成,但全国各地花卉生产重复建设、生产水平低下等问题仍普遍存在,且缺乏清晰的产业定位。因此,有必要在"全国一盘棋"进行生产布局的基础上,针对市场需求和高质量发展要求对各地的花卉生产区域进行持续的优化调整,并因地制宜发展特色产品,针对国内、国外市场产品需求的差异化,形成国内、国外清晰的产业定位,为我国花卉产品走向国际市场打下坚实的基础。

二、有力的产业政策扶持和服务体系是花卉出口的保障

全球经济的发展和人们生活水平的提高给花卉产业发展带来巨大的市场机遇,而各国政府在产业政策上的引导和支持才是花卉产业得以快速发展的保障。荷兰农业部对国内农业实行一体化行政管理,职能覆盖了花卉产业链

全流程，并从税收优惠、能源和研发补助、新品种培育、花卉初级人才和高级人才培养、知识产权保护等多方面为本国花卉产业发展保驾护航，有力推动荷兰花卉行业站在全球花卉产业链顶端；以色列政府用价格、贷款等市场调节机制对本国农业发展进行宏观调控，为花卉等创汇农产品提供低息贷款，为支持本国花卉出口专门成立了农产品出口公司，为花卉采摘到出口提供全链条管理和服务，并由政府出资设立花卉处选派花卉推广专家和技术人员专门向花卉种植者和经营商提供帮助，新技术的广泛应用为以色列花卉插上了科技的翅膀；哥伦比亚政府高度重视花卉产业的发展，三十多年的发展时间就打造出了世界第二大花卉出口产业，除了在产业定位、育种研发、基础设施建设等方面给予政策支持，也积极在世界主要花卉消费国游说，打通花卉出口的销售渠道；国内云南和福建地方政府都把花卉产业作为省内重点特色产业和出口创汇产业来打造，制定了省内花卉产业发展规划，全方位为花卉产业提质增效创造条件。

从服务体系上看，无论是国外花卉出口大国还是我国花卉出口强省，各国花卉协会都发挥了极其重要的作用。荷兰花卉产业相关协会分工细、专业化程度高，如荷兰种植协会、荷兰花卉从业员协会、荷兰花卉产品批发商协会、荷兰花卉拍卖协会等各类协会各司其职，分布在花卉产业链的各个环节，为花卉研发、生产、流通、销售提供专业化服务；哥伦比亚花卉协会为哥伦比亚花卉产业发展和出口提供了全方位的服务，其推进的 Florverde 认证计划让哥伦比亚花卉赢得了环境和社会标准要求极高的欧美市场的认可，建立了专门的组织为花卉种植者提供技术改进和培训，并搭建了国际花卉展销平台向世界输出花卉；我国花卉协会也在花卉产业规划实施、花卉标准管理、花卉文化打造上积极发力，但在建立全面的服务体系上仍和荷兰、哥伦比亚存在一定的差距，因此要借鉴荷兰等国的先进经验，积极拓展我国各层级花卉协会的功能和服务内容，为我国花卉产业发展发挥更大的作用。

三、强大的科技研发和自主创新能力是花卉产业发展的动力

荷兰和以色列之所以能够站在世界花卉产业链的顶端，与其高度重视科

技研发和自主创新息息相关。在荷兰，科技研发几乎贯穿了花卉产业链的所有环节，花卉育种是其最为重视的环节，汇集了大量科研机构、高等院校和技术人员积极培育花卉新品，平均每年能推出 800 至 1000 个新花卉品种，为满足市场需求提供了充分的资源，荷兰温室生产技术不断地更新迭代，在能源利用最大化上追求极致，甚至实现了温室能源自给自足和反哺，种植和采摘环节的机器人能根据不同花卉的特点进行专业化操作，生态种植和智慧种植能力全球领先，花卉物流环节的数字技术运用让花卉国际货运高效而精准；以色列土地贫瘠缺水，气候干旱、可耕地面积稀少，其农业发展受到自然条件的严重制约，其花卉业的快速发展和强劲实力本身就是一大奇迹，而奇迹主要来源于以色列对科技农业孜孜不倦的追求。滴灌与喷灌等节水灌溉技术解决了以色列农业发展的最大问题，污水处理技术的先进丰富了花卉业的水资源，以色列分子水平的生物工程研究大大降低了花卉新品种研发的难度，国内 3500 多个高科技公司分布在育种、栽培、灌溉、施肥、收割、加工、储藏、温室等各个环节，把花卉业打造成高度专业分工的科技密集型产业；哥伦比亚的科技研发能力虽然有限，但积极和美国相关机构合作共同投资花卉研发，利用美国先进的科研能力解决花卉栽培过程中的各类技术难题，为哥伦比亚花卉走向世界提供了坚定的支持；我国云南省和福建省的育种研发也走在国内前列，在智能化温室和设施农业的建设上也不断加大投入，积极引进荷兰、以色列等国家的投资，通过多方位合作学习国外花卉种植的先进技术和经验，推进当地花卉产业向专业化、规模化、高质化发展，为花卉出口提供科技助力。

四、市场化、规模化和专业化的生产模式是花卉出口竞争力的源泉

依靠地缘优势，荷兰花卉发展之初主打欧洲市场，欧洲市场经济发达，花卉文化源远流长，花卉消费市场非常成熟，消费频率和消费金额居全球前列，荷兰紧紧围绕欧洲市场的花卉消费需求进行生产，作为欧盟成员国花卉生产标准既能先天符合欧洲市场检验检疫标准，也免于受进口国严苛而繁杂的隐性贸易壁垒影响，世界上最大的花卉进口国德国每年进口花卉的 85%

来源于荷兰。作为世界上最大的花卉贸易国，荷兰不断扩大花卉商业版图，以优异的质量和高效的物流供应全球 100 多个国家和地区，根据目的国市场的花卉产业发展特点和消费情况主打不同的产品，如对中国等花卉种植大国和消费新兴市场，利用其种苗、种球培育的绝对优势，重点出口种球、种苗、新优特花卉品种和先进栽培设施；以色列花卉产业发展离不开其面向欧洲市场的精准市场定位，利用欧洲市场冬季花卉生产淡季，重要节假日多，花卉需求量大的特点，积极生产反季节特色优质花卉，俘获了欧洲消费者的心；哥伦比亚高度围绕其核心市场需求，利用其绝佳的自然资源禀赋，积极引进花卉新优品种，满足消费的多样化需求，近年来随着中国花卉消费市场的崛起，哥伦比亚也积极创新符合中国消费者口味的花卉组合新品。因此，要实现花卉产品的适销对路，必须紧紧围绕国际市场需求，根据国际市场花卉消费趋势适时调整花卉生产品类，满足不同国家多样性的花卉偏好。

无论是荷兰、以色列还是哥伦比亚，花卉的规模化和专业化生产为其带来了良好的经济效益，显著降低花卉生产成本、提高花卉生产效率和质量。荷兰花卉生产主要依靠家庭农场的规模化种植，一般温室规模能够达到 40 公顷左右，温室环境高度机械化，能对花卉生产过程进行精准环境控制，并拥有先进的生物技术和物联网技术，能够控制花期生长，为花卉规模化生产创造了优异的条件。同时为提升专业化生产能力和花卉出口竞争力，单个家庭农场往往只专注生产某一个花卉品类，甚至只生产同一花卉品类的几个花卉品种，花卉种植、采摘、采后处理和运输可以高度标准化，提高了生产效率，降低了生产成本，有助于农场积累某一品类花卉领域的专业培育种植技能，形成相互促进的良性循环；以色列虽然耕地面积稀少，单个农场和单个温室的面积不大，但以色列农业经营组织模式解决了规模化和专业化生产的问题，基布兹（Kibbutz）、莫沙夫（Mashav）和农业公司相互支持，基布兹（集体农庄）的土地和生产资料实行公有制，集体成员共同决策，共享收益，莫沙夫是家庭农场联合体，尽管个人土地和生产资料私有，每户人家均从属于莫沙夫集体，是典型的小家庭大规模，极具特色的农业经营组织是以色列花卉规模化和专业化生产的有力保障；哥伦比亚出口花卉的一半以上都由大型温室栽培农场提供，小农场和中型农场也占据了近 50% 的市场，不管农场规模几何，其75%以上的面积都集中生产2～3种鲜花，剩下的25%也是为了生产主材花卉的辅助和填充材料，花卉生产高度规模化和专业化是哥伦比亚花卉出口仅次于荷兰的重要武器。我国云南省和福建省花卉种植规模化和专业化程度仍难媲美国际水平，但数量可观的规模化花卉产业园区的建立和一批花卉农企业的崛起也是花卉规模化和专业化生产的生动实践。

我国花卉生产"小而全""大而全"的生产模式仍然比较普遍，各地重复建设屡见不鲜。无论是国外还是国内，市场化、规模化和专业化的花卉生产模式是提升花卉出口竞争力的不二选择，是花卉产品高质量发展的必由之路。

五、积极开放的国际合作是花卉出口的桥梁

对于荷兰和以色列而言，由于其在育种、温室、农业设施、能源利用等方面拥有全球最为先进的技术、设备和研发能力，其国际合作主要为了进一步开拓市场和利用他国的区位优势。一是积极举办与参与全球范围内的各类国际花卉展会，充分展示本国新品种、新技术、新成果，进一步扩大本国花卉产业的国际影响力和引领力，促进花卉新品、园林机械、工程设计、温室设备、灌溉系统等产业链各环节出口，作为先进技术的输出方获取高额的利润；二是推进与新兴花卉种植国家间的技术合作关系，通过各种技术推广渠道加大本国花卉产业在新兴花卉种植国的影响力，在各类花卉展会的交流论坛上沟通和交流本国花卉产业发展的经验，与当地政府建立良好的合作关系，构建良好的产业合作基础，以先进技术和管理方式的提供方通过独资或合资的方式进驻当地的花卉产业园，积极开拓新兴国家的消费市场；三是针对本国自然资源禀赋制约和生产成本偏高的问题，逐步提高花卉生产布局的全球化，利用他国花卉生产的区位优势降低花卉生产成本。如荷兰和以色列将花卉生产基地转移到肯尼亚、厄瓜多尔、哥伦比亚等世界上最适宜花卉生产的国家，将种植技术和生产方式复制到当地，助力其拓展国际市场，不仅提升了其花卉稳定、持续供应能力，且牢牢掌握花卉种植技术和销售市场等产业链顶端，维护了市场地位。哥伦比亚、我国云南省和福建省的国际合作

更多是积极引进荷兰等国先进技术和农业设施，利用本地生物资源丰富多样和自然禀赋的优势与发达国家合作开展育种研发和栽培技术难题攻克等，同时大力吸引国际知名花卉生产企业来本国（地区）投资，从其带来的先进技术和管理经验中获取技术外溢等外部经济效益，国外花卉企业来本国（地区）投资生产并销往海外市场，也提高了本国（地区）花卉出口额和国际影响力，带动花卉产业的发展。

第八章

我国花卉产业出口竞争力高质量提升路径

我国是世界最大的花卉生产中心，也是重要的花卉消费国和花卉进出口贸易国。但是在庞大的花卉生产和消费基数下，我国花卉国际市场占有率不到2%，显性比较优势和竞争力指数远低于其他主要花卉出口国。随着我国经济社会发展进入新时代，花卉作为极具附加值和不受贸易农产品配额限制的农产品，提升产业出口竞争力是实现乡村振兴的重要着力点。作为乡村振兴国家战略的重要工作抓手，花卉产业对于赋能农业、农村、农民发展，有效联动第一、二、三产业共振有着重要意义，提高花卉出口竞争力，以国际花卉产业发展高标准倒逼我国花卉产业走向标准化、规模化和高质化，是花卉产业高质量发展的必然结果。本章将根据我国花卉产业出口现状，从花卉出口竞争力影响四大因素和三个变数出发，提出促进我国花卉产业出口竞争力高质量提升的路径。

第一节　提升花卉产业出口竞争力路径：培育高级生产要素

一、大力发展现代花卉产业园引导花卉产业升级

（一）着力建设现代化花卉产业园

得益于花卉产业良好的产业联动效益和经济效益，全国范围内花卉生产

区域、生产规模和供应量都有了显著提升，花卉生产品类日趋多样化，花卉市场规模迅速增长。但在花卉产业规模蓬勃发展的同时，花卉生产面积盲目扩大，地方重复低端建设等问题也较为突出，"小而全""大而全"的生产方式严重制约花卉产业升级。与荷兰、哥伦比亚、肯尼亚等国的专业化花卉公司比较，我国花卉的单产、单价和亩产值仅为它们的 25%～50%，也远低于世界水平。随着国务院《关于防止耕地"非粮化"稳定粮食生产的意见》的坚决实施，全国范围内将会持续清理花卉苗木占用基本农田和耕地问题，花农和小规模生产企业会面临土地等基本生产要素的缺失，各地花卉苗木结构性过剩和低水平重复建设项目将淘汰出局，花卉产业发展模式亟需转型。要改变我国花卉产业发展"大而不强""快而不精"的现状，必须走专业化、规模化、市场化的道路。现代花卉产业园通常集花卉种植、育种研发、冷链物流、电子商务、观光旅游、品牌孵化、示范推广等多功能于一体，具备相对完善的配套设施，有利于花卉生产基地的标准化和规模化建设，为设施农业智能化和工厂化生产提供良好的基础，目前已经成为先试先行地区推进现代花卉产业高质量发展的重要抓手。

（二）因地制宜，合理规划现代花卉产业园建设

由于各地花卉产业资源禀赋和发展基础各有差异，要走出产业发展"全国一盘棋"的步伐不符合我国花卉产业实际情况，因此各地要紧密结合本地的花卉产业特色和产业基础对现代花卉产业园建设进行合理规划：对于花卉产业规模较大，在全国范围内甚至世界市场上已经具备一定市场优势和特色的花卉主产区，要优先打造具有示范效用的现代花卉产业示范园，确保园区规划面积能够有效实现规模经济效益，参照国际花卉生产标准，不同园区按照"统一品牌、统一种源、统一技术、统一包装、统一交易平台、统一结算"的"新平台＋新主体＋大产业"的运营管理模式来运营，形成一批生产专业化程度高、品质高度标准化、生产设施设备和经营管理理念先进的现代化花卉产业示范基地，同时严控低端产业园的重复建设和资源浪费；对于具有一定生产规模，资源禀赋优势明显且具备一定特色的花卉产区，要以"一地一品"差异化、聚集化发展为原则，重点围绕特色花卉进行花卉

种植、品牌孵化、产品深加工和观光旅游打造优势，不断提升当地花卉的专业化生产能力和品牌影响力；对于生产规模比较分散、专业化程度低的花卉产地，不要过于追求花卉产业园的规模和数量，及时退出低端重复建设，在进行严谨的市场调研基础上，集中力量打造主要面向本区域市场的花卉产业园，花卉种植适当多样化和潮流化，积极延伸鲜花产业链，以发展衍生产品、休闲旅游、传播花卉文化为导向，为花卉产业化发展蓄力。

基于各地特色和基础打造的现代花卉产业园，能够形成较好的联动效益和辐射效益，从而形成"连点成线、以线带面、组面成体"的发展机制，构建规模和专业优势明显、特色优势突出、辐射带动能力强的现代花卉产业网络，提高我国花卉产业的专业化、规模化、标准化和产业化生产能力。

二、着力提升花卉产业科创力量和从业技能

（一）健全花卉科技创新体系

新中国成立 70 多年以来，我国已经发展了全球最完整的农业科技创新体系，农业科技整体实力进入世界前列，在农业生物技术育种、农业智能装备、农作物种质资源保护与利用、农业重大科技等方面取得的成绩非常突出，我国科技进步对农业增长的贡献已经达到 60.7%。基于国情的需要，我国绝大部分科学技术和设施农业发展围绕粮食安全和促进农民增收方面，花卉既不是粮食作物，也不是主要经济作物，花卉科研投入和成果数量难以追赶产业发展速度。但是完整的农业科技创新体系夯实了花卉科技创新的基础，因此要重点打造适合我国国情的花卉科技创新体系，为花卉产业培育足以支撑其高质量发展的高级生产要素。

纵观全球花卉生产强国，荷兰在花卉研发环节建立了高度协作的网络，各类研究所专注于植物应用型的基础理论研究，国内众多知名高校着力于花卉遗传、生理生化的科研工作，而花卉企业的研究所专门从事育种、栽培技术、资源引进和开发，同时科研机构、高校和花卉生产企业开展了广泛而深入合作，既保证了术业有专攻，也构建了顺畅的技术研发到推广的渠道，有

力支撑了荷兰花卉产业的创新发展。这为我国花卉研发体系构建提供了良好的示范效应。当前，我国花卉相关产业的研发也主要集中在各级花卉研究所、高等院校和企业，但连接三方的合作机制并未良好建立。高校和科研院所花卉相关研发通常以国家级和省级科研项目为导向而非产业化潜力，相当一部分研究成果缺乏市场化推广的能力，研究内容也主要根据研究团队的方向和兴趣，缺乏针对花卉产业链技术短板的系统性规划。而企业研发能力更为薄弱，主要集中在资源引进繁殖和栽培技术等投入少、能带来经济效益的领域。三方研发主体各自为政，花卉全产业链缺乏合理的研发布局。要推动政府、高校、企业三方合作构建创新生态系统，建立科学的研发体系，建议在我国各大花卉生产区域联合相关高校、科研院所和创新性企业，依托当地农业科学院的综合优势，专门建设一个设施相对集中、科研环境自由开放、运行机制灵活有效的综合性花卉科学中心，提前确定科研主攻方向和领域，专注突破种质创新研发、花期精准调控、花卉精深加工、花卉设施农业等产业化关键核心技术和薄弱环节，夯实我国花卉产业创新发展基础。

（二）健全多层次花卉人才培训与教育体系

我国现代农林人才培养也包含几个主体：花卉研究机构、高等院校和花卉企业，其中高等院校又包含普通本科、本科职业和高职专科三个层次，本科层次近年来着力培养现代种业技术和智慧农业等方向的高层次复合型人才，高职专科重点培育花卉产业链各环节的技术型人才。从整个体系上看，我国花卉人才培养机制比较健全，但是培养深度和广度上仍有欠缺，首先花卉产业发展最新方向、前沿技术、市场趋势、现代化智能温室的操控体系和种植技术并不掌握在我们自己手上，体系化培养尖端花卉人才的能力有限；其次校企联合培养机制仍未建立，教育资源和产业资源没有实现深度整合，导致花卉人才培养缺少行业"地气"；最后专门面向花农的农业教育培育机构缺失，位于最广泛一线花卉生产的花农难以得到体系化的培训，花卉前沿种植技术推广受阻。因此，要积极构建多层次的人才培训与教育体系，需要在以下几个层面着力。第一层面是重点培养顶尖的花卉专业人才，除了依靠国内的花卉研究机构和高等院校以科创团队形式培育花卉产业链各环节高端人才外，鼓励花卉苗木企事业单位与国（境）外花卉苗木育种机构、生产企业、进出口商和行业协会等开展广泛交流合作，加大花卉苗木优良品种培育及其配套技术研发攻关，并定期选派重点人员赴国外进行深入学习和培训，从更深层次、更广领域培育花卉产业从种植到销售的中坚科技力量，助推花卉产业实现高质量发展；第二层面要积极推动高等院校、高职专科与花卉产业园区、花卉行业企业签订校企合作框架协议，让相关专业的人到园区内实习，高校科研项目集中攻关企业花卉产业化过程中的技术难题，企业生产基地为科创提供研发资源，并让学生在具体产业实践中提高科技素质和创新能力，推进产学研一体化发展；第三个层面，要借用花卉科研机构和高校的科技力量，成立专门的农业教育培训机构，面向花农和花卉一线生产从业人员开展专题授课，传授和推广花卉繁育、栽培、采摘、保鲜处理等先进技术，并与花卉产业园成立专家工作站，定期到园区进行技术指导，全方位多层次构建花卉人才培训与教育体系。

三、积极构建国际物流供应链体系

（一）加快航空物流供给侧结构性改革

我国花卉出口以航空运输为主，快捷的航空货运能有效提高我国花卉出口竞争力。要改变我国航空货运辐射面窄、竞争力不强、运力不足等问题，必须加快航空物流供给侧结构性改革，推动传统航空物流向现代物流转型升级，建立货运航空公司与专线物流、国际快递公司、电商物流的合作机制，鼓励发展多式联运，实现规模效益，逐步做强做大；要充分依靠市场这只看不见的手激发市场活力，打破所有制界限，对于在充分竞争的市场环境中显示出优势和潜力的企业，给予多方位的政策支持，以便培育世界级航空物流企业，辐射带动提升国际货运行业的整体竞争力；要加快构筑全球可达且自主可控的国际物流网络，进一步推进与主要贸易伙伴和"一带一路"国家货运航权自由化谈判，便利我国航空货运企业在境外设点布网，打造海外转运中心，提高物流全程的可控性；要加快枢纽机场货运设施改造升级，尤其是我国主要花卉出口产地云南、福建、江苏、浙江、广西等重点打造国际航空货运枢纽，为花卉航空物流集散助力；要构建航空物流公共信息平台，实时共享不同机场的运力供应情况，提升航空货运数字化、信息化水平，打造智慧民航；要进一步优化航空货运营商环境，加强与海关合作，在具备条件的国际航空货运枢纽实现"7×24"小时通关，满足花卉航空货运快速通关需求。

（二）积极打造"全球123快货物流圈"

当前，我国正着力建设现代综合交通运输体系，积极打造"全球123快货物流圈"提升国际物流竞争力。"全球123快货物流圈"即国际货物运输形成"国内1天送达，周边国家2日送达、全球主要城市3天送达"的航线网络，尤其符合花卉等强时效产品的货运需求。要充分发挥民航在高附加值、高时效性货物远距离运输方面的比较优势，对国内市场，要充分挖掘现有民航客运航空快线的运输能力，基于已经建立的覆盖全国主要城市的客运航线网络基础，利用客机腹舱进一步提高货物运输效率；加密在京津冀、长三角、粤港澳、成渝城市群和重点城市、航空物流枢纽间全货运航线网络布局，扩大航空货运在中西部运输机场的覆盖范围，实现航空货运物流网络省际互通，同时推进空铁、空地、空海"一单制"联运模式，加快发展多式联运，构建畅通生产地、加工地、消费地的快速化、多样化、专业化货运通道；对周边国家，要积极加强区域合作，强化"2日达"的服务能力。在与周边国家每周货运航班已突破1100架次的基础上，引导航空公司优化加密东南亚、俄罗斯、日韩等周边国家航线航班，提高航空货运通达亚洲大周边的快运航线网络强度，夯实周边国家2天送达的网络支撑；对全球主要城市，要继续优化3天送达的航线网络布局。要综合考虑我国与重要经贸伙伴的货运规模，提高我国与欧美主要城市的航班频次，逐渐消除与非洲以及拉美地区航线网络空白，同时民航局要积极与有关国家加大国际航权谈判力度，增加获取关键航权资源，为我国货运企业在境外设点布网提供便利。要充分挖掘国内外航司、快递公司、货代企业的现有资源，加强区域合作，加快布局洲际远程航线，着力构建安全高效、自主可控的国际航空货运网络，努力搭建支持全球主要城市 3 天送达的航线网络。

四、推动花卉产业数字化改革

数字经济是以大数据、智能算法、算力平台三大要素为基础的一种新兴经济形态，它以算力平台为基础，运用智能算法对大数据进行存储、处理、分析和知识发现等，进而服务于各行业的资源优化配置和转型升级，促进经济的高质量发展。自 2015 年"互联网＋"国家战略实施以来，我国便开始了数字经济领域的建设布局，大数据、人工智能、云计算、虚拟现实、区块链、5G 等数字技术加速创新，日益融入经济社会发展的各个领域，催生了许多新产业、新业态和新模式，深刻影响我国产业转型升级和社会经济发展，数据俨然成为推动我国经济高质量发展的重要生产要素。2021 年中国数字经济规模已达 47.6 万亿元，占 GDP 比重的 43.5%，传统产业的数字化转型已经是"箭在弦上"。要积极推动数字技术在花卉全产业链的应用，从种源研发、种苗繁育、高品质花卉种植、冷链物流、互联网销售等完成数字化赋能，为花卉产业发展注入新活力。

融合数字赋能，依托高校科研院所等相关技术，开展花木新品种选育技术、种植技术、栽培管理技术以及圃地管理技术创新；通过物联网和传感技术对花卉生产进行全方位智能精细化的管控，为鲜花创造最优生长环境，通过智慧无土栽培技术大力提升花卉种植品质和标准化水平，并有效提高水肥利用效率，实现灌溉零排放、环境和土壤零污染；着力引进高科技数字设备，提高花卉种植过程中的专业化管控能力和采后处理流程的标准化水平；要利用数字技术对花卉冷链运输过程中的温度控制、监控、检测，从产品源头到销售渠道的全过程进行信息整合，降低"断链"风险，有效提升花卉品质；要积极推动花卉线上线下立体交易体系建设，通过"互联网＋签约种植"，利用互联网新渠道、新营销模式拓展花卉产业销售渠道；要健全花卉产业发展的大数据，利用大数据对生产、经营、管理、服务进行监测、预警、分析、评价、指挥，通过可视化数据实时了解花卉产业发展现状，掌握发展需求，发现资源制约因素，为花农提供精准种植导向，为产业集群规划和发展决策提供依据。由此可见，对花卉产业进行数据赋能，通过数字交易、智慧农业、供应链信息化逐步构建数字花卉产业链，形成系统化的信息支撑体系，从而对花卉产业标准化、差异化、精品化和品牌化发展提供强大支撑。

五、"国际花卉创新中心"——值得推广的产学研一体化发展高地

"国际花卉创新中心"是云南省昆明市呈贡区依托斗南花卉小镇打造建设契机，在2019年启动的项目，旨在提升研发创新能力，促进云花产业转型升级。"国际花卉创新中心"项目建设包含国家观赏园艺工程技术研究中心共享实验室、观赏园艺国家专业化众创空间（FIDP）、云南省花卉技术创新中心培训基地和绿色高效种植基地，集科研、服务、培训于一体，着力打造花卉产业发展新高地。

云南省农业科学院花卉研究所在共享实验室建立了"农业农村部花卉质检中心（昆明）"，重点开展花卉土壤水肥及病虫害检测、新品种研发与鉴定、原种保存扩繁等工作，同时还将"中—荷花卉实践培训中心"整体迁入斗南云花综合楼，建立了云南省花卉技术创新中心培训基地，并配备了先进的远程培训网络系统，面向全国、南亚及东南亚开展国际合作交流与培训，集合全球花卉育种、种植、管理等培训资源，与国内高校、科研院所、企业专家开展专业定制培训。培训基地同时利用与云南大学、云南农业大学等高校合作，加强在校学生实践培训，助力斗南成为全国鲜花生产技术培训高地。目前，培训基地已与4家国内行业顶级研究单位达成意向合作，并与荷兰普瑞瓦集团共同定期举办亚洲（中国）温室环境控制培训班。

观赏园艺国家专业化众创空间（FIDP）是全国种植业中第一个入选科技部确定备案的国家专业化众创空间，全国仅23家。众创空间为入驻的创新企业建造了众创企业办公区、共享网络会议室、综合服务区、网络直播区等基础设施，建立了打造国际国内园艺新品、新技术及新设备展示发布平台，同时提供从技术、市场，到办公空间、投融资的全程服务，吸纳了一批盆花、鲜切花、食用花卉、精深加工花卉企业和创业团队入驻，来自美国、

荷兰、法国、西班牙、以色列等国家的优秀园艺设施、电商、智慧农业、育种、种苗等公司也纷至沓来。此外还将汇集国内外的投资金融机构及研发机构、国内领先的电商公司等优势资源，为孵化和培养一大批创新性、引领性的企业和创业团队建立"科技＋金融＋电商"的"双创"生态网络。

仍在建设的斗南绿色高效种植基地着力打造集科研、科普、展示和推广示范为一体的花卉综合试验示范基地，规划了 5 个覆盖盆花、木本切花、草本切花、球根花卉、特色花卉种业等主要花卉品类的试验示范温室和露地花卉试验示范区，将配备智能温室及仪器设备，重点开展种质创新、植物生理、病虫害防控和肥水管理、绿色种植等技术研究，同时面向各层级花卉从业人员开展新品种、新技术的展示推广、培训和教育等，是花卉科技研发的有力支撑，有利于全面提升"云花"品质内涵和国际竞争力。

"国际花卉创新中心"是云南省着力培育高级生产要素，推进云南花卉产业向标准化、专业化、智慧化的花卉全产业链迈进的新型开放平台，对花卉产业优势资源形成了明显的聚集效应，集花卉技术创新、知识教培、创业孵化、应用推广功能于一体，吸引了花卉上下游相关产业构建了产业集群网络，通过强化网络合作推动知识技术溢出、资源共享和学习互补，进而推动国际花卉创新中心完成"吸引集聚—协作共赢—自我强化—增强集聚"的高级生产要素培育闭环，为我国其他花卉主产区提供了产学研一体化发展范式。其发展经验在有条件的地区复制推广有利于推动我国花卉产业内涵式发展，全面提升花卉产业国际竞争力。

第二节　提升花卉产业出口竞争力路径：提高国内需求层次

一、进一步拓展花卉大众消费市场

长期以来，我国日常花卉消费被灌注了浓厚的情感，是传递感恩、爱与祝福的载体，具有强烈的礼品属性。同时传统的花卉市场和花店等销售渠道因为较多的流通环节，导致花卉价格亲民系数不高，花卉消费呈现典型的节庆消费、阶段性消费特点。随着"互联网＋"在各个行业的渗透日益加深，鲜花电商逐步改变了传统的鲜花零售格局，让花卉消费变得极为便利、经济实惠，网购鲜花成为越来越多年轻人的首选，也让鲜花完成了从礼品向消费品转型的华丽变身。当前花卉在家居生活消费比例不断增加，花卉消费范围不断从一二线城市向三四线城市延伸。2013 年以来野兽派、泰笛、花加、花点时间等垂直型鲜花电商玩家纷纷入局并获得大量资本融资。2019 年淘宝、京东、拼多多等综合电商平台也纷纷布局线上花卉零售，吸引线上花店入驻。以盒马鲜生、叮咚买菜、每日优鲜为代表的生鲜品牌凭借供应链上的优势也加入混战。北京地铁站点的鲜花自动贩售机让鲜花消费进一步日常化和轻量化。传统花卉市场和花店也在积极探索新零售模式，花卉新业态的不断涌现，极大丰富了我国花卉消费场景，有力提升了花卉消费的频次。尽管花卉零售市场规模不断攀升，但是由于花卉并非必要消费品，用户规模仍然有限，市场教育成本和唤醒成本比较高昂，更高频的花卉消费比较难形成。因此，需要在供需两端发力，进一步深挖现有网络平台的潜力，积极推动花卉大众消费。

在供给端，现有垂直电商、综合网络电商、外卖、团购、鲜花超市、生鲜电商、社区电商在鲜花赛道持续发力，织就了一张零售形态多样化的供给网络，要积极利用平台便利的通道，激发下沉市场潜在鲜花需求，扩宽鲜花的客群，进一步提高鲜花电商的渗透率，并不断丰富鲜花供给品种以满足消费者多元化需求。同时不断提升花卉供应链能力，提高花卉产品质量，让鲜花易得—可得—想得的消费需求成立，培养消费者粘性的同时唤醒更多的消费需求，提升鲜花消费的普及水平，继而发展出规模化市场。

在需求端，"悦己经济"和"她经济"的崛起为花卉产业带来了重大发展机遇，要积极利用手机互联网时代流量入口众多、内容营销兴起的特点，引导消费者将花卉作为一种心灵上的寄托、生活上的"小确幸"，进一步打破花卉消费在重要节日和情感表达等特定消费场景的仪式感，降低花卉消费的门槛，吸纳更多的消费者为低门槛的"小美好"和"小确幸"买单，培养消费者养成购买习惯，提高消费频次。

由于花卉具有成长属性，是一种极具市场空间的商品，一旦入门后，很多消费者会追求更高价、更稀有的鲜花品种。轻度用户会转化成重度用户，从只买最方便最便宜的花，变成定期购买，追求更稀有的品种，甚至学习花艺讲究搭配，提高整体花卉需求层次，并促使花卉企业不断创新以满足消费者日益提升的消费品位，完成"供给引导花卉消费，消费反哺花卉供给"的供需良性闭环，不断推动花卉产业品质化发展。

二、积极培育花卉消费文化

消费观念的革新不是一日之功，鲜花从以礼品作为主要用途的商品，到出现在大众的日常生活中，成为办公室或家庭空间的常客，是多重因素作用的结果。一方面是大众自身经济收入的提高，消费市场逐渐从物质需求转向更高层次的精神需求，另一方面是花卉供给层面产品的多样性、销售渠道的多元性和花卉产品的入门价格降低。还有一个就是在一个动态的市场中，消费者和商品的关系并非固定的"消费者产生需求，企业满足需求"，尤其在消费需求层级不高的情况下，商品引导或制造需求的能力对产业发展也极为关键。因此要提高花卉消费能力，需要积极培育花卉消费文化。首先可以支持在人均 GDP 较高、花卉消费有一定基础的地区建立中国花文化体验馆，举办过花博会和园博会的城市可以作为重点考虑，释放"花博效应"，展示花文化历史、花文化艺术，为市民打造引人入胜的生态空间，用鲜花生活美学引领花卉消费热潮；其次将我国内涵丰富的传统花文化与蓬勃发展的花卉休闲游深入融合，提高人花互动，加大对花文化衍生产品多元化的创新创意植入，充分挖掘花文化的内涵，将消费从集中于食花、赏花、用花的花卉物质本身提升到花卉体验或经历这类感受性满足的消费内容迁移，激发巨大的花卉衍生消费价值；将花卉应用与"美丽中国"建设密切结合，组织花卉园艺"进街道、进社区、进村落、进家庭"，结合各城市特点，积极拓展屋顶、檐口、露台、窗台、阳台等建筑载体，布置家庭园艺，建设立体绿化；同时加强技术培训，推进社区园艺师制度，为家庭园艺开展创新服务，通过举办以花卉为主体的节庆活动，推动花卉节庆从观赏型节庆向消费型节庆的转变，繁荣花卉消费。

三、加大花卉品牌培育力度

当前，"鲜花自由"成为了年轻一代生活消费的潮流。在国内知名的社交平台小红书、微博、豆瓣、抖音上，网购鲜花、鲜花自由与生活仪式感的图片和视频热度非常高。随着"她经济"的崛起，无论是为了悦己还是祝福朋友，女性越来越喜欢自主网购鲜花，《潇湘晨报》资料显示，女性鲜花消费占比已超过65%，互联网成功打开了日常鲜花消费的市场。垂直型鲜花电商、综合电商平台、主流生鲜品牌纷纷入局鲜花赛道，不断做大市场规模的背后，野兽派、花点时间、花加等头部品牌显现。相比水果、蔬菜等生鲜品类，鲜花电商门槛更高，保质期更短，物流损耗更多，产品交付标准更加模糊，对供应链管理的要求极高，尽管现有的消费渠道让消费者购买越来越容易，但买到高品质鲜花仍然是一件高门槛的事情。

鲜花用户的属性是流动的，鲜花消费并不是一成不变，具有较强成长能力，轻度用户会转化成重度用户；鲜花用户的诉求是多样的，鲜花消费更加倾向于"情绪消费"，消费者对于鲜花设计感以及设计感带来的情绪价值需求越来越高，鲜花消费市场既需要便宜便捷、随手能买的鲜花，也需要精心设计和搭配、有仪式感的花束；在不同用户属性和诉求的推动下，鲜花零售的形态呈现出"百花齐放"的状态，流动摊贩、实体花店、批发商、生鲜电商、鲜花垂类电商、聚集货源的综合电商、鲜花主播，过去单向度的供应链被打破，几乎所有中间环节都有动力也有能力直接面对消费者；鲜花本身是极难"标品化"的，鲜花自身的品质、运输过程中的保护程度、后续消费者的养护情况等直接影响鲜花消费的体验感。以上四种特征，涉及用户、商品、卖方三种角色，让鲜花行业诞生大品牌的难度远高于其他新消费领域。

当前，供应链局限性使得鲜花这种极易损耗的产品质量开始下降，严重影响花卉品牌培育，垂直鲜花电商行业正在经历大规模洗牌，不少花卉创业公司也面临不同程度的口碑下滑，导致鲜花用户的热情退却，甚至因为某次失败的体验不再购花。野兽派、花点时间、花加等头部品牌要不断在鲜花的呈现方式上进行深入研究,满足Z世代(也称"网生代")年轻消费者的消费习惯和审美喜好,如积极签约国内知名新锐设计师参与花艺产品的设计和升级,结合漫画、家居、建筑等新潮元素,为鲜花产品注入设计力;不断延伸花卉产业链,在香水、香氛等深加工产品端发力;开展跨品牌合作,与一些知名生活品牌携手推出联名产品,以年轻消费者的视角拓宽鲜花消费场景,为产品注入活力,让鲜花品牌升级为"生活方式品牌",为消费者提供全渠道的"生活美学",整体提升花卉消费层级;有实力的实体花店借助鲜花引流,纷纷通过盆栽造景将技术转化为产品附加值,与花器融合开辟高端盆景市场,为客户提供家具绿植陈列设计等线上平台缺乏的服务,抓牢客户;生鲜电商搭载鲜花电商的功能,要进一步依靠渠道便捷性、交易链条短、数字化管理能力等模式优势进一步打开市场,打造针对不同消费者的鲜花品牌,共同推动鲜花消费规模和消费层级升级,助力鲜花经济发展。

第三节　提升花卉产业出口竞争力路径:提高相关支持性产业的支撑力

一、提升我国现代花卉育种创新能力

花卉品种创新一直是花卉研究和产业发展的主题,是有效提升我国花卉产业国际竞争力的源头环节。近年来,我国花卉科研人员和花卉企业开始运用组织培养、克隆、转基因等先进育种技术创新花卉新品种,具有自主知识产权的花卉新品种总数显著上升,但培育出的特色鲜明、符合市场需求的主流品种仍极少。我国商业化、规模化种植的花卉品种所需种苗、种球长期依赖于海外进口,花卉种业发展仍面临种质资源创新利用不足,新品种创新能力弱,育种方法突破性、系统性、工程化不够,优质种苗高效繁育水平不高,自主选育品种市场竞争力不强,突破性标志性品种欠缺等'卡脖子'

问题。目前我国花卉产业已经基本完成了盲目引进、简单效仿、数量优先、无序竞争的初级发展阶段，种质资源繁多而且遗传多样性丰富，一部分如森禾、锦苑花卉、英茂花卉、虹越花卉、丽都花卉等集育种、种植、销售于一体的规模化花卉龙头企业脱颖而出，为花卉育种能力的提升打下了良好的基础。

要着力提升我国现代花卉育种创新能力，一是及时建立完整的花卉种业创新体系，精准整合各层级花卉研究机构和高等院校的研发资源，着力解决种质创新与分子育种、基因编辑、良种繁育、高效脱毒与病毒检测等重大科技问题，强化关键共性技术，强化应用示范推广，持续加大产学研结合力度，并在全国范围内培育壮大一批领先的规模化种业龙头企业，构建起创新、开放、高效的花卉种业创新体系，集中力量推进重要花卉品种自主创新与产业化；二是要进一步加强国际交流合作，鼓励花卉苗木企事业单位与国（境）外花卉苗木育种机构、生产企业、进出口商和行业协会等开展广泛交流合作，加大花卉苗木优良品种培育及其配套技术研发攻关，从更深层次、更广领域实现合作共赢，助推花卉产业实现高质量发展；三是政府要建立起对花卉育种的激励机制，一方面设立花卉新品种专项资金，对新品种研发进行奖励，另一方面继续增加对植物新品种的知识产权保护力度，进一步健全植物新品种注册登记制度，加大对花卉品种侵权行为的惩罚力度，严禁选育过程中的私自繁育现象，从根本上保障花卉新品研发企业的利益和新品种的应用效果，从而激活花卉市场的创新能力，推动花卉育种的国际合作，打造更多的花卉新品重点培育地区。

二、提高自育花卉品种市场转化能力

与国外的育种机构与产业结合得非常紧密，已然形成了成熟的商业化运作模式不同，我国花卉育种研发主体与花卉产业化的合作体制仍不成熟，花卉育种进程时常因缺乏项目科研经费支持而无法持续，科研导向风气也使得研发机构会选育出一些有科研价值但经济价值不大的品种，很多自主研发的品种离市场需求仍有较大距离。即使是具有商业推广价值的优秀品种，由于花卉研发机构缺乏市场推广的能力和资源，一些性能优良的花卉品种品系得不到推广应用，选育后多年仍躺在试验田，很难在市场上实现价值。因此，在大力提高花卉育种能力的同时，要积极探索新品种的市场转化问题，使我国丰富的花卉种质资源优势转变为产业优势和竞争优势。由于市场存在失灵，仅仅依靠市场的力量难以实现花卉新品种的应用与转化。因此，有关部门不仅要在科研上加大支持力度，还需要在推广应用上"添柴加火"。

（一）积极搭建育种成果市场化平台

首先各花卉主产区相关部门要在加大花卉新品种创新培育的同时，鼓励花卉育种创新团队与当地花卉产业示范基地、花卉苗木国有企业单位和民营企业结成"对子"，企业从市场角度给予育种方向建议，科研机构在繁育环节提供技术支持，打通从品种到规模化生产应用的环节，从而研发出符合市场需求的花卉新品，顺利实现市场转化；其次学习借鉴荷兰花卉协会的经验做法，进一步探索和推广三方合作共赢模式，即育种企业和种植者同时与第三方即昆明国际花卉拍卖交易市场签订销售协议，产品上市后通过拍卖市场销售，三方分利，靠"市场的手"推动科研成果转化；最后各花卉主产区应形成专业的新品种评价机构，发布新品种的综合信息，包括新品种的特性、种植量、推荐种植量、市场价格、市场供应量、销售情况等信息，引导建立自主品种推广共赢模式，提高自主品种的市场认知度、品种品质率，提高品种盈利能力，创建自主品牌。

（二）扩宽自主品种的推广渠道

由政府出台相应的花卉科研补助政策，成立地方示范项目，支持地方企业与科研单位合作。同时，由地方政府统一采购新品种种植权和技术指导，按照实际推广效果和农民收入情况进行付费，并对种植户购买自主新品种种苗提供补贴，让更多种植者种植自主品种；各地要结合花卉产业实际，加强新品种上市之前的终端推广宣传，通过筹备筹办花博会、园博会等国际国内大型花卉展会和各类花卉节庆活动，积极宣传推介自育新优品种；继续落实城市景观建设项目招标过程中有关"非低价中标"的规定，在园林绿化工程招标中对应用了自育花卉新品种的项目给予政策倾斜，拿出专项资金奖励，并在项目的评优上加分，同时花卉产业联盟和行业协会也要积极向有关部门推荐适合该城市应用的花卉新品种名录，鼓励花卉新品的推广应用。

三、大力发展设施花卉

2021 年，国务院办公厅《关于防止耕地"非粮化"稳定粮食生产的意见》明确规定永久基本农田要重点用于稻谷等粮食生产，一般耕地应主要用于粮油和蔬菜等农产品生产，耕地在优先满足粮食和食用农产品生产基础上，适度用于非食用农产品生产。花卉属于经济作物范畴，花卉种植用地属于设施农业用地中的种植设施用地范畴，不得占用永久基本农田，占用一般耕地的，要经批准并落实耕地"进出平衡"原则。花卉生产已经占用的耕地将逐步清退，传统花卉生产模式显然无法持续，设施花卉是花卉产业在"非粮化、非农化"的战略决策部署下"保量供应、提质增效"的不二选择。

近年来，我国设施农业生产规模稳步扩大，设施农业区域协调发展进展良好，设施类型以投资较少、节能节本的日光温室、塑料大棚和中小拱棚为主，设施装备科技水平和生产效率稳步提升，物联网等信息技术在部分现代化温室中得到应用推广。但总体来看，面临设施农业结构不合理、设施机械化水平低、设施专用品种缺乏，设施生态环境恶化等问题，呈现出大而不强，生产水平不高，亟待提质增效的特点。设施农业总面积的81%用于蔬菜生产，设施花卉占设施农业面积6%，占花卉种植总面积8.7%，花卉种植设施化程度较低。既要保证推进现代农业健康发展，支持花卉等经济作物服务于乡村振兴，又要实现不与粮争地，积极保障国家粮食安全，必须加快老旧设施改造、非耕地的利用、设施类型调整以及设施科技的进步。

各花卉主产区要对花卉产业进行科学规划引导，着力优化设施花卉布局，制定现代设施花卉高质量发展指导意见，根据资源禀赋、生态条件和产业基础，进一步优化设施花卉生产区域布局，科学确定适宜的设施类型与结构，大力推广标准化设施，形成同市场需求相适应、同资源环境相匹配的布局；要积极发挥花卉主产区所在地政府的引导作用，通过设立现代设施花卉产能提升专项资助，支持老旧设施改造、非耕地利用和设施类型调整，对低档设施温室大棚进行提档升级，研发设施花卉栽培专家系统，结合物联网技术实现单个温室大棚个性化控制；要积极向国外发达国家学习，开发出适宜非耕地生产的设施花卉结构类型，低成本、小型化、稳定可靠的环境控制系统以及智能决策生产管理平台，推动设施花卉技术进一步优化升级，达到满足设施花卉种养的最佳生产环境和优质高效生产的目的，实现花卉集约化、商品化、产业化发展；要稳妥做好花卉设施农业用地处置工作，规范落实年度耕地"进出平衡"，依托当地土地资源禀赋，因地制宜鼓励在非耕地上新建设施，保障花卉产能相对稳定；要坚持创新引领，依靠各地开设设施农业专业的高校和设施农业研究所的科研力量，建立设施农业科技创新中心，通过设立设施农业科技创新专项，强化设施结构、专用品种、农机装备、绿色标准化生产等技术装备研发与推广，突破高产、优质、高效的制约瓶颈，提高设施农业综合生产能力。

四、推动冷链物流高质量发展

花卉易腐性、时效性极强的特点要求花卉运输必须保持全程冷链，确保花卉的品质，并且按照客户的要求准时交货。因此，要有效提升我国花卉产业出口竞争力，必须建立高效的花卉物流体系，全程冷链运输是重中之重。面对当前我国冷链物流覆盖面不广、前后端配套设施不完善、物流信息化支撑力度不高、冷链时有断链，痛点难点卡点问题突出，仍难以充分满足基本的农产品和医药产品等市场需求，更难保障花卉产业的运力。要为花卉行业升级提供高品质、精细化、个性化的冷链物流服务，必须构建国家冷链物流骨干通道，提高冷链物流运力水平，不断推动冷链物流高质量发展。

（一）全面构建冷链物流高质量发展体系

一是要加强顶层设计，统筹优化布局。各地要加强冷链物流建设的组织领导工作，成立由分管领导牵头，交通运输部门、农业农村部门、发展改革委、市场监管、商务部门等参与协调，冷链协会和冷链物流企业具体实施的三级工作推动机制；充分发挥政府在统筹规划中的引领作用，合理安排现代物流业载体建设项目，鼓励通过既有资源改造提升物流用地供给能力，提高新建项目综合开发水平；要建立全国统一的冷链物流信息平台，运用现代信息技术优化冷链物流生态体系，加强对生鲜农产品供需两端及冷链物流布局等诸多信息和数据的整理与分析，运用精准数据为冷链物流运输、配送提供全面信息服务。

二是要加强冷链物流基础设施建设。积极推动冷链物流建设纳入新基建，引导各级政府在冷链基建领域加大在政策、资金、土地、人才等方面的倾斜力度，支持行业企业加大对应用车联网、大数据、人工智能、5G 等技术的创新应用，让冷链物流充分融入智慧城市、乡村振兴建设之中；对行业企业冷链设备设施新建及升级改造项目给予一定的专项资金补贴支持，尤其要引导行业企业加大对农村冷链物流基础设施的投入建设，解决生鲜产品"最先一公里"品质保障问题，同时要加强产销冷链集配中心建设，补齐两端冷链物流设施短板，夯实冷链物流运行体系基础；对于有出口业务的生鲜农产品，要积极依托国家综合立体交通网，结合生鲜产品国际流向流量，构建专门服务于国际进出口的冷链物流体系，最后要推进干支线物流和两端配送协同运作，建设设施集约、运输高效、服务优质、安全可靠的国内国际一体化冷链物流网络，有效防止供应链断链。

三是要健全法规标准，强化全链条监管。要健全冷链系统技术标准，彻底改变冷链行业运营管理过程中质量标准控制不一的乱象。统一冷链能耗与效率、冷运食品卫生安全、冷链最佳作业、冷库环境温度与冷藏运输温度控制等标准，让冷链物流行业规范经营有据可依；要建立健全检查与监督机制，通过"分级管理、相互合作"的管理模式，发挥现有各层级相关检测机构的作用，补充完善检测项目和内容，建立关键物流节点的检测平台，为生鲜产品物流提供快速检测服务；要推进冷链运输信用体系建设，在冷链物流行业建立企业信用评价机制和联合惩戒机制，进一步加强冷链相关规则的监督执法力度，夯实冷链物流全链条监管体系。

四要坚持创新驱动，充分激发市场活力。在政府的主导下，成立由科研院所提供研发支持、行业内企业提出需求的冷链"产学研"促进中心，集中攻克冷链物流发展过程中"卡脖子"技术难题，尤其要加强冷却冷冻、冷藏和信息化管理等冷链物流技术和设备的创新与研发，对生鲜产品冷链物流新工艺新技术、新型高效节能的大容量冷却冷冻机械、移动式冷却装置、大型冷藏运输设备、冷藏运输车辆专用保温箱和质量安全追溯装置等进行集中攻关与研制，并积极推进科技成果的实际应用与转化。同时要加强冷链物流发展模式创新，鼓励行业内冷链物流企业基于自身资源优势建立战略合作关系，推动企业间冷链物流资源、设施设备、技术人才、科研成果应用等诸多资源的共建、共用、共享，科学推进冷链物流全链条建设，最大限度降低企业经营成本，充分激发冷链企业市场活力。

（二）打造高效的花卉冷链物流专线

花卉比其他农产品更具脆弱性和易腐性，冷链运输过程中的保温要求高，鲜花供应链的运作难度高于一般的生鲜农产品。花卉冷链物流主要包括采后保险预冷处理、全程冷藏运输和目标地冷藏配送三个环节。花卉采摘后就切断了其来自母体根系的水分，打破了其水分和营养平衡，运输过程中环境的变化会严重影响花卉的新陈代谢，花卉到达销售地也需要通过冷藏的方式来保证配送前的花卉品质，否则会极大影响花卉的价值，因此花卉冷链物流需要满足严格性、准时性、高效性、低耗性、专用性强等要求。普通的冷链物流企业缺乏鲜花运输的专业知识和操作能力，容易影响鲜花冷链运输中的品质稳定性。因此在全面构建冷链物流高质量发展体系的同时，要引导行业内规模企业为产值规模大、市场发展潜力高、社会经济效益好的特色产业打造专门的冷链物流专线。首先要完善鲜花冷链物流行业的运输标准、保鲜标准、包装标准以及冷链标准等，全面提高花卉流通标准，多方合作建立专业、一流的鲜花冷链运输生态系统；其次要建立完善的鲜花物流信息系统，鲜花交易信息平台可以实现信息实时共享，实现鲜花运输信息的透明化和鲜花产地的可溯源，给上下游双方提供一个对称的鲜花实时状态信息，降低运输途中的信息成本；最后要鼓励重点花卉产地和花卉出口地区的冷链物流企业和国际货代公司建立完整的鲜花冷链物流运输专线，依托大型冷链物流企业已经建立的供应链服务优势，提供"产地仓直发 + 干线运输 + 销地仓加工 + 末端配送"的全供应链服务，通过全程温控冷链车和可视化溯源，将鲜花冷链物流运输中损失降低到 1% 以下，满足鲜花冷链运输"快"和"鲜"的标准。通过构建花卉冷链物流全流程标准、提高花卉流通信息的可视化程度和建立完整的鲜花冷链物流运输专线，可以有效提高花卉冷链运输的操控性、综合运力和流通能力，有利于整体提升花卉产品的国内外市场竞争力。

（三） 推动鲜花航空货运的数字化改革

花卉作为对保鲜度和时效性要求极高的易腐货物，其全程恒温冷链运输对航空货运业构成了重大挑战。国际航空运输协会（IATA）易腐货物法规（PCR）专门介绍了切花的航空运输，描述了影响切花和其他观赏植物采收后质量的最重要因素，并概述了适用于大多数空运切花的商业处理和运输的技术标准，包括改进现有采后处理的建议以及恰当的包装系统，在采收、处理、储存、运输、批发和零售期间发生的鲜切花浪费比例较高，尤其是采后的处理和运输过程浪费率高达 20%，造成巨大的经济损失。因此解决鲜花国际运输过程中预冷、正确包装、通风和临时存储期间的温度控制等供应链问题对于提升花卉国际竞争力意义重大，需要货运代理商、航空公司、行业机构和供应链中的其他利益相关者通力合作。要继续加大数字化和新技术在供应链管理中的应用，努力提高航线合作伙伴间操作的透明程度和可视性，不断优化物流包装、信息共享和流程创新，实现对鲜花运输全流程的信息跟踪和追溯，打造可靠且可控的贸易航线。

五、引导花卉产业链向深加工开拓延伸

近年来，专注花卉食用价值、美容价值、营养保健价值等产业链高端的花卉加工业开始崭露头角，呈现出起步快、效益好、后劲足的发展特点，食用、药用、精油、色素提取等花卉加工业蓬勃发展。与此同时花卉生产加工技术的研究应用让保鲜花、永生花、压花画、小工艺品等鲜切花精深加工也

呈现喜人局面，有效延长了鲜切花的货架期，提升了产业附加值。巨大的加工增值空间刺激了花卉加工业快速发展，以云南为首的花卉主产区逐渐形成了一些花卉深加工基地，食用玫瑰、茉莉、菊花、石斛花等花卉已经实现了规模化加工开发，一批技术水平高、市场营销能力强的龙头企业依靠研发的过硬产品远销国际市场，有效提升了花卉产品的国际竞争力，实现了良好的经济效益。由于花卉深加工起步较晚，仍然面临生产技术和设施设备落后、科技研发投入有限、标准化体系不完善、国际化运营缺位等制约因素，与丰富的花卉品种资源和种植规模相比较，国内花卉精深加工产品不足，尤其针对独有花卉品种的开发较少，资源优势还未开始真正转化成产业优势。花农组织化程度低、种植规模小而分散也极大影响了生产原料的批量供货，难以保证原料品质的稳定性，成为花卉加工产业健康发展的"软肋"。

要把花卉产业链做长做深，进一步提升花卉产业的经济效益。第一，要有精准的产业发展定位。从花卉产业价值链来看，花卉美容价值开发产生的附加值最高，其次是药用价值和营养保健价值，目前在我国应用开发程度最广的食用价值和观赏价值排在最后两位。产业链高端的花卉深加工比例微乎其微，只具观赏价值的花卉发展前景十分有限，因此要充分利用花卉生产中鲜切花生产和冷链物流过程中20%至40%因达不到观赏要求而废弃或低价处理的产品损耗，以及充足的野生花卉资源，发展花卉深加工产业，完善花卉园艺产品加工体系，开发出工业化的花卉经济体系。各花卉主产区需要根据各地的资源禀赋和现有产业基础，重点发展食用花卉、药用花卉、香料物质、天然色素、美容护肤、永生花、花卉艺术品等深加工产业，变资源优势为经济优势。

第二，建立和完善花卉深加工产品的质量标准体系。要加快制订和贯彻花卉深加工生产技术规程、加工技术标准，为行业内企业规模化生产提供基本的范本和标准，提高花卉深加工原料品质的标准化；要制定花卉食品安全检测技术标准体系，保鲜花干燥、脱色、上色和定型等生产技术标准，以及鲜花色素、香料香氛的提取技术标准等，逐步将质量安全和品质控制的检验检测监督工作纳入规范化和法制化轨道，实现从原料到最终产品各环节的全过程质量监督和控制，确保花卉加工产品的质量安全和规范品质。

第三，要制定清楚的产业发展规划，建设优质原料基地。各花卉主产区要根据本地现有的花卉产业发展规划和布局，制定分区域的花卉深加工业发展规划，着力提高该地区花农的生产组织化程度，搭建原料供应主体与深加工企业的深度对接渠道。企业可以通过定向投入、定向服务、定向收购等方式，与花农建立稳定的合同关系和利益联结机制，降低外部市场原料供应数量和品质的不确定性，同时围绕特色优势品牌、区域品牌和龙头企业，加强原料基地水、电、路等设施建设，建设起与加工能力相配套的集约化、标准化、规模化和优质稳定的花卉深加工原料生产基地，满足加工需求。

第四，各花卉主产区要加大政策扶持力度，培育壮大一批有一定经营规模、科技水平高、竞争能力强、产业关联度高、辐射带动作用大的花卉深加工龙头企业、技术创新企业。创新利益联结机制，鼓励企业通过收购、兼并、控股、联合等多种方式做强做大；要积极搭建一批促进高等院校、科研院所、重点龙头企业合作的花卉深加工公共技术研发平台，组织联合攻关，重点攻克花卉深加工产业发展中的关键技术、重大技术和共性技术；要拿出有含金量的措施办法，鼓励、支持企业、科研机构开展新产品、新技术、新工艺、新设备的研究开发，推动科技研发成果尽快转化成生产力。

六、拓展"花卉+"经济发展模式，重塑花卉营销体系

我国花卉产业快速发展最为深层次的原因是，随着人们物质生活水平的提高，精神层面的高层次需求得以释放，花卉本身作为"美"的代表和可得、易得、价格亲民性，迎合了人们对美好生活的向往。如何让鲜花消费深入人心，有力提高鲜花消费的广度、频度和深度，是花卉产业品质化发展和竞争力提升的基础。

（一）进一步拓展"花卉+"经济发展模式

要进一步深化"花卉+"理念，推动花卉产业与旅游、康养等产业跨界融合，依托赏花经济，实现旅游观光、度假养生、科普教育、农情体验等功能协调发展的叠加效应，避免"花海复制"同质化竞争，创新赏花经济

模式。通过"花卉 + 文创"积极开发具有地方文化特色、使用价值、收藏价值的创意旅游产品，扩大"花卉 + 文创"的"乘法效应"，引导百姓普遍树立起花卉消费意识，有效提高复购率，做大做强"赏花经济"的蛋糕；鼓励具有花卉产业基础的地方政府要围绕"花"做文章的热情，通过举办"以花为媒、广交朋友、政府搭台、经贸唱戏"的赏花节庆活动搭建招商引资的舞台，引进休闲度假旅游、康体养生旅游、田园综合体验等项目，实现"以花为媒、借花发展、双向反哺"的生态闭环；要深入挖掘花卉产业中文化和美的力量，注重精心打造花卉文化 IP，拓展花卉消费场景和文创衍生品，将花卉产业打造成一产、二产、三产相互融合发展，种植、加工和休闲观光、养生度假紧密结合的六次产业。

（二）重塑花卉营销体系

当前，垂直类鲜花电商、生鲜电商、综合电商平台、社区团购、花卉基地直播、传统花卉市场和花店已搭建了多样化的花卉消费场景，但网购鲜花的便利性和优惠价格的背后鲜花的品质广受质疑，垂直鲜花电商的高端定制产品和针对下沉市场的预售模式深受供应链不畅的困扰，传统花卉市场和花店提供的产品价格亲民度和便利性不足，难以满足当前"悦已"型消费和"她经济"关于"能够负担的生活中的小美好"的预期，如何让高品质又不乏创意的鲜花产品唾手可得是花卉产业长远发展需要面对的浩大工程。从未来的消费趋势看，消费品要么坚持以科技为支撑，要么借力与文化融合。传统的买花过程需要化繁为简，同时要能够准确传递花卉的设计美学和产品逻辑，因此花卉消费习惯的日常化覆盖和消费层级的品质化提升需要重塑花卉营销体系。一方面进一步完善花卉供应链体系，提升鲜花电商的体验感，培养下沉市场的消费习惯，另一方面要加密加宽线下花卉购物场所网络，让消费者能便利地获取新鲜而价优的花束。通过打造视觉主导、充满文化体验意味的空间提高花卉产品的转化率，在满足既有市场需求的同时创造更多的使用需求，将花卉以一种全新的方式融入都市人的日常生活，无缝连接都市人日常生活场景所涉及的各种使用可能性；此外，我国鲜切花市场份额相对较小，苗木类植物销售更广泛、更大众，也更方便保存，线上销售规模远高于鲜切花品类，其背后美化家居环境、文创融合能力并不逊色，但国内已有的鲜花品牌少有涉及苗木类花卉，因此建议花卉品牌将视野扩大至整个花卉品类，既能有效破解"保鲜难"困境，也能开拓另一个千亿级别的花卉消费市场。

（三）加快数字技术在国际花卉拍卖交易中心的应用

我国鲜花规模化交易主要通过各类花卉市场。目前国内主要的鲜花市场有昆明斗南花市、昆明国际花卉拍卖交易中心、广州岭南花卉市场、常州夏溪花木市场、江苏如皋花木大世界等十几家规模较大的花卉批发市场，其中昆明国际花卉拍卖交易中心（KIFA）是云南首先向荷兰学习"鲜花拍卖市场"交易模式的成果，经过多年的发展已经成为一个面向全国的花卉价格形成中心、市场信息中心、物流集散中心和服务中心，是世界第二、亚洲最大的花卉拍卖市场，通过工业化的分级和定价帮助花卉高效流向国内外市场，集花卉标准制定、新品种研发推广、市场信息服务、技术服务、金融服务、物流服务为一体。近年来，随着5G技术、物联网、人工智能等数字技术的发展和应用，推动制造业、服务业、农业等产业数字化发展，利用互联网新技术对传统产业进行全方位、全链条的改造将是所有产业发展的方向。庞大的花卉大数据及线上交易模式的发展给花卉产业发展带来巨大的活力和市场潜力，要进一步推动数字经济和花卉产业融合发展，不断整合花卉全产业链资源，让政府、花农、企业通过数字化拥抱在一起，形成资源要素的高度汇聚，实现花卉加工、保鲜、分类分级、包装、检疫、通关、运输、结算等环节在线上的无缝对接，降低交易成本，加快花卉"产业数字化"向"数字产业化"的发展，实现花卉产业链的互联互通，为花卉国内外销售搭建更便捷、高效的"快车道"。

七、进一步完善花卉产业服务体系

哥伦比亚花卉出口商协会代表了哥伦比亚75%花卉出口商的利益，在花卉的无公害化生产、技术研发、质量认证和出口销售中都发挥了巨大的作用，其运作模式给我国花卉出口提供了借鉴。目前，我国花卉出口缺乏强有力的协调组织和统一的出口质量标准，出口无序化和参差不齐的质量使得我国花卉难以参与国际市场竞争。花卉存在携带、传播有害生物的风险，潜伏期较长，一直都是各国重点检疫对象。世界各国对花卉进口基本执行全方位监管模式，如美国实行花卉分类进口监管，欧盟成员国对进口花卉的检疫要求和欧盟要求有所不同，东盟等国也陆续开展有害生物风险评估，并构建了全方位监管的检疫模式。对进入美国和欧盟等市场的花卉产品，除了要满足当地的检验规定和法律外，还要迎合当地花卉行业协会在质量、认证、环保和溯源等方面的要求。我国目前主流的花卉生产模式很难实现花卉质量的前端控制，因此在面临花卉进口国各不相同的检验要求和法律法规时，很容易遭遇进口国的技术性贸易壁垒。早在 2013 年国家林业局印发的《全国花卉产业发展规划（2011～2020）》中就强调要健全以质量为核心的花卉标准化体系，促进出口花卉质量标准与国际接轨，但进展相对较慢。目前中国森林认证体系框架下的花卉认证标准编制已接近尾声，因此要拓宽各级花卉协会的主要功能，可以专门成立花卉出口分会，积极推广出口花卉产品的质量标准，并帮助花卉出口企业建立起健全的管理体系，对出口花卉产品的生产技术、质量认证、产品溯源、环保要求等做好前端监控，通过完善的管理制度，提高商品质量，从源头上控制出口花卉品质达到进口国要求，做到生产有的放矢、品质源头控制、销售精准投放以及出口效率提升；海关要进一步健全花卉产品出口大数据，利用我国健全的跨境电商网络和出口大数据进一步掌握花卉进口国的消费喜好、价格水平、检疫要求等信息，通过花卉出口的精准营销提升我国花卉企业的出口能力；各花卉主产地要充分考虑花卉出口的时效性需求，利用"互联网＋海关"简化花卉出口通关手续，优化花卉出口检验流程，打造"花卉出口绿色通道"，实行"7×24 小时"通关保障承诺，并定期向企业通报国外花卉进口检验检疫最新标准，助力我国花卉走向国际市场。

第四节　提升花卉产业出口竞争力路径：引导
充分竞争的国内市场环境

一、积极培育新型农业经营主体，创新农业组织经营模式

当前，阻碍我国农业现代化发展的一个重要制约因素是农业规模化生产程度较低，影响农业技术和机械设备的推广应用和农业生产率的提升。延承我国 20 世纪 80 年代家庭联产承包制度，我国农业种植模式依然是小农户种植占据主导地位，难以形成规模经济效益。小规模生产方式下的农产品在市场售价和种植成本方面均处于劣势地位，缺乏市场竞争力，同时不利于集中统筹管理，使得先进的农机设备应用效果逐渐变差，机械设备利用效率较低，难以推动农业信息化和智慧农业的高效发展。"家族式沿袭"的种植办法也使得农户缺乏科学、有效的农业知识的指导，严重影响农业产值，难以激发农民发展规模化种植生产的积极性。作为特色经济作物，花卉的现代化发展也深受小农经济的影响，分散化、小规模的种植方式难以实现资源整合形成产业发展合力，也严重缺乏科技研发的动力和能力。我国花卉产业链上游的种质资源长期依赖海外市场，花卉出口竞争力不足。与此同时，快速发展的国内花卉市场为小规模花卉经营主体的低端重复建设带来了市场红利，形成了一定程度的"资源诅咒"，阻滞了花卉产业规模化、标准化和集约化发展的步伐。在"非粮化、非农化"决策部署下，占用永久基本农田的花卉种植将被清退，占用一般耕地的也要根据具体情况经批准并落实耕地"进出平衡"后才能继续种植。花卉产业的基本生产资料供给能力发生了重大变化，花卉苗木结构性过剩和低水平重复建设项目将被淘汰出局，逐步向设施花卉转变是花卉产业健康发展的必由之路。但设施花卉生产需要高额的资金投入和雄厚的技术背书，传统花农和小规模经营主体显然难以应对巨大的资金和技术壁垒，面临新的生存压力，必须培育新型农业经营主体以迎合

产业发展转型的需要。

在以色列，农业组织经营模式主要包括基布兹（Kibbutz）、莫沙夫（Mashav）和农业公司三种形式。其中基布兹实行土地和生产资料的集体所有制，实行所有权与经营权分离；莫沙夫是家庭农场联合体，以联合的形式负责供销，小家庭大规模。政府对基布兹和莫沙夫所购买的农业设备给予40%的补贴，且提供了优惠的农业用水价格。同时以色列农业企业一般以农机服务及农产品加工为主要内容，服务于基布兹和莫沙夫，形成相互支撑的组织体系。此外，以色列农业生产经营全部实行订单生产，农民只管精心种植，加工、采购、财政、购销等农业服务由吉布兹和莫沙夫区域合作组织承担，从而使农产品进入国内、国际市场。其独特的农业经营组织模式是以色列现代农业成功的关键因素之一，也为我国现代化农业发展提供了很好的借鉴。各花卉主产区要积极支持家庭农场、专业大户、专业合作社、花卉产业龙头企业等新型农业经营主体，以及设施花卉等现代农业项目。借鉴以色列基布兹、莫沙夫管理经验，通过"公司＋基地＋农户"的联盟机制形成经营主体联合体，形成"小农户大规模"的组织经营模式，深化联盟机制内各主体的专业分工，提升组织化、专业化、标准化、市场化和规模化种植能力，降低采购成本和增强消费市场议价能力，促进先进技术的应用推广和农业机械的高效使用，进而获得总体的规模经济效益，提升产业竞争力。政府还可以通过设立农民合作社建设专项资金，鼓励合作社购置先进农机具并提供补贴，建立技术推广服务站举办培训班和推进实地讲解进行技术应用推广，委派高校和科研机构的科研人员与新型农业经营主体签订服务合同，提供技术指导、咨询和培训，积极促进新型农业经营主体向规模扩大、质量提升、效果显现、引领增强的方向转变。

二、进一步吸引外商投资，充分发挥外商投资企业的"鲶鱼效应"

习近平总书记强调："中国开放的大门不会关闭，只会越开越大。"当前，全球政治经济格局正在经历复杂而深刻的变化，我国正着力构建以国内大循环为主体、国内国际双循环相互促进的新发展格局，积极推动高水平开放，更加深度融入全球经济，进一步塑造我国国际经济合作和竞争新优势。我国花卉产业经历了 40 多年的稳步发展已经形成了相对健全的产业体系，丰富的资源禀赋和超大规模市场蕴含的商机吸引了众多外商投资企业进入，凭借强大的品种研发、生产技术、管理运作等优势不断在我国花卉市场"开疆拓土"。

荷兰安祖公司通过向国内花卉企业提供红掌、蝴蝶兰优质品种、种苗和技术支持，坚持新品种培育国际国内统一的标准引领中国市场，每年可为市场提供约 1 亿盆蝴蝶兰、红掌花种苗，并将昆明基地建设成亚洲的供苗基地和面向南亚东南亚的"辐射中心"；澳大利亚林奇集团着眼于绿色种植理念，通过水肥一体化技术、无土基质栽培及绿色环保高效生产、环境调控等绿色种植技术为我国花企提供技术服务；美国保尔园艺集团利用品种和技术优势以合资的方式与大连世纪种苗公司的市场优势相结合，积极抢占中国市场，并通过专业的品种展示会推广草花品种和应用形式；荷兰著名花卉企业方德波尔格将荷兰温室的环境控制、水肥管理的自动化控制系统和资深种植专家整体移植到中国，成为国内最大的切花玫瑰和切花红掌生产企业；绿翼集团、大丽孚花卉公司致力于从事鲜切花进出口贸易，大力进口荷兰、日本、越南、厄瓜多尔、新西兰等地的高品质鲜花，投资兴建冷链物流中心，并长期推广预售模式，不断满足国内消费者对鲜花品质和瓶插期的需求；美国俄勒冈苗木繁育公司以创新的模式和思维开拓中国市场，将国外苗圃机械化、现代化的管理方式以及在品种选育、产品质量管控技术带入中国，给国内苗圃上了很好的一课；荷兰绿色智慧园艺公司专门为引进荷兰先进温室设备的园区提供园艺技术及咨询服务，根据气候条件和栽培环境的不同进行项目策划，因地制宜让荷兰技术落地；斯科特奇迹公司下属园艺品牌美乐棵（Miracle – Gro）根据中国消费者喜好量身定制植物肥料、营养土和种植套装产品，从产品种类、包装规格到使用方式都更加符合中国消费者的需求；各外商投资花卉企业也纷纷发力终端市场，并在品牌塑造、销售渠道建设方面不断发挥示范效益。

从外商投资企业进入中国花卉市场的产业路径看，能够有效改善国内花卉产业"橄榄球"产业结构分布特征，补足上游育种、设施和栽培技术的缺失，以及下游冷链物流和营销推广的短板，带来了突破产业链各环节技术瓶颈的先进技术和理念，形成了技术外溢效益，也给国内企业带来了巨大的冲击，倒逼国内花卉企业积极主动地改革创新，深化国际合作，在一定程度上激发了国内企业的活力和竞争力，从而提升国内花卉产业的整体水平。与此同时，要谨防"鲶鱼效应"变成"鲨鱼效应"，在引进外商投资的过程中，政府要注重引进外商投资的核心技术，进一步规范外商投资企业从事种质资源搜集、品种研发、种子生产、经营和贸易等行为，并做好外商投资企业并购国内花卉企业尤其是种业的安全审查工作，增加外商投资企业设立研发中心内中方高层次管理和科研人员的比例，把握合资企业双方"共同管理"的原则，运用政治智慧把控局面，既不能限制外商投资企业发展，同时又要做强国内企业，充分激发花卉产业发展活力，为培育国内具有世界影响力的花卉龙头企业构建良好的发展环境。

三、鼓励企业转变经营思路，错位发展特色花卉

荷兰、哥伦比亚、肯尼亚等花卉出口大国在世界花卉市场已然占据了超大市场份额，尤其是在鲜切花领域获得了明显的先入者优势，掌握了先进的育种、栽培、保险、冷链储运技术，建立了高效的国际销售平台和物流配送渠道，积累了优秀的品牌运营能力。荷兰、以色列等国还通过对外投资利用南美、北非等国优秀的花卉产业发展资源禀赋和区位优势，在全球范围内进一步巩固竞争优势。我国花卉产业化发展起步晚，花卉育种、冷链物流、设施农业、生产组织方式均相对落后，要实现"变道赶超"，必须结合国际市场需求和我国特有资源禀赋，一方面夯实鲜切花、盆栽花卉等世界主流花卉品类的出口基础，提高我国花卉的国际影响力，另一方面扬长避短，通过错位发展，出口差异化花卉品类抢占商机。

首先要充分利用我国花卉产业资源优势，加大特种花卉的培育和出口。我国自古以来就有以花卉入菜和入药的传统，已经开发了 100 多种食用花卉，药用花卉资源丰富多样，天然香料产量占世界第一。2019 年我国食用与药用花卉种植面积占花卉种植面积近五分之一，追求绿色、健康、高品质

的生活理念让特种花卉种植持续快速发展，也为我国花卉出口提供了差异化发展的基础。要充分利用可食用花卉品类繁多和美食大国等传统优势的叠加效益，积极开发以花卉为原料的各类食品，借力各类跨境电商平台和社交网络渠道打通国际市场；其次重点开发培育我国特有的花卉品种，繁育并重点出口中国原产的、易于人工驯化的以及拥有国际登录权的花卉植物种类，如梅花、莲花、海棠、桂花、竹子、茶花等，同时积极捍卫、申请植物品种国际登录权，拿到更多植物品种的国际市场通行证，充分利用中国特有花卉资源和丰富的劳动力资源优势，在技术驱动下形成产业优势；最后在花卉深加工产品上深耕细作，鼓励发展花卉深加工产品的出口。要加大永生花生产技术的研发，利用丰富而廉价的花卉原料和成熟的跨境电商提升高端花卉的出口，要大力推进芳香植物的育种，将更多野生种植芳香植物纳入花卉育种，提高花卉香薰精油等深加工产品在广度和深度上的供给能力，争夺更多的国际市场份额。进一步挖掘开发特色花卉的美容价值，紧跟国潮文化和国货护肤品的快步前进的步伐，形成频道共振，反哺花卉产业链提升。

参 考 文 献

[1] 白燕枫. 2006 年全国花卉统计数据分析 [J]. 中国花卉园艺, 2007 (17): 36 - 38.

[2] 白兆会. 消费新潮流, 花卉进万家—"十三五"我国花卉业发展 [N]. 中国绿色时报, 2021 - 01 - 26 (3).

[3] 保罗·萨缪尔森. 经济学 [M]. 北京: 商务印书馆, 2011.

[4] 保永文. 中国制造业技术创新与出口竞争力 [D]. 武汉: 武汉大学, 2020.

[5] 常博凯. FDI 对中国制造业出口竞争力的影响: 基于增加值贸易 RCA 指数视角 [D]. 济南: 山东大学, 2018.

[6] 常金. 加快推进花卉产业发展, 促进美丽中国建设 [J]. 花卉, 2018 (6): 8 - 9.

[7] 陈太盛. 福建茶产业出口竞争力影响因素分析 [J]. 茶叶学报, 2018, 59 (2): 89 - 94.

[8] 陈美炎. 贸易增加值视角下中国木材加工业国际竞争力研究 [D]. 福州: 福建农林大学, 2019.

[9] 陈璋. 多举措支持企业拓展国际花卉市场 [J]. 中国花卉园艺, 2016 (7): 31 - 33.

[10] 陈治宇, 李永前, 陈蕊, 钱琳刚. 荷兰花卉产业成功经验对云南花卉产业发展的启示 [J]. 农业展望, 2019 (4): 118 - 121, 127.

[11] 成都发展改革. 花重锦官城! 成都将建 10 个现代化花卉生产示范基地 [EB/OL] (2021 - 08 - 03) [2021 - 08 - 30]. https: //mp. weixin. qq. com/s/FbI277f42sB9XgzOnJqKhQ?.

[12] 呈贡发布. 国际花卉创新中心: 产学研一体化助力斗南花卉产业

高质量发展 ［EB/OL］（2021 - 11 - 04）［2021 - 11 - 05］. https：//new. qq. com/omn/20211105/20211105A0D4ZA00. html.

［13］程堂仁，王佳，张启翔. 中国设施花卉产业形势分析与创新发展 ［J］. 温室园艺，2018（5）：21 - 27.

［14］褚婷婷，郎丽华. 技术创新对东北三省外贸出口影响研究：基于 "一带一路" 沿线国家贸易数据 ［J］. 价格理论与实践，2019（7）：153 - 156，162.

［15］大卫·李嘉图. 政治经济学及赋税原理 ［M］. 北京：商务印书馆，2021.

［16］董劲. 人民币升值对中国农产品出口竞争力的影响研究 ［D］. 重庆：重庆师范大学，2013.

［17］董燕. 2014～2015 年我国海关花卉进出口统计数据分析 ［J］. 中国花卉园艺，2017（7）：29 - 31.

［18］董燕. 2018 年我国海关花卉进出口数据分析 ［J］. 中国花卉园艺，2019（7）：18 - 19.

［19］董燕. 2019 年我国海关花卉进出口数据分析 ［J］. 中国花卉园艺，2020（11）：24 - 25.

［20］Ernesto Vélez，徐彤. 哥伦比亚花卉业在困难和变革中肩负社会和环境责任 ［J］. 中国花卉园艺，2009（5）：51 - 52.

［21］FSHOW 肥料展. 以色列农业，开在沙漠里的农业科技之花 ［EB/OL］（2021 - 12 - 20）［2021 - 12 - 20］. https：//baijiahao. baidu. com/s？id = 1719647949953141838&wfr = spider&for = pc.

［22］发展活力正盛：世界各国花卉产业特点概括 ［EB/OL］（2020 - 06 - 15）［2020 - 06 - 15］. https：//new. qq. com/rain/a/20200615A0SZH200.

［23］福建省林业局对关于避免因非农化非粮化对花卉产业采取一刀切处置的建议答复 ［EB/OL］（2022 - 03 - 21）［2022 - 04 - 08］. https：//www. 163. com/dy/article/H4D0TVUR0532GL5H. html.

［24］傅娟，杨道玲. 我国冷链物流发展的现状、困境与政策建议 ［J］. 中国经贸导刊，2021（9）：20 - 23.

［25］高峰．我国花卉产业存在的问题［J］．云南林业，2017，38（6）：61.

［26］高宁广．"工匠精神"对中国制造业出口竞争力影响的实证分析［D］．北京：北京邮电大学，2018.

［27］郗晋亮，赵宇恒．一朵"云花"卖全球 万里飘香四季艳："双循环"新发展格局下云南花卉产业开启加速度［N］．农民日报，2022 - 01 - 21.

［28］龚雄军，崔琴，邱毅．我国劳动密集型产品出口竞争力分析与政策建议［J］．国际贸易，2021（2）：55 - 63，71.

［29］观研报告网．中国花卉种子行业现状深度研究与发展前景预测报告（2022～2029 年）［EB/OL］（2022 - 03 - 30）［2022 - 03 - 30］. https：//www. sohu. com/a/533794359_121222943.

［30］观研天下．2018 年我国花卉行业发展体征、种植规模及进出口情况分析［EB/OL］（2018 - 11 - 12）［2018 - 11 - 12］. https：//free. chinabaogao. com/nonglinmuyu/201811/1112305592018. html.

［31］郭朝先，刘艳红．中国信息基础设施建设：成就、差距与对策［J］．企业经济，2020，39（9）：143 - 151.

［32］郭梦迪．技术创新对中国高技术产业出口竞争力的影响研究［D］．武汉：华中科技大学，2017.

［33］国家林业局．全国花卉产业发展规划（2011～2020 年）［Z］.2013 - 01.

［34］韩心怡．2013 年全国花卉统计数据分析［J］．中国花卉园艺，2014（13）：33 - 37.

［35］浩然．充分发挥外资企业的"鲶鱼效应"［J］．中国花卉园艺，2015（15）：14 - 17.

［36］荷兰在线 NLO. 园艺强国荷兰的可持续大担当：因地制宜的可持续荷兰模式［EB/OL］（2021 - 09 - 30）［2021 - 10 - 14］. https：//m. thepaper. cn/baijiahao_14899564.

［37］贺童彤．科技创新对我国高技术产业出口竞争力影响研究［D］.

北京：对外经济贸易大学，2018.

[38] 花易宝网拍平台 . 鲜花冷链运输的核心不是"冷"，是恒温 [EB/OL]（2020 – 09 – 18）[2020 – 09 – 18]. https：//baijiahao. baidu. com/ s？id = 1678168727307430653&wfr = spider&for = pc.

[39] 华农研究团队攻克种球贮藏等难关，国产郁金香也能四季开花 [N]. 长江日报，2022 – 03 – 25.

[40] 华新 . 2007 年全国花卉统计数据分析 [J]. 中国花卉园艺，2008 （19）：10 – 12.

[41] 华新 . 世界花卉行业全面恢复需 4 – 5 年 [J]. 中国花卉园艺，2020（11）：51 – 52.

[42] 华于睿 . RCEP 背景下基于引力模型的中国花卉出口贸易影响因素分析 [J]. 时代经贸，2021（8）：58 – 60.

[43] 黄福江，高志刚 . 基于"钻石模型"的荷兰花卉产业集群要素分析及经验启示 [J]. 世界农业，2016（2）：12 – 15，36.

[44] 黄俊毅 . 花卉产业正竞相绽放 [N]. 经济日报，2022 – 04 – 18.

[45] 黄莉 . 技术引进、自主创新与出口竞争力的关系研究——基于我国高技术产业数据的分析 [D]. 苏州：苏州大学，2011.

[46] 黄智，陆善勇 . 经济政策不确定性、垂直专业化与中国制造业出口竞争力 [J]. 统计与决策，2021，37（14）：125 – 128.

[47] 黄智 . 高质量发展视角下中国制造业出口竞争力研究 [D]. 南宁：广西大学，2021.

[48] 金碚，张其仔 . 全球产业演进与中国竞争优势 [M]. 北京：经济管理出版社，2014.

[49] 康丽娇 . 福建省食用菌出口竞争力及影响因素研究 [D]. 福州：福建农林大学，2016.

[50] 柯淑贞 . 贸易增加值视角下中国制造业出口竞争力研究 [J]. 山东纺织经济，2018（6）：14 – 16.

[51] 旷野 . 2014 年全国花卉统计数据分析 [J]. 中国花卉园艺，2015（15）：34 – 38.

［52］旷野. 2015 年全国花卉统计数据分析［J］. 中国花卉园艺，2016（15）：38－43.

［53］旷野. 2016 年全国花卉统计数据分析［J］. 中国花卉园艺，2017（15）：32－36.

［54］昆明信息港. 以标准提升"云花"国际竞争力斗南花卉产业驶入标准化大道［EB/OL］（2022－02－15）［2022－02－15］. https：//www. kunming. cn/news/c/2022－02－15/13493301. shtml.

［55］蓝鲸财经. 生鲜电商布局鲜花业务？卖花没有那么简单［EB/OL］（2021－09－29）［2021－09－29］. https：//baijiahao. baidu. com/s？id＝1712227382246260445&wfr＝spider&for＝pc.

［56］李国雅. 我国花卉产业现状和发展刍议［J］. 甘肃农业科技，2019（5）：77－80.

［57］李佳霖. "京花"绽放独特魅力——北京花卉产业调查［N］. 经济日报，2022－04－25（9）.

［58］李立章. 以"智"赋能！开远开启花卉全产业链"金钥匙"［N］. 潇湘晨报旗下社会新闻账号，2022－02－23.

［59］李丽. 我国对外贸易结构及国际竞争力研究［J］. 对外经贸，2018（5）：24－27.

［60］李琴，陈德富. 我国鲜切花出口发展的现状、问题与对策［J］. 对外经贸实务，2019（7）：46－49.

［61］李荣植. 劳动力成本上升对我国制造业出口竞争力的影响［J］. 中国外资，2013（21）：94，96.

［62］李晓梅，肖筱. 构建现代花卉流通体系 推进花卉产业高质量发展［J］. 园土绿化，2021（5）：12－13.

［63］李雪蓉，王沛琦等. "一带一路"背景下云南与东南亚南亚国家鲜切花贸易研究［J］. 云南农业大学学报（社会科学）2020，14（2）：129－135.

［64］李艳梅. 大众花卉消费习惯与需求变化：2021－2022 年花卉消费意向调查结果分析［J］. 中国花卉园艺，2022（1）：45－49.

［65］李艳梅. 花卉产业助力脱贫攻坚有实效 ［J］. 中国花卉园艺, 2019（5）: 22-24.

［66］李奕宁. 人民币升值、技术创新与企业出口竞争力: 基于制造业行业面板数据的经验研究 ［D］. 杭州: 浙江财经大学, 2019.

［67］李颖, 佘群芝. 中国经济复杂度与出口竞争力关系研究 ［J］. 经济问题探索, 2017（10）: 123-132.

［68］连梅, 静菡. 从种苗进出口看本土化趋势 ［J］. 中国花卉园艺, 2021（9）: 28-32.

［69］连青龙. 中国花卉产业的发展现状、趋势和战略 ［J］. 温室园艺, 2018（5）: 28-35.

［70］林伟明, 刘燕娜, 戴永务. 行业实际汇率对中国林产品出口竞争力的影响 ［J］. 林业经济评论, 2014, 4（1）: 85-91.

［71］林晓玲. 中国劳动工资增长率对出口竞争力的影响分析 ［D］. 广州: 广东外语外贸大学, 2016.

［72］刘建丽. 中国出口贸易结构、竞争力变动与贸易政策分析 ［J］. 经济体制改革, 2009（1）: 12-16.

［73］刘龙. 我国花卉知识产权保护策略研究——基于专利情报 ［D］. 昆明: 云南大学, 2018.

［74］刘晓宁. 中国出口产品质量的综合测算与影响因素分解 ［J］. 数量经济技术经济研究, 2021, 38（8）: 41-59.

［75］刘宇昂. 增加值贸易视角下中国制造业出口竞争力测度 ［J］. 区域治理, 2019（43）: 194-196.

［76］陆继亮. 世界花卉产销现状及发展趋势 ［J］. 现代园艺, 2020（23）: 73-75.

［77］陆雄文. 管理学大辞典 ［M］. 上海: 上海辞书出版社, 2013.

［78］路覃坦. 中国花卉产业发展问题探讨 ［J］. 现代农业科技, 2021（6）: 146-148.

［79］吕翠林. 强基固本, 推动花卉产业进一步发展 ［J］. 云南农业, 2021（12）: 39-42.

［80］吕国专．福建省花卉出口产业发展研究［D］．福州：福建农林大学，2012．

［81］骆飞，徐海斌．我国设施农业发展现状、存在不足及对策［J］．江苏农业科学，2020，48（10）：57－62．

［82］迈克尔·波特．国家竞争优势［M］．北京：中信出版社，2012．

［83］缪崑，王雁．哥伦比亚花卉产业成功崛起经验分析［J］．世界林业研究，2006（6）：66－69．

［84］缪珊．我国花卉产业发展现状、趋势及对策［J］．农业展望，2010（9）：26－31．

［85］欧赛斯思想基石：迈克尔·波特钻石模型理论的五次迭代［EB/OL］（2019－12－06）［2019－12－06］．https：//www. sohu. com/a/358696945_120447958．

［86］逢晶．中荷两国不同文化影响花卉产业发展的对比和思考［J］．中国园艺文摘，2016（12）：67－71．

［87］齐波．荷兰花卉拍卖市场的考察与启示［J］．安徽农业科学，2004，32（2）：370，386．

［88］齐博，孙东升，李慧．农业科技创新对高效农产品出口的影响：以花卉产业为例［J］．江苏农业学报，2015，31（2）：454－460．

［89］齐博．中国花卉产业国际竞争力研究［D］．北京：中国农业科学院，2015．

［90］齐慧．推动冷链物流高质量发展［N］．经济日报，2022－04－26（006）．

［91］齐玮，何爱娟．中国文化产品出口竞争力测度与国际比较［J］．统计与决策，2020，36（5）：91－94．

［92］前瞻经济学人．2022年中国互联网＋花卉行业发展现状及市场规模分析［EB/OL］（2021－12－16）［2021－12－16］．https：//baijiahao. baidu. com/s？id＝1719284273115491776&wfr＝spider&for＝pc．

［93］前瞻经济学人．预见2022：《2022年中国花卉行业全景图谱》［EB/OL］（2022－01－10）［2022－01－10］．https：//baijiahao. baidu. com/

s？id＝1721538045822833651&wfr＝spider&for＝pc.

［94］钱学锋，王备．中国企业的国际竞争力：历史演进与未来的政策选择［J］．北京工商大学学报（社会科学版），2020，35（4）：43－56.

［95］谯德惠．2009年全国花卉统计数据分析［J］．中国花卉园艺，2010（17）：28－30.

［96］谯德惠．2010年全国花卉统计数据分析［J］．中国花卉园艺，2011（13）：18－21.

［97］谯德惠．2011年全国花卉统计数据分析［J］．中国花卉园艺，2012（17）：31－34.

［98］谯德惠．2012年全国花卉统计数据分析［J］．中国花卉园艺，2013（15）：26－30.

［99］芮明杰．产业竞争力的"新钻石模型"［J］．社会科学，2006（4）：68－73.

［100］上海市人民政府办公厅．关于推进花卉产业高质量发展服务高品质生活的意见［N］．东方城乡报，2021－1－12（A06）.

［101］韶月．杨月季．让更多自育品种走出国门［J］．中国花卉园艺，2020（15）：16－18.

［102］施炳展．中国企业出口产品质量异质性：测度与事实［J］．经济学，2014，13（1）：263－284.

［103］史琼，周莉莉，董景奎，黄婧．农业产业集群发展经验分析：以荷兰花卉产业集群为例［J］．智富时代，2015（11）：99－101.

［104］宋昌昊．新冠肺炎疫情对中国花卉产业发展的影响［J］．北方园艺，2020（20）：142－145.

［105］宋红军．外商直接投资对中国内资企业出口竞争力的影响研究［J］．首都经济贸易大学学报，2012（2）：89－95.

［106］苏西．鲜花无土栽培，是阵痛还是坑？［N］．中国花卉报，2021－01－11.

［107］孙蕙心．人口老龄化对制造业出口竞争力的影响分析［D］．上海：上海外国语大学，2021.

［108］孙婷，余东华，李捷．基于 FRIT 框架的制造业国际竞争力评价研究：兼析环境规制的非线性效应［J］．经济问题探索，2017（9）：153 - 162．

［109］孙秀，程士国．日本现代花卉冷链物流体系的构建及其启示［J］．世界农业，2020（5）：101 - 107．

［110］孙艳艳．贸易增加值视角下中日韩生产性服务业出口竞争力的比较研究［D］．兰州：兰州财经大学，2019．

［111］孙哲远，马玲玲．云南省花卉产业现状问题及振兴路径探讨［J］．南方农业，2019（7）：18 - 22．

［112］田秋生．高质量发展的本质和内涵［N］．深圳特区报，2020 - 09 - 22．

［113］田园，杜珣．我国花卉产品出口贸易及应对措施探讨［J］．国际经济合作，2014（8）：74 - 78．

［114］万春利．培育和激活"美丽经济"推动上海花卉产业高质量发展［J］．上海农村经济，2021（2）：14 - 17．

［115］王爱玲．荷兰花卉产业的创意开发及对中国的启示［J］．世界农业，2014（10）：164 - 166．

［116］王聪．垂直专业化视角下我国出口竞争力研究［D］．兰州：西北师范大学，2016．

［117］王洪艳．我国盆栽植物出口贸易现状及对策建议［J］．北方经贸，2021（3）：42 - 45．

［118］王江，陶磊．中国生产性服务贸易结构及国际竞争力的比较［J］．统计与决策，2018，34（7）：135 - 139．

［119］王晶，王菁菁．我国切花产品出口特征、存在的问题及对策［J］．对外经贸实务，2019（2）：48 - 51．

［120］王珏．我国花卉产业现状和发展刍议［J］．现代农业研究，2020，26（7）：66 - 67．

［121］王凯．世界花卉产业的发展趋势及启示［J］．经济纵横，2008（11）：89 - 91．

[122] 王琳. 人民币汇率变动对我国制造业出口竞争力的影响 [D]. 济南：山东大学，2017.

[123] 王树柏，李小平. 中国制造业碳生产率变动对出口商品质量影响研究 [J]. 上海经济研究，2015 (10)：87 – 96，106.

[124] 王伟. 贸易单一窗口对中国出口竞争力影响的实证分析 [J]. 统计与决策，2017 (13)：136 – 139.

[125] 王新悦. 盆花 (景) 和庭院植物 – 拉动花卉出口的主力军 [J]. 中国花卉园艺，2021 (9)：11 – 15.

[126] 王新悦. 切花，开拓花卉行业"中国芯" [J]. 中国花卉园艺，2021 (8)：10 – 15.

[127] 王燕培，刘彩霞. 我国花卉产业发展存在的问题及对策建议 [J]. 南方园艺，2021，32 (1)：78 – 80.

[128] 魏守华，周斌. 中国高技术产业国际竞争力研究——基于技术进步与规模经济融合的视角 [J]. 南京大学学报 (哲学·人文科学·社会科学)，2015，52 (5)：15 – 26.

[129] 吴昊. 荷兰阿姆斯特丹花卉产业发展经验及对中国河北省的启示 [J]. 世界农业，2018 (2)：159 – 165.

[130] 夏露，刘玲，何卯阳. 全球三链联动下云南花卉产业的跨境物流发展研究 [J]. 物流工程与管理，2021 (6)：1 – 5.

[131] 项晓娟. 我国花卉产品出口存在的困境与应对之策 [J]. 对外经贸实务，2016 (1)：49 – 51.

[132] 谢璇. 碳关税对中国纺织业出口竞争力的影响研究 [D]. 兰州：兰州理工大学，2022.

[133] 谢学军，洪秋妹. 中国花卉产业发展情况调研报告 [EB/OL] (2019 – 09 – 10) [2020 – 10 – 19]. 中国农网，http：//ww. farmer. com. cn/2020/10/19/wap_99860811. html，2020 – 10 – 19.

[134] 辛岩，桐海玥. 做大做强花卉产业助推辽宁乡村振兴 [J]. 农业经济，2021 (4)：39 – 40.

[135] 许强，丁帅，安景文. 中关村示范区"高精尖"产业出口竞争

力研究——基于出口技术复杂度 [J]. 现代管理科学, 2017 (9): 27 - 29.

[136] 薛方冉. 中美贸易摩擦对我国高技术产品出口竞争力的影响研究 [D]. 北京: 北京邮电大学, 2020.

[137] 薛金礼, 祝安然, 邵贝贝. 我国花卉物流发展对策 [J]. 物流技术, 2021 (40): 40 - 42.

[138] 亚当·斯密. 国富论 [M]. 北京: 中国华侨出版社, 2019.

[139] 杨逢珉, 田洋洋. 中日韩三国农产品出口竞争力比较分析: 基于出口技术复杂度视角的研究 [J]. 技术经济与管理研究, 2022 (1): 88 - 93.

[140] 杨贵中, 罗剑. 中国技术密集型制造业出口竞争力实证研究 [J]. 企业经济, 2014 (5): 142 - 147.

[141] 杨慧琳. 中国制造业劳动力成本及劳动生产率对出口竞争力的影响研究 [D]. 长沙: 湖南大学, 2018.

[142] 杨明珊, 陆继亮. 云南现代花卉产业的优势和问题 [J]. 温室园艺, 2020 (5): 14 - 21, 28.

[143] 杨桥夫. 我国花卉产业及其发展对策 [J]. 花卉, 2018 (2): 23 - 24.

[144] 杨舒婷. 广西花卉产业发展现状及提升对策 [D]. 南宁: 广西大学, 2015.

[145] 杨文俊. 技术复杂度视角下中部六省高技术产品出口竞争力研究 [D]. 武汉: 武汉理工大学, 2020.

[146] 杨钰钊, 中国高技术产品出口竞争力研究: 基于与日韩的比较 [D]. 北京: 首都经济贸易大学, 2019.

[147] 杨园. 中国花卉产业的发展现状、趋势和战略 [J]. 现代园艺, 2019 (11): 44 - 45.

[148] 杨跃辉, 杨建州. 中国主要花卉产品产业内贸易的实证分析——基于2002～2011年的进出口数据 [J]. 贵州农业科学, 2012, 40 (12): 237 - 242.

[149] 杨跃辉. 中国鲜切花显性国际竞争力分析 [J]. 西北林学院学

报，2013，26（6）：260-263.

[150] 姚战琪. 数字经济对我国制造业出口竞争力的影响及其门槛效应 [J]. 改革，2022（2）：61-75.

[151] 伊·菲·赫克歇尔，戈特哈德·贝蒂·俄林. 赫克歇尔—俄林贸易理论 [M]. 北京：商务印书馆，2020.

[152] 依群. 2008 年全国花卉统计数据解读 [J]. 中国花卉园艺，2009（18）：1-3.

[153] 易佳颖，陶力. 生鲜电商瞄准"鲜花"赛道从礼品到消费品还有多远？[EB/OL]（2021-12-13）[2021-12-14]. https：//www. 163. com/dy/article/GR7CAQLN0531LWQF. html.

[154] 易先忠，晏维龙，李陈华. 国内大市场与本土企业出口竞争力——来自电子消费品行业的新发现及其解释 [J]. 财贸经济，2016（4）：86-100.

[155] 尹宗成，田甜. 中国农产品出口竞争力变迁及国际比较：基于出口技术复杂度的分析 [J]. 农业技术经济，2013（1）：77-85.

[156] 余翔. 劳动力成本上升对中国出口竞争力的影响 [J]. 金融发展评论，2015（12）：147-158.

[157] 袁辰，张晓嘉，姜丙利，张兆安. 人口老龄化对中国制造业国际竞争力的影响研究——基于贸易增加值的视角 [J]. 上海经济研究，2021（11）：59-68.

[158] 云南花卉亟须向精深加工转型 [N]. 云南日报，2014-09-01.

[159] 曾梅娇，林新莲. 文化创意与花卉产业融合发展的措施研究 [J]. 河南农业，2018（2）：57.

[160] 张慧. 中国服务贸易国际竞争力的影响因素及变动情况：基于 1982~2011 年数据的经验研究 [J]. 国际经贸探索，2014，30（6）：56-67.

[161] 张力. 从海关数据看我国鲜切花进出口市场变化 [J]. 中国花卉园艺，2021（9）：16-23.

[162] 张丽芳. 外商直接投资对我国出口竞争力的影响原因分析 [J].

特区经济，2007（2）：250－251.

[163] 张晓丽. 关于崇明区花卉产业发展的思考——以上海瀛庙果蔬专业合作社为例 [J]. 上海农业科技，2021（3）：14－16.

[164] 张璇，陆文明. 中国花卉认证发展现状及建议 [J]. 世界林业研究，2021，34（2）：68－73.

[165] 赵安娜. 满园春色，如火如荼：90 年代全国花卉业发展形势综述 [J]. 中国经济信息，1999（23）：66－67.

[166] 赵汉斌. 科技赋能，云南花卉种业创新再发力 [N]. 科技日报，2021－12－28（003）.

[167] 赵良平. 总结回顾上年产销情况　分析研判当年产销形势 [J]. 中国花卉园艺，2021（4）：5.

[168] 赵月瑶. 中国高新技术产品出口竞争力及影响因素分析：以出口欧盟国家为例 [D]. 大连：东北财经大学，2018.

[169] 智研咨询. 2020 年中国温室大棚行业产业链分析：温室面积为187.3 万公顷 [EB/OL]（2021－11－12）[2021－11－12]. https：//baijia-hao. baidu. com/s？ id＝1716208035763403180&wfr＝spider&for＝pc.

[170] 中国花卉协会. 2018 全国花卉产销形势分析报告 [J]. 中国花卉园艺，2018（13）：10－27.

[171] 中国花卉协会. 2019 年我国花卉进出口数据分析报告 [EB/OL]（2020－07－07）[2020－07－07]. http：//www. forestry. gov. cn/main/54/20200707/105107475704790. html.

[172] 中国花卉协会. 2019 全国花卉产销形势分析报告 [EB/OL]（2019－06－04）[2019－06－04]. http：//www. forestry. gov. cn/main/54/20190604/185231469215327. html，2019－06－04.

[173] 中国花卉协会. 2020 年我国花卉进出口数据分析报告 [EB/OL]（2021－11－24）[2021－11－24]. http：//www. forestry. gov. cn/hhxh/5150/20211124/102231470665542. html.

[174] 中国花卉协会. 中国花卉协会 2020 年工作总结和 2021 年工作计划 [J]. 中国花卉园艺，2021（3）：8－15.

［175］中花社.2020年种球贸易：生与死的博弈［EB/OL］（2020 – 06 –
07）［2020 – 06 – 07］. https：//baijiahao. baidu. com/s？ id = 16687830680382816
05&wfr = spider&for = pc.

［176］中农富通长三角规划所.海外农业模式丨看荷兰是如何通过品牌
建设成为农业强国的！［EB/OL］（2020 – 07 – 01）［2020 – 07 – 01］. https：//
baijiahao. baidu. com/s？ id = 1671001610239264015&wfr = spider&for = pc.

［177］中商产业研究院.加速推进农产品冷链物流：2022年中国冷链
物流市场现状及重点企业深度分析［EB/OL］（2022 – 03 – 02）［2022 – 03 –
02］. https：//baijiahao. baidu. com/s？ id = 1726151761252074091&wfr =
spider&for = pc.

［178］中物联冷链委.数字化为鲜花航空货运带来新变革［EB/OL］
（2018 – 09 – 14）［2018 – 09 – 14］. https：//www. sohu. com/a/253925076_
608787.

［179］周材荣.FDI、产业聚集是否有助于国际竞争力提升：基于中
国制造业PVAR模型的实证研究［J］.经济理论与经济管理，2016（10）：
56 – 69.

［180］周英豪，周洁.中国花卉苗木出口国际竞争力研究［J］.企业经
济，2015（5）：123 – 126.

［181］周锦业，卜朝阳，崔学强等.广西花卉产业创新发展与展望
［J］.广西农学报，2019（10）：63 – 68.

［182］周可，李红霞.荷兰花卉产业价值链研究：经验与启示［J］.农
业经济，2007（12）：78 – 79.

［183］周琼.台湾花卉产业发展经验与借鉴［J］.台湾农业探索，2020
（2）：1 – 6.

［184］周瑞娟.人民币升值对出口商品竞争力影响的实证研究［D］.
杭州：杭州电子科技大学，2013.

［185］周伟，Adel Ben Youssef，吴先明.内向型FDI、汇率波动与中国
出口竞争力［J］.社会科学研究，2016（4）：34 – 39.

［186］朱仁元，魏钰.国际经验对我国花卉行业出口的启示［J］.现代

农业科技，2009（4）：72-74.

［187］朱荣方. 乡村振兴战略种花卉业如何把握机会［EB/OL］（2018-07-24）［2018-07-24］. https：//www. sohu. com/a/243207885_187391.

［188］朱新文. 浅谈花卉产业助农增收［J］. 现代园艺，2021（10）：20-21.

［189］邹美霞. 我国花卉产业发展问题研究［D］. 长沙：湖南农业大学，2010.

［190］Balassa，B. The Changing Pattern of Comparative Advantage in Manufactured Goods［J］. The Review of Economics and Statistics，1979，61（2）：259-266.

［191］Bustos，P. Trade Liberalization，Exports and Technology Upgrading：Evidence on the Impact of MERCOSUR on Argentinian Firms［J］. American Economic Review，2011，101（1）：304-340.

［192］Chang Moon H，Rugman A M，Verbeke A A. Generalized Double Diamond Approach to the Global Competitiveness of Korea and Singapore［J］. International Business Review，1998，7（2）：135-150.

［193］Dunning J H. The Competitive Advantage of Countries and the Activities of Transnational Corporations［J］. Transnational Corporations，1992，1（1）：135-168.

［194］Hausmann，R，Rodrik，D. Economic Development as Self-discovery［J］. Journal of Development Economic，2003，72（2）：603-633.

［195］Hidalgo，C A，Hausmann，R. The building blocks of economic complexity［J］. Proceedings of the National Academy of Sciences，2009，106（26）：10570-10575.

［196］Hummels，D L，Ishii，J，Yi，K M. The Nature and Growth of Vertical Specialization in World Trade［J］. Journal of International Economics，2001，54（1）：75-96.

［197］Krugman P. Scale Economies，Product Differentiation，and the Pattern of Trade［J］. American Economic Review，1980（70）：950-959.

[198] Lall, S. Exports of Manufactures by Developing Countries: Emerging Patterns of Trade and Location [J]. Oxford Review of Economic Policy, 1998, 14 (2): 54 –73.

[199] Moreno, L. The Determinants of Spanish Industrial Exports to the European Union [J]. Applied Economics, 1997, 29 (6): 723 –732.

[200] Oxelheim, L, Ghauri, P. EU – China and the non-transparent race for inward FDI [J]. Journal of Asian Economics, 2008, 19 (4): 358 –370.

[201] Posner, M V. International Trade and Technical Change [J]. Oxford Economic Papers, 1961, 13 (3): 323 –341.

[202] Redding, S. Dynamic Comparative Advantage and the Welfare Effects of Trade [J]. Oxford Economic Papers, 1999, 51 (1): 15 –39.

[203] Rockerbie, D W. Exchange Rates, Pass-through, and Canadian Export Competitiveness: An Analysis Using Vector Auto-regressions [J]. Journal of International Business Studies, 2000, 31 (3): 367 –385.

[204] Rugman A M, Joseph R D. The "Double Diamond Model" of International Competitiveness: the Canadian Experience MIR [J]. Management International Review, 1993 (33): 17 –39.

[205] Tomlin, B. Exchange Rate Fluctuations, Plant Turnover and Productivity [J]. International Journal of Industrial Organization, 2014, 35 (18): 12 –28.

[206] Vernon, R. International Investment and International Trade in the Product Cycle [J]. The Quarterly Journal of Economic, 1966, 80 (2): 190 –207.

[207] Wassily Leontief. Domestic Production and Foreign Trade: the American Position Re-examined [J]. Proceedings of the American Philosophical Society, 1953, 97 (1): 332 –349.

[208] Young, A. Learning by Doing and the Dynamic Effects of International Trade [J]. The Quarterly Journal of Economic, 1991, 106 (2): 369 –405.

后　记

　　本书是国家社会科学基金项目和教育部人文社科研究项目的阶段性研究成果，由我和团队历时 2 年完成。在撰写本书的过程中，我对花卉产业相关的学术报告、公开发表的硕博论文和期刊论文、政府相关产业政策和权威媒体的相关文章进行了系统的梳理，重点对《中国花卉园艺》《花卉报》等行业内期刊、报纸中的文章进行了深度学习，时常关注中国花卉协会官方网站和中国花卉协会分支机构、地方花协的相关动态，争取更全面了解我国花卉行业发展的情况和趋势。这为本项目的完成和出版奠定了坚实的基础。

　　生态文明建设和乡村振兴战略给花卉产业发展注入了政策红利，消费升级、新型商业模式和冷链物流的快速发展给花卉产业带来重大发展机遇，花卉产业进入由数量扩张转向质量效益、由种业进口依赖转向自主育种创新、由专注生产环节转向全产业链布局的调整升级阶段。在积极探讨实现我国花卉出口竞争力提升路径之余，后续的研究仍要关注影响花卉行业高质量发展的关键因素：第一，国内超大规模花卉市场和巨大的增长潜力正在吸引更多的花卉强国加大在中国市场的布局，引进外资带来"知识溢出"和"示范效应"的同时会对成长中的国内花卉企业带来冲击，要谨防"鲶鱼效应"变"鲨鱼效应"既需要政府的高位引导，也需要企业的科技创新；第二，产业出口竞争力评价主要用规模和质量两个维度，本研究重点关注规模维度，要增加从出口技术复杂度、垂直专业化分工指数、出口增加值等质量维度对我国花卉出口竞争力进行分析；第三，耕地"非粮化、非农化"一定会影响花卉产业土地要素的供给，如何避免对花卉产业采取一刀切处置方式，在坚持耕地利用优先序、稳步提高粮食生产能力的同时支持花卉种植产业发展是各花卉主产区接下来要面对的关键问题。

　　本书付梓之际，特别要感谢为本书的顺利开展提供课题交流、框架建议的各位领导和各位专家，尤其是感谢参与课题研究的东华理工大学熊国保院长、马智胜教授、侯俊华教授、赵玉教授、郑鹏博士、丁宝根博士等，他们用自己渊博的学识和丰富的经验为课题研究提供了研究思路和研究方法建议，指引了方向。感谢东华理工大学经管学院同仁们和相关部门的鼎力支持；感谢家人们对我无微不至的关心和照顾，每每在疑惑和顿挫之余给我安慰和鼓励；也要感谢自己，在确定了目标后能持之以恒地坚持下去。

另外，在本书的撰写过程中，我还参阅和吸纳了中央和地方政府公文，借鉴了部分学者的论文、著作等研究成果，引用了行业从业人员的真知灼见，从中吸取了很多有价值的观点和意见，但有些在参考文献中没有全部列出，在此也一并表示诚挚的谢意！

邹　静

2022 年 6 月 16 日